U0688186

优秀传统文化融入高校思想政治教育研究

李慧萍　何乾坤◎著

中国出版集团
中国民主法制出版社

全国百佳图书
出版单位

图书在版编目（CIP）数据

优秀传统文化融入高校思想政治教育研究 / 李慧萍，何乾坤著.—
北京：中国民主法制出版社，2024.2

ISBN 978-7-5162-3523-2

Ⅰ.①优… Ⅱ.①李… ②何… Ⅲ.①中华文化 – 关系 – 高等学校 –
思想政治教育 – 研究 – 中国 Ⅳ.① K203② G641

中国国家版本馆 CIP 数据核字（2024）第 039229 号

图书出品人：刘海涛
出 版 统 筹：石　松
责 任 编 辑：刘险涛　吴若楠

书　　名 / 优秀传统文化融入高校思想政治教育研究
作　　者 / 李慧萍　何乾坤　著

出版·发行 / 中国民主法制出版社
地址 / 北京市丰台区右安门外玉林里 7 号（100069）
电话 /（010）63055259（总编室）　63058068　63057714（营销中心）
传真 /（010）63055259
http: // www.npcpub.com
E-mail: mzfz@npcpub.com
经销 / 新华书店
开本 / 16 开　787 毫米 ×1092 毫米
印张 / 13⊠　字数 / 211 千字
版本 / 2024 年 4 月第 1 版　　2024 年 4 月第 1 次印刷
印刷 / 廊坊市源鹏印务有限公司

书号 / ISBN 978-7-5162-3523-2
定价 / 78.00 元

前　言

　　当前，人们处于全球化时代。全球化具有开放性和多元性，这种属性对大学生思想政治教育产生了重要影响。一方面，全球化为各种外来文化的进入敞开了大门，为大学生思想政治教育提供了新的内容、新的标准和新的范式。另一方面，社会文化的多元性极易使大学生的思想文化领域失去主流并处于一种庞杂无序、良莠不齐的状态，从而造成大学生思想上的混乱和行动上的迷茫。面对思想、文化多元并存的现实，大学生思想政治教育应如何应对，成为一个迫切需要解决的现实问题。为此，将传统文化与大学生思想政治教育相融合，成为大学生思想政治教育工作者努力探索的课题。

　　中华优秀传统文化崇尚和谐，蕴含着天人合一的宇宙观、协和万邦的国际观、和而不同的社会观、人心和善的道德观。这些文化思想都成为大学生思想政治教育的重要资源，对推进大学生思想政治工作，增强思想政治教育的实效性具有重要的借鉴意义。中国传统文化与马克思主义、社会主义及现代大学教育相契合，它们之间所存在的共性、普遍性，使大学生思想政治教育与传统文化的融合不仅是必要的，而且是可能的，具有很大的现实性和可行性。

　　本书从优秀传统文化和思想政治教育介绍入手，针对优秀传统文化与高校思想政治教育融合发展的价值、优秀传统文化在大学生思想政治理论课学习过程中的推进进行了分析研究；另外，对优秀传统文化在高校思想政治教育中应用的动力机制、优秀传统文化精神与高校大学生思想政治教育做了一定的介绍；还对优秀传统文化与高校大学生思想政治教育的质量提升、弘扬优秀传统文化、增强高校思想政治教育实效的践行路径做了研究。本书重视知识结构的系统性和先进性，结构严谨、条理清晰、层次分明、重点突出、通俗易懂，具有较强的科学性、系统性和指导性；对高校思想政治教育的相关研究有一定的借鉴意义。

　　本书在撰写过程中，参阅了大量文献，这些文献对本书的写作提供了许多有益的启示，在此谨表感谢；但由于篇幅限制等原因，其中的许多文献未能在文中一一注明，敬请谅解！

目录

第一章 优秀传统文化和思想政治教育

第一节 优秀传统文化融入高校思想政治教育的必要性

人类任何的活动都离不开其所处的文化环境，思想政治教育作为一种以"育人"为目标之一的教育实践活动同样离不开其所处的整体文化环境，正因为如此，文化性不言而喻也成为思想政治教育的重要特征之一。本质上说，思想政治教育的真谛就在于一个民族和国家构筑一个思想的支点和灵魂的休养生息之所。

一、传统文化与思想政治教育融合的必要性

（一）思想政治教育自身发展的内在要求

近代以来，中国人民经过长期的努力探索也的确找到了马克思主义作为自己的指导思想，我国思想政治教育事业必须坚持马克思主义的指导方向。然而作为一种产生于中国本土之外的理论学说，虽然马克思主义已经超越了民族与地域的限制而成为"放之四海而皆准"的真理，但它不可能直接为中国的革命和建设事业提供具体的路线、方针和政策。

经过数千年的发展，中华民族有着辉煌的文化创造和深厚的历史积淀，并且形成历经数千年的绵延发展而从未中断过的中国传统文化，其影响力体现在广大中国民众日常的行为方式、思维模式、道德规范以及价值取向之中。因此，我国思想政治教育应该而且必须尊重中华民族历经数千年延传下来的文化传统、行为方式、思维习惯以及价值取向等，批判地继承、吸收并融合具有鲜明民族特色的中国传统文化。只有这样，马克思主义才能真正中国化，我国的思想政治教育事业也才能在马克思主义基本原理和基本方法的指导下得到进一步的创新发展。

在我国，思想政治教育作为一种教育实践活动，其根本目的是提高人的思想道德素质，促进人的全面自由以及自主的发展，激励人们为建设中国特色社会主义，最终实现共产主义而奋斗。人的全面自由发展自然而然地包含了文化素质的要求，因此，思想政治教育离不开对文化的关注。

然而从我国思想政治教育的整体发展过程来看，我国当代的思想政治教育基本上偏重于政治性而忽视了其文化性，从而导致思想政治教育资源的单一化和教育形式的呆板化，思想政治教育本应具有的文化含量的丰富性与不断提升性在有意无意中常常被我们忽略，其结果便是本可以生动活泼的思想政治教育读物有时成为政策、文件、语录的简单汇编与转述，本可以情趣盎然、文采飞扬的思想政治教育有时成为枯燥空洞的政治说教与道德说教。这种文化性的缺失，不仅使思想政治教育资源日趋有限，也削弱了思想政治教育的育人功能，进而阻碍了思想政治教育的进一步发展。

中国传统文化作为一种崇德型文化，在长期的历史发展过程中汇总形成了"文化化人"和"文化育德"的优良传统，使其自然而然地成为思想政治教育重要资源的来源之一。因此，我国的思想政治教育要进一步发展创新，就必须重视其文化性，必须从中国传统文化中有选择地汲取更加丰富的教育资源。换言之，中国传统文化与思想政治教育相融合是思想政治教育自身发展创新的内在要求。

（二）"文化自觉"与"文化自信"的要求

所谓"文化自觉"，是指"生活在一定文化中的人对其文化有自知之明，明白它的来历、形成过程、所具有的特色和它发展的趋向，不带任何文化回归的意思，不是要复旧，同时也不主张全盘西化或全盘他化"。换言之，即是文化的自我觉醒、自我反省、自我创建。所谓"文化自信"，则是指一个国家、一个民族、一个政党对其自身文化传统和内在价值的充分肯定，对其自身文化生命力的坚定信念。

世界上任何民族的传统文化都有其积极的方面，同样也有其消极的方面，一个民族的文化能否实现自觉和自信，很大程度上取决于对传统文化扬弃的客观性与科学态度。可以说，对传统文化的理性批判、合理继承、勇于创新正是"文化自觉"的本质要求。

也就是说，一个民族能否对其自身的传统文化进行客观地评价和认识，关系着一个民族"文化自觉"的实现与否。中国传统文化是勤劳善良的中国人民在长达五千年的中国社会发展中创造出来且从未间断过的，这在世界文化上是独一无二的。它不仅标志着中华民族对人类文明和历史的卓越贡献，也是中华民族区别于世界上任何其他民族的鲜明文化身份和基本族群特征。只有认识、理解、接受并内化中国传统文化，我们才能理解自己民族身后的历史底蕴，也才能知晓我们是从哪里来，并对我们现在的生活和未来的美好图景进行规划。反之，如果失去对中国传统文化的认同与理解，我们必定会失去对自己民族文化身份的认同和归属感，进而导致我们思想文化上的无家可归。

因此，对数千年来世代延传下来的中国传统文化能否进行客观的评价、认识和科学合理的扬弃，关系着中华民族"文化自觉"真正实现与否。那种轻率地对中国传统文化全盘否定或异化的态度与做法，无异于是对我们自身文化血脉的莽撞割裂，很容易造成中华民族的文化断层或文化"无根"现象的产生。所以，当前我国思想政治教育的重要任务之一，就是应该在马克思主义的指导下，按照"取其精华，去其糟粕"的原则，充分肯定中国传统文化的内在价值，坚定中国传统文化的自信心，努力挖掘中国传统文化的当代价值，不断包容借鉴其他外来文化中的优秀精华并将其吸收内化，使中国传统文化和现代思想政治教育优化整合，从而实现中国传统文化的现代转化和创新发展，进而真正实现"文化自觉"与"文化自信"。

（三）形成和发挥文化软实力的基本保证

文化软实力是指一个民族、国家或地区的文化影响力、凝聚力和感召力，是国家软实力的核心因素。这是因为文化作为一个国家的灵魂或血脉，凝聚着这个民族对世界和生命的历史认知和现实感受，积淀着其最深层的精神追求和行为准则，并承载着整个民族自我认同的核心价值取向。就一个民族或国家自身的发展来说，文化软实力主要表现为一种精神上的整合力，它有利于国家凝聚力的形成和民族性格的养成，有利于促进民族团结、国家统一、政权巩固和文化自信。

一个国家如果对本民族或本国的传统文化缺乏自信，忽视自身文化软实力的开发和建设，那么就等于放弃了本民族或本国的文化主权，其结果自然会导致本民族或本国人民价值取向的混乱以及精神家园的丧失，甚至民族的离散和国家的分裂。因此，作为一个由 56 个民族组成的统一的多民族国家，加强对五千年来绵延发展而从未中断过的中国传统文化软实力的开发和建设，充分发挥其对全国各族人民的思想教育和价值引导作用，就显得尤为重要。

我们知道，中国传统文化和世界上其他民族的传统文化一样，是"植根于民族的土壤中，从总体上反映和代表着一个民族或社会的思维方式、价值观念、伦理道德，体现在人们的生活方式风俗习惯、心理特征上，内化、积淀、渗透于每一代社会成员的心灵深处，往往凝聚为民族特有的国民性格和社会心理"。作为一种注重道德教化的伦理型文化，中国传统文化自身就具有显而易见的、能动的思想政治教育功能，而我国思想政治教育本身所具有的文化属性和民族属性也使其无法离开五千年来中国传统文化留下来的优秀精华。

因此，中国传统文化软实力要最终实现其对外的亲和力、渗透力以及对内的凝聚力和塑造力，则必须通过思想教育和引导的方式来进行和完成，中国传统文化和思想政治教育的有机融合正是中国传统文化软实力得以形成和充分发挥的基本保证。

（四）探索思想政治教育新路径的必然选择

思想政治教育具有文化属性，需要以文化为依托。中国传统文化与思想政治教育相融合是应对目前思想政治教育存在的困境，探索思想政治教育新路径，提高思想政治教育实效性的必然选择。当前在全球化时代背景下，多元文化并存的态势越来越明显，大学生的价值观念、思维方式和行为方式都较以前发生了剧烈变化，这对高校的思想政治教育提出了严峻挑战。

一方面，目前我国大部分高校的思想政治教育主要还是通过课堂教学来进行，而且在思想政治教育课堂教学过程中，教学内容单薄枯燥，授课模式单一简单，往往采用社会学、心理学等学科方面的知识与技术，表面化和浅显化地临时解决问题，而对中国传统文化的挖掘和运用不够重视，即使运用中国传统文化为依托，也大多停留在"机械融合"或"单纯说教"式的灌输层面，没有深入考察中国传统文化的实质内涵、时代背景、阶级立场等因素，这些都使得中国传统文化在思想政治教育中的运用和渗透非但没有达到预期效果，甚至在某种程度上淡化了学生的民族自信心与自豪感，削弱了中国传统文化在思想政治教育中的重要应用价值，思想政治教育的有效性也大打折扣。

另一方面，当前在全球化时代的背景下，多元文化交流频繁，并存态势日趋明显，各种价值观论调不可避免地对大学生的生活态度、思想观念产生严重的影响。很多学生既没有真正了解外来文化、思想、观念之精髓，又没有深刻领会中国传统文化、思想、观念之精髓，加之对共产主义理想信仰的怀疑与不屑，因此在多元文化的碰撞中，他们的价值观极易走向偏激或急功近利。在学习上他们只重视能够谋生课程的学习，而忽视精神层面的储备，对思想政治教育课程亦不屑一顾；在生活上他们更愿意追求金钱与物质的利益；在精神上他们则只考虑自己，不考虑集体和他人，缺乏对共产主义的理想与信仰，缺乏对人生目标的冷静思考，缺乏对良好的道德品质和人格修养的追求等。我国以往惯常以说教和灌输为主的思想政治教育模式，无法及时对这些问题提出行之有效的解决方法，而中国传统文化中的优秀精华也因大学生对其的了解与掌握知之甚少而无法发挥其在思想政治教育中应有的积极价值作用。

因此，要真正发挥中国传统文化在高校思想政治教育过程中的价值作用，摆脱高校思想政治教育所面临的困境，我们必须具有高度的文化自觉意识，探索建立中国传统文化与思想政治教育有机融合的最佳机制。

从古至今，中国传统文化的思想政治教育历程，经历过"独尊儒术"的辉煌，也经历过全盘否定的没落，在各类反传统的硝烟散去后，思想政治教育对中国传统文化理性思考的回归，印证了传统文化于中华民族伟大复兴的重要意义。因而，二者的融合不是偶然的碰撞，而是历史、时代的必然选择，是各自发展完善的内在需要，更是培养社会主义合格建设者和接班人的现实需要。

（五）加强和改进大学生思想政治教育的需要

从历史的角度来看，在中国大陆曾出现长达近百年的反传统浪潮，甚至在 20 世纪 50 年代的全国高校中，高校教育已经没有了传统文化的踪迹。在这里，我们暂且不去对那段历史进行梳理，因为那是一个庞杂繁复的过程。但在这一段盛极一时的"全盘西化"的"文化热潮"冷却后，中国各界向中国传统文化价值理性思考的重新回归，说明了优秀传统文化于民族复兴的重要意义。

从现实的大环境看，随着经济的快速发展、文化的日益繁荣以及全球化时代的来临，当今的中国，高校思想政治教育正面临着严峻的挑战。一方面，西方思想打着"普世价值"的旗号，进行价值观的渗透和文化的侵略，威胁着大学生对主流文化的认同感和归属感；另一方面，经济的繁荣、信息的高度发达，给高校思想政治教育带来了更多可拓展的空间，同时它也带来了诸如网络中毒、价值扭曲、功利主义盛行等问题。

因而把握主流文化的话语权，提升中国核心价值理念对大学生的吸引力与引导作用，规范网络不文明现象，成为现阶段亟须解决的问题。事实证明，思想政治教育只有政治的引领是不够的，更需要对大学生进行道德品质、心理健康、核心价值观等方面培养，帮助他们树三观、辨是非、知荣辱、净心灵。优秀传统文化中的德育理念和世代相传的民族精神，正可为高校思想政治教育提供丰富的资源和有益的借鉴。

因此，无论是历史还是现实都印证了从优秀传统文化中汲取有益的精神养分，融入并服务于思想政治教育，对于加强和改进思想政治教育具有十分重要的意义。

（六）建设和发展中国优秀传统文化的需要

中国传统文化独具的民族精神和品格，是我国宝贵的历史遗产和经久不衰的精神财富，但是我们也应该看到，中国传统文化在发展的历程中，还具有自身的时代局限性和片面性。因而，传统文化要想长盛不衰，成为与时代需要相符合的优秀文化，就必须进行自身的扬弃与革新，与时下先进的理念相结合，去除落后的、片面的部分，保留精华的、有价值的部分，在马克思主义领域下继承和弘扬中国传统文化，是传统文化在现阶段所必须面临的抉择。

高校思想政治教育是社会意识观念在高校的体现，因而，目前我国的思想政治教育势必要坚持在马克思主义等先进的原理指导下开展工作。中国优秀传统文化融入思想政治教育的过程，就是与马克思主义相结合的过程，是用科学的进步的理念对自身进行选择、积累与扬弃的过程。而这种过程，一方面，有利于其获得崭新的时代内涵，与时代的发展相符合；另一方面，有利于其利用大学这个教育和培养青年的主阵地来加强自身的建设发展。

因此，二者的融合不是谁应该取代谁的应然关系，也不是谁主谁次的或然关系，而应是在马克思主义原理的指导下交叉融合、互为裨益的"相生"关系，二者的融合既是大学思想政治教育不断完善的要求，也是优秀传统文化的自身建设需要。

（七）培养和塑造社会主义合格建设者和可靠接班人的需要

大学生是未来社会建设的中坚力量，他们思想道德素质的高低，影响着国家的前途和命运。大学思想政治教育的首要目标便是进行德行培育。从中国的实际情况来看，大学生队伍整体的道德素质状况良好，但受国际全球化环境下多元价值观的冲击以及市场经济背景下，享乐主义、个人主义、趋功利化等不良思想的影响，在大学生群体中出现了社会责任感的缺失、诚信意识的淡化、价值取向的扭曲等现象；同时功利、奢侈等不良风气也在校园中不断蔓延，中国优秀民族精神在这个群体中出现了严重缺失的现象。用中国优秀传统文化中的有益内容去净化大学生的心灵、培养大学生的道德操守显得尤为必要。大学是青少年人格养成和发展的关键时期，因而思想政治教育工作者必须从现实情况出发，将传统文化与思想政治教育相融合，传承和弘扬优秀民族精神，充分发挥思想政治教育的育人功能，为社会主义事业培养优秀的大学生。

二、弘扬我国优秀传统文化，创新高校思想政治教育

（一）弘扬我国优秀传统文化对高校思想政治教育的积极作用

1.将优秀传统文化融入思想政治教育中，有利于增强思想政治教育的吸引力、渗透力和影响力

如何增强思想政治教育的吸引力和有效性，是目前高校思想政治教育理论和实践工作中的一个重要课题。善于利用优秀传统文化作为载体，可以从一个方面为解决这一课题提供答案。文化具有渗透性强、影响持久和生动形象等特点。高校将优秀传统文化融入思想政治教育中，会使思想政治教育生动活泼，较好地产生"润物细无声"的作用，使学生在不知不觉中受到其熏染，易于被学生接受。同时，优秀传统文化覆盖面广，能影响到每一个人。这又能扩大思想政治教育的影响力，使其积极作用在更大范围内得以实现。

2. 优秀传统文化蕴涵着丰富的思想政治教育资源，有利于提高大学生的民族自尊心和自信心

优秀传统文化历经数千年的积淀和发展，至今仍有强大的生命力和教育价值，蕴含着极为丰富的思想政治教育资源。如，精忠报国的爱国主义思想、成仁取义的献身精神、博爱大众的利民济世精神、见利思义的重义精神、忠于职守的敬业精神、尊老爱幼的公德精神、诚实守信的诚信精神、勤俭节约的勤俭精神、谦敬礼让的明礼精神、乐群贵和的和合精神、厚德载物的宽厚精神等。这些都是大学生在社会主义道德建设中需要很好继承的优秀传统。

3. 弘扬优秀传统文化有助于全面提高大学生的思想道德素质

优秀传统文化注重人的道德修养。古代教育家的教育思想富有很强的哲理性，广博而深邃。其道德学说制约并规范着人们的道德意识和道德行为。弘扬这些优秀道德传统必将对大学生的思想、意识和行为模式产生积极影响，对引导大学生塑造完美的人格具有积极作用。

4. 加强优秀传统文化教育，有利于大学生形成与现代社会发展相适应的价值观

引导大学生树立与现代社会发展相适应的价值观，是高校思想政治教育的基本任务。在现代社会里，被优秀传统文化所肯定的行为和事物，则同样会为大多数社会成员所追求。优秀传统文化的这种机理有利于促进大学生形成与社会相适应的正确的价值观，有利于他们尽快成长为国家所需要的高素质的人才。

（二）当代大学生对传统文化的解读方式和认识程度的现状

首先，从与传统文化的接触上看，大学生具有一定的对传统文化吸收传承的自主选择性。在选择吸收过程中他们基本上能做到去其糟粕、取其精华，体现出一定的甄别能力。

其次，从对传统文化的偏好上看，大学生注重传统文化所传递内容的社会思想、精神理念和伦理价值等文化内核和日常行为中的道德习俗、礼仪规范等实质意义，在形式上呈现出基于性别、气质、城乡差异和学科特征等不同群体的文化诉求和内部特征。

最后，从对传统文化现状的评价上看，大学生能清醒看到在全球化背景下传统文化不容乐观的发展状况，表现出对传统文化发展的高度重视，并

且增强对传承和弘扬优秀传统文化的责任感与自觉性。但是由于历史的惯性，对大学生进行优秀传统文化教育不够重视的现象仍然存在，这就使得大学生了解和认识我国优秀传统文化的程度有限。他们大多是 20 世纪 80 年代末和 90 年代出生的，虽然在小学和中学阶段经过一定程度的知识学习，对我国优秀传统文化有一定程度的了解，但对我国优秀传统文化还是知之不多、功底不深。再加上具体到行动细节上，很多人还是会在坚持遵守大原则的前提下顾及个人的小利，表现出一定程度的功利主义。

（三）弘扬我国优秀传统文化、创新思想政治教育的主要途径

我国优秀传统文化是一种具有鲜明民族特色、历史悠久、内涵博大精深、传统优良的伦理型文化。把优秀传统文化作为思想政治教育工作的载体，能为大学生提供直接的帮助和启迪，真正实现优秀传统文化在思想政治教育领域的当代价值。弘扬我国优秀传统文化、创新思想政治教育的主要途径具体包括以下几点。

1. 要将优秀传统文化融入学校教育的各个环节，加强思想政治教育系统建设

课堂是高校进行思想政治教育的主阵地。一方面，学校要将专业教育与优秀传统文化教育结合起来，充分挖掘专业课中积极的人文因素，使优秀传统文化教育和专业教育有机地结合起来；另一方面，则要将思想政治理论课教育和优秀传统文化教育相结合。第二课堂活动是高校进行思想政治教育的重要阵地，丰富多彩的第二课堂活动能较好地增强教育的有效性和吸引力。开展第二课堂活动，既能给大学生提供展现才华的舞台，营造浓厚的校园人文氛围，又能把丰富多彩的学生活动和优秀传统文化结合在一起，让大学生在潜移默化中陶冶情操，感悟人生哲理，提高品位、启迪思想；既能使民族精神得到传承、发扬，又能逐步培养自强不息和厚德载物的高尚品质，引导大学生养成自觉学习、终身学习的良好习惯。互联网是高校进行思想政治教育的重要载体。在开发和利用我国优秀传统文化资源中，高校要与时俱进，创新教育手段，高度重视互联网在思想政治教育中的重要作用。要建立学校、家庭和社会合力育人的有效机制。家庭、学校、社会是现代教育的三大领域，如果把学校、家庭、社会三个方面的教育有机统一起来，构成教育一体化的系统网络，形成功能互补、目标一致的教育合力，将会取得最佳的教育效果。

2. 要重视学生群体实际，注重思想政治教育主体的实践理性

我国优秀传统文化具有实践的理性特征。它注重教人如何做人做事，注重引导人们的道德实践。今天高校所提出的"一切为了学生、为了学生一切、为了一切学生"，可以说就是继承了优秀传统文化"民本意识"思想中的合理成分。高校思想政治工作者在对大学生进行思想政治教育时，要从他们的思想、学习和生活实际出发，以学生为本，把他们所关心的问题纳入到思想政治教育中来，就能有效提高思想政治教育的针对性和实效性，就能顺应学校发展的人文性、民主性、开放性，走向和学生发展的个性化、主体化、社会化趋势。

在继承优秀传统文化过程中，高校思想政治工作者要运用心理定势、心理强化等心理方法，通过认同、适应、同化和融合等多种心理过程，依托优秀传统文化继承的多种形式，将优秀传统文化自觉内化为大学生的人文素养。总之，以多种形式引导大学生学习、继承优秀传统文化，指导他们付诸实际行动，必须要从我做起，从身边小事做起，从平时做起。

3. 要敢于创新，建构思想政治教育主、客体理想人格

"修身、齐家、治国、平天下"是一个人理想的人生轨迹，是思想政治教育主、客体的人生价值和社会责任意识的一种充分体现。一个人只有具备了自立自强的良好品质，才能实现教育主客体的人格建构。在进行思想政治教育时，高校要把实现优秀传统文化精髓融入到思想政治教育中，使优秀传统文化成为教育双方都能具备的一种价值取向和内在精神追求。当代大学生精神人格的培养不能只采用机械技术构造与解构手法以及纯意识观念的真理输入模式，而要用我国优秀传统文化的理想人格内涵来构筑他们理想人格的精神实质与内容。

4. 要注重优秀传统文化教育与现实相结合，促使思想政治教育目标的实现

弘扬优秀传统文化必须要紧紧把握时代的脉搏，与时代精神相结合。长征精神、雷锋精神、载人航天精神、抗震救灾精神、奥运精神等，都已经转化为中华民族共同的精神财富。而解放思想、实事求是的精神，艰苦奋斗、务求实效的精神，紧跟时代、勇于创新的精神，淡泊名利、无私奉献的精神，知难而进、一往无前的精神，则是我们的民族精神在新历史时期的生动写照。

高校对大学生进行思想政治教育，就要把弘扬以爱国主义与优秀传统文化为核心的民族精神和弘扬以改革创新为核心的时代精神有机结合起来，着力培养大学生的竞争意识、效率意识、效益意识、法治精神、合作精神、诚信品质与时间观念等。同时，弘扬优秀传统文化要与社会主义先进文化，尤其是与社会主义核心价值体系结合起来，帮助大学生通过对传统文化的辩证思考和批判继承，逐渐学会独立地、创造性地、科学地解决自己人生观价值观中的各类问题，逐步树立正确的世界观、人生观、价值观和荣辱观。

在市场经济快速发展的形势下，高校思想政治教育工作与中国优秀传统文化的结合具有必要性，充分挖掘优秀传统文化的教育意义，可以为高校思想政治教育提供新的路径，促进我国社会主义现代化的建设，并以此为精神动力提高思想政治教育工作的时效性。

从当今的社会现实情况来看，当今社会发展迅速，新事物、新思想、新情况层出不穷，改革开放为我国发展带来极大动力的同时，也带来了多元化的观念，其中不乏有负面的观念和信息。大学生正处于人生的关键时期，肩负着建设祖国的重任，但是由于在思想方面还不够成熟，极易受到外界不良风气的影响，产生迷茫状态。为此，我国不断出台新政策，要求改进学校的德育工作，进一步加强学生的德育教育，而优秀传统文化对于大学生的教育功能不容小觑，是进行高校思想政治教育的有力武器，对提高大学生的文化素养和综合素质具有积极意义。因此，将二者结合起来探索大学生思想教育的新途径、新方法是十分必要的。

第二节 优秀传统文化融入高校思想政治教育的可能性

中国传统文化与思想政治教育在教育目标方面设置方面都直接指向人，指向人的思想道德素质的提高，同时它们在目标的最终指向属性上都回归到政治属性上，这体现了二者目标的一致性。除了在目标设置与指向属性有着一致性之外，中国传统文化与思想政治教育在内容方面也存在着许多相通相合之处，而二者在教育模式方面的不同，则使二者有了很强的互补性。

一、爱国主义情怀

爱国主义自古就是我国民族精神的核心和精华，正是有了爱国主义，中华民族在漫长的历史发展过程中才能战胜外敌、求得统一、争得强大。我国自古就有爱国的传统，屈原的上下求索虽九死犹未悔、范仲淹的先天下之忧而忧，后天下之乐而乐，顾宪成的家事、国事、天下事，事事关心，还有历代仁人义士、爱国志士为国家的前途赴汤蹈火，甚至牺牲生命、为国捐躯，这些都是爱国主义情怀的深刻写照。爱国主义始终是把中华民族坚强团结在一起的精神力量，改革创新始终是鞭策我们在改革开放中与时俱进的精神力量。所以，爱国主义是我国传统文化的重要内涵，也是我国当代高校思想政治教育重要的教育资源。

二、集体主义观念

我国的传统思想是以儒家思想为核心的，儒家思想讲究的是"修身、齐家、治国、平天下"，讲究的是人际关系的和谐。在对待父母兄弟的态度，讲究孝道亲情，而且这种亲情关系会向社会扩展，四海皆一家，海内存知己。四海之内皆兄弟，老吾老以及人之老，幼吾幼以及人之幼，这种社会和谐统一的观念一直影响到现在。所以，中国传统文化非常注意人和人之间的关系，主张用"仁爱"的思想来处理任何关系，秉承集体主义的观念，注重团队精神。集体主义的观念对当代大学生非常具有教育意义，当代大学生多是独生子女，以自我为中心，缺少合作意识，而传统的集体主义观念则可以引导大学生更好地处理好人际关系。

三、克己修身意识

"克己修身"的意思就是加强自律，提高自身修养。"修身"是"齐家、治国、平天下"的基础，所以君子必须要努力提高自我修养。要想提高自我修养，古人有两种方式：一种是慎独。慎独是指在一个人的时候，即使没有人看到，也不能做任何违背道德的事情，做到"君子坦荡荡"，这是我国传统文化中一个重要的提高个人修养和素质的方法，体现了一种严于律己的道德操守。另一种重要的提高修养的方法是自省，古人常说，吾当一日三省吾身。自省也是提高自身修养的重要途径，人通过自省，可以及时纠正自己的思想和行为，扫除内心的邪恶思想。我党开展的批评与自我批评也是一种自省的方式，有利于纠正我党在发展过程中的错误，并及时改正，更好地进行社会主义现代化建设。克己修身是高校思想政治教育的重要教育资源，可以帮助大学生提高个人修养，养成良好的习惯，促进其成长成才。

四、自强不息精神

《周易》中说天行健，君子以自强不息，意思是君子要像天那样刚直和自强不息，为人处世要积极进取。自强不息是中华民族的一种精神力量，已经融入中华民族的血脉，是一代代中国人奋斗的动力、成长的养料，是中华民族屹立于民族之林的重要的精神和力量之源。可见，自强不息的精神对于中华民族的发展和强盛具有重要的意义。清华大学的校训就是"自强不息，厚德载物"，广大的莘莘学子更要学习传统文化中的精华来充实自我，高校也要充分挖掘传统文化中的教育资源，来不断提高学校的文化氛围和教学质量，为高校思想政治教育提供更多的途径。

五、价值观契合

社会主义核心价值观是社会主义核心价值体系的内核，其基本内容包括：倡导富强、民主、文明、和谐；倡导自由、平等、公正法治；倡导爱国、敬业、诚信、友善，要积极培育社会主义核心价值观。其中，富强、民主、文明、和谐是我国在社会主义初级阶段的奋斗目标，体现了社会主义核心价值观在发展目标上的规定，是立足国家层面提出的要求；自由、平等、公正、法治体现了社会主义核心价值观在价值导向上的规定，是立足社会层面提出的要求，反映了社会主义社会的基本属性，始终是我们党和国家奉行的核心价值理念；爱国、敬业、诚信、友善体现了社会主义核心价值观在道德准则上的规定，是立足公民个人层面提出的要求，体现了社会主义价值追求和公民道德行为的本质属性。

社会主义核心价值观三个层面的要求也为我国的思想政治教育指明了方向，它要求思想政治教育必须在理念上进行全面的更新。树立"以人为本"的教育理念，体现在思想政治教育实践中就是要以个人的发展需求为本，教育内容要以社会主义核心价值观为主导，教育方法要尊重个体差异，教育途径要吸纳隐性教育的优势等。

而中国传统文化作为中华民族历经五千余年的演化而汇集成的一种反映民族特质和风貌的民族文化，是中华文明的结晶，它源远流长、博大精深，形成了崇德善仁、贵和持中、进取包容、谦敬礼让、忠公重义、求真务实等内涵十分丰富的价值观念，这正是我国现阶段社会主义核心价值观的重要理论来源和发展动力之一。

中国传统文化所倡导的价值观念与我国当前的思想政治教育所倡导的社会主义核心价值观有着许多相契合之处，这也是二者之所以能够相融合的重要条件之一。当然，这并不是说中国传统文化倡导的所有价值观念都是正确且适合我国现阶段的思想政治教育状况的，因此我们应该秉承批判与继承的态度来区别对待、使用它们。

六、目标一致

我国思想政治教育的根本目的是"提高人们的思想道德素质，促进人的自由全面发展，激励人们为建设中国特色社会主义、最终实现共产主义而奋斗"。这一根本目的包含两方面的内容，一是提高人们的思想道德素质，使人们具备良好的思想道德素质，如，崇高的理想、优良的品德、强烈的事业心、责任感、坚强的毅力、严格的纪律等，这是我国思想政治教育的内在目的；二是促进人的自由全面发展，这是我国思想政治教育的终极目的。这两方面的内容构成了我国思想政治教育的根本目的，是思想政治教育的灵魂和旗帜，直接规定了思想政治教育的共产主义方向。而中国传统文化作为崇德尚贤的伦理型文化，以德育人、注重伦理道德则是其显著特征。

传统思想文化的重心是伦理道德学说。传统思想文化的突出特点和优点之一就是它的道德精神，故我国素以"礼仪之邦"著称于世。

其一，中国传统文化之儒家经典《大学》开篇便提出了思想教育的根本目标，曰：大学之道，在明明德，在亲民，在止于至善。这即是在阐明思想教育的目标就是发扬光明美好的道德，使人人都能主动去除污染而自新，最终达到并保持完美至善的境界。

其二，中国传统文化特别注重对圣贤人格的追求，按照儒家经典《论语》的划分原则，中国传统的人格理想可划分为以下三个层次。第一个层次为圣人，这也是中国传统文化中理想人格的最高目标和境界。孔子认为，真正的圣人必然是实现道德圆满的统治者，是圣与王的统一，也即内圣而外王。第二个层次为君子，即对美好道德的自觉追求者和体现者，这是中国传统文化中理想人格的核心要素。第三个层次为士或成人，即能遵守礼仪规范者和注重人格尊严者，这是中国传统文化中理想人格的基本标准。

中国传统文化中这种对理想人格的追求也体现了中国传统文化对人们道德品质的理想追求和总体要求。由此可见，我国思想政治教育与中国传统文化在目标设置上都指向人，指向人的思想道德素质，都将对人的思想道德素质的培养和提高放在首要核心位置上，注重对人的美好的道德品质的培养和提升，体现了二者在育人目标上的一致性。

我国思想政治教育以共产主义为方向，不论是提高人们的思想道德素质，还是促进人的自由全面的发展，都是为了更好地激发人们建设中国特色的社会主义，为最终实现共产主义而努力。这也表明了政治属性是我国思想政治教育的根本属性。而中国传统文化也特别注重培养个人与家族、国家、社会的良好组织关系，强调"修身、齐家、治国、平天下"，可以看出中国传统文化培养"格物致知之诚意正心"之人的最终目的毅然回归到"治国平天下"的政治属性上来。因此可以说，我国思想政治教育与中国传统文化的教育目标最终都指向了政治属性，这也体现了二者在最终目标指向属性上的一致性。

七、内容相通

从中国传统文化和思想政治教育各自所包含的内容来看，也存在着许多相通相合之处，二者之所以能互相融合，与两者之间存在着的这种相通相合之处有着密切关系。

首先，中国传统文化中的"大同思想"与思想政治教育中的理想教育之间存在着相通相合关系。思想政治教育中的理想教育是以共产主义理想为核心的理想教育。在马克思所描绘的共产主义社会里，没有私有制、没有阶级、没有国家；财产社会公有，人人地位平等；大家各尽所能、各取所需；人性得以充分发展。

而在中国传统文化中，早在中国第一部诗歌总集《诗经》中，人们就有追求公平，对幸福的"乐土""乐国""乐郊"的期待；在《春秋公羊传》里，也有"衰乱世，升平世，太平世"的三世说，而两千多年前的孔子则在《礼运·礼记》中为我们描绘出了一个更为具体而美好的大同世界。在这个世界中，人人平等，亲密无间，人尽其才，物尽其用，个人与社会浑然一体。

其次，中国传统文化中朴素的唯物辩证法思想与思想政治教育中最根本性的教育内容，即科学的世界观教育之间也有相通相合之处。思想政治教育中的世界观教育包括辩证唯物主义两个方面的内容。辩证唯物主义以世界的物质同一性为基础，以辩证法为方法论，以对立统一、质量互变与否定之否定三大规律为主干，坚持人类社会由简单到复杂、由低级到高级的螺旋式上升和波浪式前进的历史辩证法。

历史唯物主义则揭示了人类社会发展变化的终极原因是经济因素，并由此强调了社会存在对社会意识的决定作用，物质生产对社会发展的基础作用，以及人的实践对社会发展的推动作用。而中国传统文化中则一贯重视"经世致用"，着眼于从物质生产条件以及民心向背的角度来思考历史的兴衰更替，着眼于从人民的物质生活出发来研究社会的道德与文明。

春秋时期的管仲提出了仓廪实则知礼节，衣食足则知荣辱的观点，认为社会物质条件是人民群众精神生活的基础和前提。孔子提出的"庶之、富之、教之"的思想则解释了人口的繁衍、社会财富的增加、人民生活的富足和道德教化取得成效之间的依次决定关系。

中国传统文化中的这些观点其实与历史唯物主义的观点有着相通相合之处。除此之外，中国传统文化中还蕴藏着朴素的辩证法思想。老子提出了"万物负阴而抱阳，冲气以为和"的观点，即任何事物都有对立的两个方面，即"阴""阳"二气，这两个方面在相互作用中实现统一之"和"。儒家经典《周易》中"一阴一阳谓之道""刚柔相推而生变化"等观点意在强调阴、阳和刚、柔对立面的相互作用对于事物发展变化的推动作用。宋明理学时期的张载亦认为"一物两体，气也。一故神，两故化，此天地之所以参也"，意在强调矛盾双方对立统一的关系。基于以上分析，我们可以看出，中国传统文化中所蕴含着的朴素的唯物辩证法思想，与辩证唯物主义和历史唯物主义之间在价值定位和思想倾向上也存在着相通相合之处。

正是由于中国传统文化与思想道德教育内容之间的这种相通性，才使二者有了相融合的可能性，进而使思想政治教育得以在中国传统文化这一丰厚的历史土壤中不断获得新的发展。

八、教育模式互补

思想政治教育的方法多种多样，有理论灌输法、实践锻炼法、自我教育法、榜样示范法、比较鉴别法、咨询辅导法等，其中，理论灌输法是思想政治教育最主要、最基本的方法。作为一门意识观念色彩极为强烈的科学，思想政治教育自然需通过理论灌输法来对受教育者进行马克思主义理论教育。

不过在我国以往的思想政治教育实践中，长期以来对其德育功能尤其意识观念功能的过分强调而对其文化功能缺乏应有的关注，这就使得思想政治教育一直偏重于简单空洞的理论说教和意识观念的直接灌输；不仅如此，在思想政治教育过程中，思想政治教育工作者往往也不考虑受教育者的具体情况，不分层次，不问对象，经常采用"我讲你听""我说你做""我令你止"等居高临下、简单粗暴的教育方式，受教育者则只是消极被动地接受而非积极主动地去内化吸收这些科学理论，这就使思想政治教育工作显得呆板枯燥、索然无味，思想政治教育的实效性也大打折扣，思想政治教育也难以适应新形势的发展要求。

思想政治教育对意识观念的过分强调使其自身的文化属性和人文精神受到遮蔽。中国传统文化的教育方式则正好弥补了现代思想政治教育模式的不足。

首先，中国传统文化注重渗透而非灌输，强调"以文化人"，受中国传统文化影响的个性品质、思想观念、行为模式等一旦形成就会内化、积淀、渗透于社会成员的灵魂深处，很难改变。

其次，中国传统文化注重引导人内心深处的自觉意识，引导人们通过"自省""内省""慎独"等内在自省的方式来反思自己的思想和行为中的不足与过错，进而使人们在认识上达到真正的"知"，不断提升自身的道德修养，使自己不断接近圣人的道德境界。不过，以自觉内省方式来提高自身道德修养最终是为了付诸道德实践。

最后，中国传统文化注重"知行合一"的道德践履而非空洞说教，可以说"知行合一"正是我国传统文化经过长期的实践探索和理论总结所形成的极具特色的思想道德教育的方法论系统，《周易》说，"履，德之基也"。先秦墨家学派代表人物墨子就对道德实践十分重视，他认为评价一个人是否真正为"仁"，"非以其名也，亦以其取也"。即一个人是否真正为"仁"，不是看他是否知道"仁"的含义，而是看他在行为上是否有真正"仁"的举动。明代思想家王阳明则更是明确提出了"知行合一"思想。可见，中国传统文化不仅注重道德教育中的自觉自省，更加注重在自觉自省基础上的道德践履，注重"知"与"行"的辩证统一。

上述中国传统文化所倡导的种种教育模式能弥补我国现代思想政治教育因过分重视和强调意识观念性而造成的思想政治教育单一、空洞以及枯燥的理论说教和灌输模式。

作为一门意识观念色彩极为强烈的科学，思想政治教育离不开理论灌输这种教育模式，只是当我们忽视了文化对思想政治教育的内在渗透力，忽视了受教育者对思想政治教育内在自觉自省意识，忽视了思想政治教育者与受教育者在思想政治教育过程中的道德实践，而过分强调这种理论灌输的教育模式时，灌输的力度再大，思想政治教育也难以取得理想的效果，甚至会起反作用。

我国现当代的思想政治教育应该借鉴和吸收中国传统文化所提倡和践行的这些潜移默化的渗透、自觉的内在自省以及"知行合一"等教育模式，来改变我国现当前思想政治教育单一枯燥的教育模式，弥补我国当前思想政治教育模式的不足，引导全体社会成员积极主动、自觉地反思自身，不断提升自身的思想道德素质，培养自己良好的道德品质，提升我国当前思想政治教育的实效性。

第三节 优秀传统文化融入高校思想政治教育研究综述

一、中国传统文化融入高校思想政治教育意义研究

这方面的表述方法各有不同，集中为两个侧重点。一个侧重点是从高校思想政治教育角度强调，诸如，中国传统文化融入高校思想政治教育的必要性、重要价值、作用和意义；传统文化在当代思想政治教育中的功能；中国传统文化与高校思想政治教育契合的必要性、中国传统文化融入高校思想政治教育的意义、中国传统文化对高校思想政治教育的启示等。另一个侧重点是从中国优秀传统文化对大学生成长成才的意义的角度强调，传统文化对塑造当代大学生思想品格的意义。如，中国传统文化对大学生思想政治教育的影响及作用、传统文化在大学生思想政治教育中的运用、中国传统文化与当代大学生思想政治教育、大学生思想政治教育过程中优秀传统文化的介入、传统文化在大学生思想政治教育中的价值与应用。研究认同，继承和发

扬传统文化是弘扬党的思想政治工作优良传统的需要；大学生思想道德现状使高校思想政治教育需要借助传统文化的力量；传统文化在大学生思想政治教育中缺失要求加强传统文化的作用。

（一）中国传统文化是大学生思想政治教育的思想沃土

中国大学生思想政治教育有着其时代的指导思想，但是离不开中国传统文化的思想土壤，挖掘中国传统文化中的思想道德资源，以优秀传统文化为载体引导今天的大学生学会用整体的眼光和思维去看待问题，走出专业壁垒，更加全面地、联系地去给自己通识性充电，激发学生更加广泛的学习和探究兴趣，而不是只囿于自己的学科和专业，大而空，小而狭，均不足取。同时，强调心性的提升，真正意识到求真与求善、致知与修为的共通关系，重新评估自身的价值和正确定位自己，树立科学的世界观、人生观和价值观，在求学求知的过程中不忘本心，尊德崇德，有利于真正实现人的全面发展。

（二）中国传统文化是大学生思想政治教育的精神命脉

中国传统文化能够传承今日，生生不息，与其"人文化成的创造精神、刚柔相济的辩证精神、究问天人的探索精神、厚德载物的人文精神、和而不同的会通精神、天下为公的责任精神"是密不可分的，这些精神依然潜在深刻影响着国人的思辨、情感和价值观，依然是我们的精神命脉。在全球化、信息化的今天，面对西方文化和网络文化等多元文化的冲击，各类思潮迭起，大学生的道德情感、价值观念、精神追求动摇不定，大学生思想政治教育面临的环境越来越复杂，任务越来越艰巨，如何固本清源，重建今日大学生之思想基础、道德基础，树立文化自信和价值观自信？越来越多的人开始思考"反求诸己"，重新浸润在中国优秀的传统文化之中，寻找属于我们自身的、符合时代特征的精神命脉。

（三）中国传统文化是大学生思想政治教育的创新源泉

中国传统文化历经岁月淘沙，沉淀蕴含了一套非常完整的社会思想道德规范体系，其本身的包容汇通特点又使得其不断凝练、整合、更新，所表现出的道德规范、思维方式和价值体系不但拥有很强的历史性和遗传性，同时还拥有鲜活的变异性和现实性，是我们大学生思想政治教育很好的参考教材和创新源泉。在大学生思想政治教育的内容建构上，我们可以古为今用，推陈出新，汲取"中国优秀传统文化丰富的文化内涵、文化品位和文化精神"，创新性培养大学生社会主义核心价值观；在大学生思想政治教育体系建设上，可以借鉴传统文化的价值规范体系，建设有中国特色的大学生思想政治教育体系；在大学生思想政治教育的方法论上，可以借鉴中国传统文化的知行合一、经世致用、刚柔兼济等去处理思想政治教育中出现的新问题、新情况，创新具体的思想政治教育工作方法，充分发挥现有优势进行创新性的转变。

（四）传统文化是提升大学生思想道德素质的有效手段

中国文化有着五千年的历史，源远流长，博大精深。古老的岁月蕴藏着无尽的财富，中华民族文化便是这样一座开掘不尽的富矿。文化包含一个民族长期积累形成的深层的心理积淀，如同名胜古迹一样，时间愈久远愈有价值，就像一棵根深叶茂的千年古树，一切现代文明都可以在这棵大树上嫁接生成。中华五千年的文化是博大精深的，每一句话都凝集了先人无限的智慧。大力弘扬优秀传统文化，可以让大学生接受中华民族优秀传统文化的熏陶，进而不断加强自身修养和人格锤炼，自觉养成文明礼仪的良好行为习惯。树立正确的世界观、人生观和价值观。我们首先要学会做人，然后是学会学习。人要勇于担当、有责任感才能做一个大写的人，才能顶天立地。

总之，这方面的研究一是从高校思想政治教育的角度强调，高校思想政治教育的有效开展离不开中国传统文化教育；促进大学生个人身心全面发展离不开中国传统文化教育；正确引导大学生认识社会，增强社会责任感需要加强传统文化教育。二是从大学后主体的角度强调，传统文化注重仁爱、诚信、义利、忠毅的精神品格教育有助于培养大学生为国为民的爱国主义情操，有助于培养大学生严于律己的自律精神，有助于培养大学生求新求变创新精神，有助于培养大学生健康和谐的心态，有助于培养大学生谦逊的品格。

二、优秀传统文化在高校思想政治教育中的资源作用研究

（一）弘扬爱国主义传统，树立远大理想

自古以来，中国人尤其士子一直把"修身、齐家、治国、平天下"作为自己的人生理想和处世准则，从而形成了中国特有的民族凝聚力、民族自豪感以及民族至上、国家为本的爱国主义精神和社会责任意识。"公忠勇毅"的爱国情节一直根植在中华民族悠久文化历史中。不论是孟子的"以天下为己任"，还是范仲淹的"先天下之忧而忧，后天下之乐而乐"，再或是顾炎武的"天下兴亡，匹夫有责"，都强调民族至上、国家为本的爱国主义精神和社会责任意识，都体现了中华民族这种不畏险恶、舍生取义的高尚品格。中国优秀传统文化感染、教育和激励着世世代代的中华儿女，成为中华儿女前赴后继、舍生忘死、报效祖国的强大精神动力。

随着对外开放，各种外来文化也不断影响着中国人传统的生活方式和生存方式，一些中国人看不起国货，"哈韩"、"哈日"、吃洋快餐、过洋节，把对传统的背叛视为自己进步的标志。对此，思想政治教育中要利用中国传统文化资源，将传统爱国思想中的精华部分继承并发扬光大，培养学生爱国主义情操，培养学生的民族自豪感和责任感。今天，我们的伟大祖国正处在一个历史转折时期，要实现中华民族的伟大复兴之梦，就必须有无数具有高度责任感和爱国精神的人为之奋斗。

（二）弘扬"仁爱"思想

"仁爱"是中华民族传统美德中极为重要的内容之一，是中华民族固有的民族精神。目前受商品经济的影响和西方不良思潮的渗透，很多学生在日常生活中表现得自私自利，凡事以自我为中心，甚至不惜牺牲他人和集体的利益。因此，我们需要在日常的思想政治教学过程中，加入"仁爱"的教育内容，培养学生"仁者爱人""己所不欲，勿施于人"的高尚品质，教育学生在与人交往的过程中要真诚相待，平等待人，以尊重、真诚、友爱、信任去建立友情，发展和谐的人际关系。

（三）继承传统诚信观，学会诚信立人

诚信文化是我国传统文化的精髓。以诚相待，忠诚守信，历来是中国人的道德信条和优良传统。"民无信不立""人而无信，不知其可也"。诚信是为人之本，立国之基。挖掘、践行传统减信道德，对加强大学生思想政治教育具有重要的借鉴、启迪价值。现在的学生由于缺少生活阅历，还没有完全了解诚信对于人生存发展的重要性，对于因缺失诚信带来的严重后果也没有给予足够的认识，因此导致了现在学生诚信危机的产生，如，考试作弊、抄袭作业、撒谎逃学等现象屡屡发生。

因此，要将诚信教育作为思想政治教育的重要内容，渗透到学校教育培养的全过程，逐步提高学生的诚信意识。通过诚信立人教育唤起当代大学生自我教育和自我完善的意识，按照社会的道德要求进行自我锻炼和自我改造，加强性格修养。

（四）学习传统的"义利观"

中国传统文化中的义利观是中国传统文化价值取向的核心，是构建传统道德文化的坐标。"义"，直指一种道德准则，是"利"的立足点和根本点。中国传统儒家主张"重义轻利"，在利益面前要以义为标尺，但同时并不否认"利"的重要性，提倡礼以行义，义以生利，利以平民，政之大节。高校思想政治教育要帮助学生树立既植根于民族传统文化，又反映时代精神的社会主义义利观，在充分尊重个人合法利益的同时，鼓励人们去追求、获得正当利益。

（五）辩证学习传统孝文化，增强家庭观念

对大学生进行传统孝文化教育主要是强化大学生的家庭观念，促进家庭和谐，进而促进社会和谐。第一，爱自己，爱生命，爱护自己的身体，这是孝的开始。第二，爱父母，爱家人。爱父母就要赡养父母、孝敬父母，不能要父母为自己担心。教育学生孝敬双亲，培养强烈的家庭观念，进而学会自强自立，承担自己的责任与义务。第三，爱他人，爱国家。实施仁爱的方法就是推己及人，要克己复礼，引导学生能够从大局出发，不要只顾个人利益、眼前利益。

三、中国传统文化教育与高校思想政治教育融合途径研究

讨论传统文化与思想政治教育深入结合的途径，是很多学者研究传统文化与思想政治教育的重要组成部分。在现阶段开展的思想政治教育工作中，应结合社会的客观情况，继承传统文化中的优秀成果，并充分运用到思想政治教育过程中来，加强思想道德教育的实效性，进一步提高当代学生的品德修为，为社会主义现代化建设培养合格的优秀人才。

（一）加强传统道德教育课程的建设

首先，在思想政治教育课程的基础上，开设介绍传统文化的专题，增加介绍儒家优秀思想文化、爱国主义传统文化的内容，帮助学生丰富传统文化知识，同时树立正确的世界观、人生观、价值观。其次，开设关于中国传统文化的选修课，为大学生学习传统文化知识提供必要的平台，使得学生能够了解到中国传统文化的历史。通过丰富生动的课堂内容来拓宽学生的传统文化视野，把传统道德内化于心，从而有利于他们接受传统文化熏陶、习得

传统美德智慧。

（二）加强校园文化建设

高校可以在校内建设传统文化网站，让学生通过网络欣赏优秀的文化作品陶冶道德情操。学校还可以请一些学者开展形式多样、结合学生实际的民族传统文化专题教育讲座；让学生自己组织策划有关宣扬传统文化的知识竞赛等活动，使学生充分融入到具体的活动中去。校园广播也是宣扬传统文化的好平台，在校园广播中穿插一些传统文化知识的内容，有利于形成浓厚醇郁的"博雅艺术"校园之风。

（三）加强中国传统文化相关课程师资力量的建设

国家要发展，教育是基础；教育要发展，教师是基础。建立一支专职中国传统文化的教师队伍，专职负责传统文化课程的宣传和教学工作，增加师生之间交流、学习的机会，调动学生对学习传统文化的积极性。教师在授课过程中要结合时代的发展要求，用多元化的教育内容和方式充实思想政治教育的内容，增强教学感染力，提高教学方法的灵活性，从而达到提高教学质量的目标。

（四）加强大学生课外道德实践活动

开展课外道德实践活动不仅是开展高校思想政治教育的重要途径，而且对增强大学生思想政治教育的针对性和实效性方面有着不可代替的重要作用。将理论与实践相结合，用丰富多彩的实践内容、活泼多样的实践方式替代枯燥的说教。同时，要把课外道德实践活动与课堂教学成绩一同纳入综合评价之中，建立起课堂教学和课外道德实践相结合的规范考评体系，使课外道德实践活动逐渐成为高校思想政治教育的一种教学方式。

尤其值得特别关注的是融入高校思想政治理论课的路径研究：

1. 经典阅读是中华优秀传统文化与高校思想政治理论课教学融合的知识前提

开展经典阅读，引导学生阅读中华传统文化典籍，是思想政治理论课课堂教学融合优秀传统文化元素的知识前提和基础。

2. 理论教学是中华优秀传统文化与高校思想政治理论课教学融合的主要路径

在课堂理论教学中，自觉地运用中华优秀传统文化的价值理念、核心命题或经典格言等来解读教材中的基本原理和基本观点，不仅能够增加思想政治理论课课堂教学的文化含量，而且能够增强学生对马克思主义中国化与中华优秀传统文化相结合的理解或把握。

3. 实践教学是中华优秀传统文化与高校思想政治理论课教学融合的有效路径

在熟读经典的基础上，在理论教学与传统文化优秀成分相融合的前提下，教师应该紧密联系当今理论界、学术界的热点问题或当今中国社会的实际问题，拟定相关传统文化的论题，让学生自由选择、思考探究、认真撰写。通过撰写中华传统文化的小论文，深化学生对民族传统文化的理解与掌握。组织学生参观体现中华传统文化的文物古迹或爱国主义教育基地。在参观考察的基础上，引导学生写观后感或撰写相关小论文。

总之，通过把"读与写""看与写"结合起来，使得学生对中华优秀传统文化的认识由感性认识上升为理性认识，进而内化为自己的思想品德及行为方式。总之，高校应该争取社会支持，围绕弘扬中华优秀传统文化，有计划地建立一批稳定的德育文化基地和社会活动基地，不断拓展社会实践的活动领域，实现思想政治理论课理论教学与实践教学的项目化和制度化，真正做到课外与课内、理论与实践的相互促进。总之，实践教学是中华优秀传统文化与高校思想政治理论课教学融合的有效路径。

四、加强传统文化与思想政治教育相结合的原则研究

（一）遵循创新性原则

传统文化与现实的思想政治教育的结合本身就是一种创新。创新不是对传统文化的全盘否定，也不是对传统文化内容的任意添加。不可否认的是，我们曾经在文化建设中出现过严重的不足。高校有责任清除传统文化中不合时宜的糟粕，发扬和提升其精华，创造一些过去没有的、现在需要的新内容，同时学习并吸取外来文化，最重要的是要吸取马克思主义思想，丰富发展中国传统文化，使传统文化保持时代性和先进性特点。

（二）遵循主体性原则

遵循大学生思想政治教育的主体性原则，是将大学生作为独立自主的、具有主观能动性的个体，采用启发和引导大学生内在的思想政治需求，培养训练他们的独立性和主体意识、创造才能，使大学生能够自觉构建正确的思

想政治品质，促进大学生自由、全面的发展。它尊重大学生的主体性，以大学生的全面发展为目标，使大学生形成高尚的人格为标志。但是传统文化过度强调群体本位和强调主体的顺应性，往往忽视了主体对自然、社会的能动改造，致使人的主体性在与自然、社会的协调融合中逐渐消失，导致一些大学生缺乏主动进取精神，在学习和生活中缺乏能动性。这些倾向在一定程度上对大学生主体性的发展有不可低估的消极影响。现实的思想政治教育必须在对传统文化继承的基础之上有所批判和创新，必须要适应时代潮流，更新观念，并且要因势利导。

因此，我们在对大学生进行思想政治教育过程中，既要有效利用优秀传统文化中富含的爱国主义等资源，又要注意克服传统文化的消极影响，注重鼓励、培养他们的主动性和能动性以及批判意识和创新思维。

（三）遵循开放性原则

大学生的思想政治教育工作是一个长期的、系统的工程，高校要注意家庭的陶冶和社会的影响，应该建立一个以家庭教育为基础、以学校教育为主体、以社会教育作为校园教育的延伸的教育体系，从而实现思想政治教育的系统化和社会化。对大学生进行有效的思想政治教育，学校要有开放意识，紧密联系学生家庭、当地政府和教育行政部门、相关的企业事业单位和社区，使大学生始终保持教育目标和方向的一致性。

现在的世界是开放、多元的世界，没有一种传统可以固步自封而不作任何改变。在经济全球化进程日益加快的今天，外来文化以更加迅猛的态势汹涌而至，使一部分大学生的精神状况和思想道德发生了新的变化。冷静面对复杂多变的国内国际形势，广泛参与世界文化的对话，促进各国文化的相互借鉴，保持和维护文化的多样性，从而培养大学生的辨别能力，激发他们深厚的爱国热情和民族感情是高校的历史使命。

高校必须在弘扬传统文化的基础上，勇敢地敞开胸怀，博采各国各民族文化之所长，学习和接受外来的文化，使我国的文化事业融入世界文化大家庭，成为世界文化的领先者。

此外，还要做到下列几点：

一是民主性精华与封建性糟粕的区分；

二是批判继承与综合创新的结合；

三是传统文化知识传授与传统人文精神弘扬的结合；

四是优秀传统文化核心理念与马克思主义基本原理的结合；

五是弘扬民族传统文化与借鉴外来文化的结合；

六是建设中华优秀传统文化网站与打造校园文化的结合。

只有如此，才能真正实现中华优秀传统文化与高校思想政治理论课的融合，才能真正实现对大学生进行中华优秀传统文化教育，不断增强大学生的文化自觉与文化自信，不断增强大学生的民族自尊心和自信心，进而激发大学生的爱国主义情感和实现中华民族伟大复兴中国梦的热情。

五、传统文化融入高校思想政治教育的对策研究

（一）加强高校传统文化普及工作的制度建设

中央与地方政府，特别是各级教育行政主管部门应尽快出台关于加强传统文化教育的文件，对传统文化教育在大学教育中的地位以及如何落实作出具体规定，积极推动和指导传统文化教育进校园、进课堂。同时，制定包括课程建设、师资培养、教学研究、图书资料建设、政策配套、考评体系建设等内容在内的高校传统文化教育实施规划，以确保此项工作的扎实推进。

（二）增进课程改革力度

首先，思想政治教育的课程改革将首当其冲，应当将传统文化课程作为思想政治教育的重要课程开设，使思想教育和政治教育相辅相成，教材选编应该系统权威，避免为了服务于政治教育而零散地教授传统文化知识，要对传统文化进行系统的梳理和研究。同时，加强教育人才培养，形成有机统一的传统文化教育整体氛围。其次，加大传统文化教育在整个课程体系中的比重。要改变现有的课程结构，强调历史传统、文化和艺术传统的教育。要通过思想政治理论课教学，将传统文化的内容直接灌输给学生，使之成为学生的知识内涵，转化为学生的精神追求。

（三）高校要为大学生提供学习和掌握传统文化的丰富平台

大力支持和有效组织以传统文化教育为中心的校园文化活动，强化传统文化教育的环境氛围。要通过举办论坛、开设专题讲座、支持学生学术社团开展活动等多种方式，营造注重国学教育的浓厚校园氛围；通过征文、演讲、讨论、辩论赛、知识竞赛等，在学生中广泛开展传统文化教育活动；通过举办与传统文化教育有关的文化沙龙、传统文化艺术的展览、演出等，

吸引学生广泛参与。

要积极发挥学生生活社区在中华优秀传统文化教育中的作用，将中华优秀传统文化教育融入学生生活的每个场景、每个细节，让学生从生活中的一点一滴接受中华优秀传统文化的熏陶。校园中的文物类的建筑、橱窗、板报、横幅、标语、路牌乃至草坪中的警世语，都可以成为对学生进行传统文化教育的重要载体。

（四）重视并促进教师的人格垂范作用，以此带动大学生中华优秀传统文化素质的提高

一方面，高校教师必须充分认识传统文化的价值，以崇敬的态度对待传统文化，增强自身对当代大学生进行传统文化教育的责任感和自觉性；要不断提高自己的传统文化素养，使大学生眼中的大学教师具有哲人与贤人的风度，他们不仅精通自然科学和人文社会科学，而且要达到一种信手拈来的程度。

另一方面，作为高校教师，应该处处以身作则，为人师表，以教师职业道德和学生良师益友的标准严格要求自己，在提高自身素质的基础上，指导学生提高治学、做事、律己、交友、待人、处世等方面的修养。教师要终生坚持学为人师，行为世范，发挥好自己的人格示范作用。教师要敢于敞开自己的心扉，袒露自己的成长和发展经历，总结以往道德经历中的得失及其所思所感，形成一种心理上的沟通。

（五）加大宣传力度，营造传统文化教育的良好舆论氛围

新闻媒体要确立正确的舆论导向，关注传统文化问题，介绍和宣传一些传统文化的精华，提高全社会对传统文化的认识，加速传统文化适应时代要求的现代转型。各高校要通过校园网、校园电视台、校报、学生社团刊物等传媒手段，在学生中广泛地宣传中华优秀传统文化，加强优秀传统文化民族性和现实性的教育，以激发学生的民族自豪感、自尊心，增强民族认同感，充分发挥校园传媒的育人功能，使校园的每一处都体现中华优秀传统文化教育的韵味。

（六）利用网络平台，构建传统文化融入思想政治教育的全时空教育环境

人的本质是一切社会关系的总和。人的成长一刻也不能脱离人们的社

会实践环境。生活对人的教育是最直接、最有价值和最有效的。因此，应该建立学生积极健康的生活环境，包括优美的自然环境、文明进步的人文环境、平等民主的制度环境。广大学生在这种民主、文明进步、健康、活跃的生活环境中时时处处受到潜移默化的教育。

据此而言，当代大学生的思想政治教育必须渗透到大学生生活的各个领域，通过校园文化建设、社会实践活动、家庭教养等各个方面来提高当代大学生思想政治教育的效果。将中国传统文化的精华以文字、图像、声音等形式融入网站内容中去，可以打破时间与空间的限制，利用网络媒体互动的特点，让学生从网上感受到传统文化的魅力，提高大学生学习优秀传统文化的主动性和积极性，自觉承担起传承传统文化的重担。

第二章 优秀传统文化与高校思想政治教育融合发展的价值

第一节 传统文化与高校思想政治教育相融合的价值意义

一、中国优秀传统文化的多重价值

（一）中华优秀传统文化的当代价值

民族创造了文化，文化也可以反过来作用于民族和个人。从国内外的发展趋势来看，中国共产党人非常机敏，完全掌握了中国优秀传统文化这个根源，将中华优秀传统文化的价值完全呈现了出来，并对此进行了深刻的描述。这样的价值不仅体现了宽阔的世界性，还饱含民族性和个体性。

1.中华优秀传统文化对个人的价值

每位中国人能够从中华优秀传统文化中吸收到文化知识，就是中华优秀传统文化对个人的价值。

从个人的角度来看，中华优秀传统文化对每个人在理论学、历史学等方面贡献了特殊的、至关重要的教育价值。

从文化内涵的角度来看，中国倡导的是"观乎人文以化成天下"，换句话说，就是"文治教化"的意思。中国传统文化起到了引导人类思想意识、规范人们行为习惯、规整各民族之间关系的作用，对人们的社会规范、人格思想、生活习惯都有深远的影响。就此意义来看，文化对人类"三观"的形成有着巨大的影响，且不易察觉。与此同时，文化还有同化作用，就是可以在人类的日常生活中，使是非观、善恶观、审美观和价值观等大致相同，从而促进人类相同的价值取向的完成。

中华优秀传统文化中的人生观和价值观都包含着帮助人类建立正确三观的积极因素。当我们离这些优秀传统文化越来越近的时候，就可以真实地感受到其润物细无声的教育作用，这同时正是中国共产党为什么要弘扬中华优秀传统文化并强调其个体价值的缘由所在。

2. 中华优秀传统文化对民族、国家的价值

（1）中华优秀传统文化对民族的价值

文化包含着民族强大的凝聚力和顽强的生命力，将民族的归属感和认同感完全呈现出来，它是一个民族的灵魂。文化为人类文明的进步做出了巨大的贡献，对中华民族性格的塑造和民族精神的形成起到了至关重要的作用。我国民族性格分为两种，一是包罗万象的宽广胸怀；二是自强不息的人物品质。也正是由于这两大民族性格，中华民族才可以不断发展壮大，长流不息。

中华民族精神的基础就是中华优秀传统文化，中华民族精神就是在传统文化中逐渐形成并发展的。

在五千年文明史中，中华民族形成了爱好和平、自强不息、团结统一，以爱国主义为中心的崇高民族精神，这一民族精神是通过长时间的生活和实践所产生的，其博大精深的内涵理念生动形象地将中华民族创造力、生命力和凝聚力呈现出来。

（2）中华优秀传统文化对国家的价值

①有利于推崇和培养社会主义核心价值观

社会主义核心价值观的主要内容包括：友善、爱国、敬业的价值规范；平等、自由、公平的价值导向；富强、和谐、民主的价值宗旨。这些内容都是经过漫长的发展才形成的，蕴含着整个民族全部的文化底蕴和思想追求，与中华传统文化中尚和合、求大同，讲仁爱、重民本，守诚信、崇正义等道德规范的高度契合。

②有利于加快国家治理体系的建成和治理能力现代化的实现

国家治理体系指的是国家在经济、社会等各个领域颁布的规章制度的总数。国家治理能力是利用国家制度达到有效管理社会事务的执行能力，国家治理体系和治理能力是一个整体，二者相辅相成。加快国家治理体系的建成和治理能力现代化的实现是国家深化改革的总目标之一，而要想实现这个

目标，就需要中华传统文化中深远的文化积淀。

（3）有利于中国特色社会主义得到更好地发展

中国共产党将我国传统文化与实际情况同马克思主义基本原理相融合，得到了中国特色社会主义，这一创造实现了道路、理论和制度这三大形态的统一。

中国特色社会主义有非常扎实的实际情况作基础，它打上了不可磨灭的中华文化的烙印，包含着深厚的历史文化底蕴。换句话说，中华优秀传统文化为中国特色社会主义的产生和发展打下了非常扎实的基础。我们要清晰地了解到中国特色社会主义的发展离不开我国的历史生活、文化底蕴和基本国情。

中华优秀传统文化中所包含的知识是不断增强制度自信、道路自信、理论自信，以及坚持走中国特色社会主义必不可少的元素。

3.中华优秀传统文化对世界的价值

中华优秀传统文化蕴涵着深刻的个体价值和民族价值，有其自身的渊源和优势。与此同时，中华优秀传统文化又积极参与世界文化的交流与互鉴，不断彰显其世界价值。中华优秀传统文化只有在与世界多元文化的碰撞与融合中，才能凸显出我们的民族特色，并愈加繁荣。

（二）中华优秀传统文化在大学生思想政治教育中的价值

1.优秀传统文化教育是解决现代社会精神迷失、道德失范的良药

在传统的教育中，中华传统文化主要学习内容和教材资料，儒家经典是其中心点。

传统文化是重塑中国大学精神的理论源头，从"兼容并包，思想自由"的北大精神，再到"自强不息，厚德载物"的清华精神，以及后来"允公允能"的南开精神，这些精神理论将传统文化的中心思想完全渗透。当代的大学精神日渐衰落，中华传统的教育思想对重塑中国大学精神具有至关重要的借鉴意义。

2.加强优秀传统文化教育是面对多元文化、增强中华民族文化认同的必要举措

在中国文化发展史中始终是文化多元并存与同化融合。正是有了像少数民族的文化入土中原，与中国本民族的文化的交融碰撞，才有了现在的中

国优秀的传统文化。多元化与一体化作为中国文化发展史上的两条主线，一直都处于相互交融、相互制约的状态中，这可以说是中华民族文化中的永恒主题。

在当今社会，伴随着全球化的深入发展，中国传统文化的多元化发展也面临着全球化的挑战与冲击。多元文化之间的交流与碰撞也日渐显现，出现了两股强劲的文化势力，一种是西方现代化为主的文化；另一种是反西方与反现代化的民族文化。

学习西方文化必须要立足在我国优秀的传统文化之上，不能抛弃中国优秀的传统文化。只有加强对优秀传统文化的认同，才可以更好地抵御西方文化的冲击与渗透。中华民族作为一个主体，需要不断地吸收、借鉴优秀的文化，这样才可以更好地为本民族服务，但并不意味着要放弃自己的独立性，学会兼收并蓄，保持本民族的优势与特点，这样才可以持续地发展。

中国教育现代化与大学教育国际化得益于古老的中国传统文化。传统的中国文化所蕴含的思想情感作为重要的教育素材，培育出了一代又一代优秀的中华儿女。传统文化有利于培育大学生的民族精神，健全大学生的心理素质，不断提升大学生的思想道德境界，帮助大学生成为综合发展的全面型人才。

3.加强优秀传统文化教育是践行社会主义核心价值观的动力源泉

社会主义核心价值观是基于国家、社会、个人三个层面提出的，是立足于中国传统文化之上的。和谐社会是从古至今向往的理想社会，构建和谐社会也必然是国家的价值目标。不论是社会主义核心价值观还是中国梦的重要指导思想，都根植于中国的优秀传统文化。加强中国优秀的传统文化教育是践行社会主义核心价值观、实现民族复兴中国梦的动力源泉。

二、、传统文化与高校思想政治教育相融合的价值

（一）有助于提高人们的思想道德素质和文化素养

思想政治教育的主要目标是"育人"，这一目标的实现与其所在的整体文化环境有着紧密的联系。中国传统文化与西方的"智性文化"完全不一样，传统文化尤为重视道德教化，探究的是如何教育、培养人们，是一种崇德尚贤的理论型的。

"德行文化"，形成了一套完善的道德价值体系，产生了多样而系统的个人伦理、国家伦理乃至宇宙伦理，确立了一整套与之相应的、完整的道德教育理论，推崇德行，重视德教，注重培养人孝悌、儒雅随和、忠贞爱国等人格品质以及"天下兴亡，匹夫有责"的使命感。

中国传统文化中浓郁的道德特征与道德色彩，对调节人与人、人与社会以及人与自然之间的不和，维持社会的治安，推动历史发展具有重要价值。它重视并强调德行与德教这一做法，不仅为我国古代的道德教育带来了积极影响，培养出了崇德尚贤、大公无私的仁者与有识之士，而且为我国当代思想政治教育事业的发展创建了良好的"以文化人"的社会环境。

（二）有助于加强民族凝聚力和培养爱国主义精神

文化是维持社会生活、民族和谐以及人类共同价值观的必备手段，文化具有强大的民族性。

中国传统文化不仅是中华民族历代的生活环境下所产生的精神文化，也是包括海外华侨在内的所有中华儿女的精神支柱。每一位中华儿女出自相同的文化心理，无论何时何地，都可以自然地散发出对中国传统文化的亲切感和认同感。而且这样的文化认同感还可以在一定的情境下调节国家、民族内部之间由于阶级、群体不同所产生的矛盾。除此之外，当国家因为某些特殊的原因出现统治思想腐败、思想落后的情况时，人们难免会对国家或者民族失望，并产生不满的情绪，从而导致国家凝聚力下降，但是由于受到相同的文化心理的影响，大部分人尤其有见识的人会理性地将这些元素与国家区分开来，然后再以爱国为出发点，反对腐败，惩处奸恶，并不会因为社会上一时的不良风气而放弃自己的祖国。

爱国主义是中华民族自强不息、源远流长、自立于世界民族中所具备的强大的精神动力。我们每一名公民都要自觉地做到传承和发扬爱国主义。

综上所述，我们可以发现在我国如今的思想政治教育中，重视并加强中国传统文化教育变得非常重要。努力探索其中的思想政治教育资源，有助于我们坚定民族文化的认同感，有助于我们推崇传统文化中所包含的民族精神，从而进一步帮助我们增强民族凝聚力以及民族自尊心和自信心，同时也对我们传承和发扬爱国主义优良传统，培养爱国主义精神做出巨大贡献。

（三）有助于挖掘更加丰富的思想政治教育资源

我国传统文化的主要特征为自主地自省与实践、推崇道德教化和重视融合的方式与道德。这些特征不仅赋予了传统文化极其浓郁的人文精神，也使其在长久以来的岁月沉淀中为我国思想政治教育的发展提供了多方面的教育资源。

首先，我国道德教育的具体目标是弘扬和追求圣贤人格，重点培育的是人类的道德品质和社会责任的意识，通过引领大家学习君子、圣人的高尚人格，从而使自身的人生与道德水平得到升华，进一步接近甚至达到"止于至善"的理想品格。其次，我国传统文化弘扬的是天人合一的自然理论，重视集体思想观念的培养，提倡的是宽容随和、群众至上、自强不息的国家理念与民族精神，坚持"和而不同"的社会环境与人际关系，实行相互融合的创新方式。再次，中国传统文化所遵循的基本原则是重视言传身教，大力宣传教育要做到循序渐进、因材施教。最后，中国传统文化采取的是"知行合一"的道德教育手段，追求的是"慎独"等基础的教育手段，强调学思结合、身体力行。

20世纪，中国传统文化在三次的反传统思潮中遭到了十分严重的损坏，其所蕴含的丰富的教育资源也受到了严重损坏，再加上我国思想政治教育并不重视传统文化，所以，传统文化中所蕴含的教育资源也很少被拿出来使用。因此，我们要重新审视中国传统文化的价值，不断发掘其中可以和思想政治教育相结合的教育资源，这也是中国传统文化与思想政治教育相融合所必要的手段，而通过它们的不断融合、借鉴，有利于我们自主地挖掘中国传统文化中所蕴含的丰厚的教育资源。

（四）有助于扩大思想政治教育的研究范围

20世纪80年代初，我国开设了思想政治教育的学科，这是我国独有的一门应用学科，充满浓郁的政治色彩。不能否认的是，思想政治教育对我国的社会主义事业的影响巨大且深远。但是我们仔细观察这一概念的内涵就能发现，思想政治教育是一种非常普遍的教育实践活动，并非我国独有，只是各国的叫法不同，在其他国家称其为公民教育等。

在我国，这一学科曾经被增添了过多的政治因素，导致限制它的条条框框太多，所涉及范围狭窄，人们对它的解读过于严肃、枯燥，不能多角度、灵活地对其进行审视与观察，导致其研究视野非常狭窄，思想政治教育界也因此陷入了停滞。直到中国社会的开放转型与快速发展，思想政治教育方面需要拓宽研究范围，为了顺应时代的发展要求，将包含深厚的思想政治教育资源的中国传统文化加入到了思想政治教育中，不断探索其中可利用的思想政治教育资源。有助于人们从不同的角度观察和探讨思想政治教育，有助于拓宽思想政治教育的研究范围，从而进一步改变其严肃、单一的理论灌输模式，使思想政治教育可以更好地适应时代和社会发展要求。

（五）有助于开辟创新思想政治教育学科的途径

想要创新一门学科，一定少不了与其他学科的相互融合，借鉴其理论成果，形成新的理论知识。换句话说，不同学科之间的相互融合和借鉴是一门学科发展成熟后所必需的要求，也是学科发展的客观变化。各个学科理论知识的相互融合 借鉴也是加快理论创新、推动学科进步的必要做法。

思想政治教育自身就是美学、心理学、马克思主义哲学、逻辑学、教育学等多项学科相互融合所形成的，是明确指向"人"的一门学科。思想政治要想进行创新，就必须要重视与其他学科的相互融合、借鉴。思想政治是一门具有强大的综合性与实践性特征的学科，其主要任务就是研究并解决人们思想上的疑虑和问题。我国的思想政治教育学科通过多年的发展，已经有了不小的成就，在我国社会主义建设的事业中起到了至关重要的作用，为社会主义的发展做出了巨大贡献。但是随着时间的推移，在如今信息爆炸化和经济全球化的条件下，人们受到了多元文化的巨大冲击，使其认知模式、思想理论以及价值取向都产生了巨大的变化，人类打破了传统的思想政治教育中单一的理论灌输与枯燥的说教模式，倾向于个体的自由发展，这些变化导致思想政治教育工作更难开展，对其工作人员与自身学科的发展提出了新的挑战与要求。

由于中国传统文化对自身道德教育的弘扬与重视，以及对教育内容的多样性、教育方法的透彻性等方面的重新重视，使教育工作者不断研究探索。所以中国传统文化与思想政治教育互相融合与借鉴，不仅扩大了思想政治教育研究的范围，同时也成为思想政治教育创新的道路之一。

第二节 优秀传统文化培育与高校思想政治教育融合探索

一、高校思想政治教育的文化价值

（一）思想政治教育文化育人的内涵

1.思想政治教育的文化育人

思想政治教育是作用于人的，是不断促使人转变的育人的过程。在这一过程中，思想政治教育逐渐形成自己特有的文化，它的文化本质体现出了其促进社会文化发展、建设和创新方面的效应，且肩负了文化教育这一目标。除此之外，思想政治教育对文化的传承和创新是以积淀深厚的文化底蕴为基础进行的，正是因为文化底蕴的存在造就了与之相对应的文化融合和研究等功能。

第一，具体来说，文化育人是思想政治教育一直坚持"以人为本"的必然结果。思想政治教育是教育的一部分，原本的目的就是开发人的理性和培养健康的人格。因此，教育设计的重点是人，要培养出有思想、有感情、高素质和创新型全面发展的复合型人才。文化是在人类发展中起长久作用的思想引领和精神驱动，能够不断完善和提高人的思想精神境界，这也是作为思想政治教育中"以人为本"的基本路径存在的。

第二，为思想政治教育提供充足特殊资源的也是文化。文化资源可以将思想、价值观和信念等隐性文化在思想政治教育过程中将其作为自己宣传的精神对象并且转化为精神动力。这种转化方式强调了人与文化的关系、作用，体现出自身存在的价值。在现实生活中，有很多可以证实文化能为社会经济带来价值的现象。思想政治教育中的文化育人还可以做到让文化和精神变为统一向上的科学信仰和社会心理。这种做法是为了让人们充分挖掘文化本身，引导人们学会通过思想政治教育文化育人追寻生活的意义，时刻关注人的主体性意义。

第三，思想政治教育基础的构成是文化价值引导。思想政治教育主要是为了促进人的发展、开发人的潜力、提升人的境界和扩大生命的内涵。它以人为对象，以人的发展为基本目标，坚持将理想追求置于很高的地位和坚持以人为导向。对社会问题保持高度的敏锐性，使培养的人才形成正确的世界观、人生观、价值观，使他们在具体的研究中遵循科学的价值引导，形成推动事业进步、人生发展的价值导向与文化基础。思想政治教育必须有一种着眼于未来的境界，要明白体现人类最高境界的价值追求之一就有文化育人，坚持文化育人是对人类的终极关怀，也体现了人类对超越功利的人生价值的需求。

2. 高校校园文化及其与思想政治教育的关系

（1）校园文化的基本解读

无论是学术界还是教育界，都没有一个关于什么是文化校园的统一定义。虽然如此，各界依旧试图准确和理性地分析校园文化，如，有些人认为校园中的学生是校园文化的主体，特征是校园精神，结合起来就是以校园为主要空间的群体性文化；还有人认为，校园文化是一种文化活动和物质环境，其目的和取向都是我们清晰可见的实物或是活动方式；甚至有人认为校园文化是校园建筑的环境设施和校园景观中这些物化形态的内容。将以上的所有观点总结起来就是，校园文化是以校园为主要空间，主体是学生，其主要内容包括环境文化、精神文化、制度文化和行为文化，是一种以校园的精神文明为主要特征的群体文化。

校园文化中存在外界没有，只有学校才拥有的特定的、独特的精神环境和文化氛围。其中，包括以学生为代表的思想和行为特征、行为方式及文化观念等，还包括学校的校风、传统和学风，还有各种有关心理氛围、集体关系舆论等具有明文规定和制度性的行为规范准则，以及以群体形式出现的文化活动。在这样的校园文化中，最能体现其本质的是校园精神和风气。

（2）校园文化与思想政治教育的关系

在一些教育学者的相关研究理论中，关于校园文化和思想政治教育的关系论证基本上是比较容易找到的。在论述中可以推测校园文化建设和高校思想政治教育在高等教育中的存在是客观的。两者之间相互影响、相互区别、相互强化和相互促进。它们的独立是相对的，在高校思想政治教育中，校园文化是其实践环节和重要载体，也是有效的途径。国务院也曾明确指出，校园文化最重要的功能就是育人，校园文化的建设既要体现学校特色，还要展现社会主义的特点和时代特征，形成优秀的学风和校风。思想政治教育和高校校园的关系体现在以下几点。

首先，校园的文化建设是高校思想政治教育最有效的载体，是通过校园的人文环境和文化建设的熏陶而形成的价值标准、行为规范和共同观念追求，为教育提供良好基础，以早日实现高等教育的德育目标。除此之外，校园文化是在校园内展开的，多类型、多方面的课堂内外的教学文化活动能充分发挥个人的主动性、创造性和独立性，使大学生能够独立、自觉地完成思考，享受自我表现时的状态。

其次，正确引导高校的校园文化，防止其受到社会大文化的冲击和思想政治教育的畸形、片面发展，也防止大学生思想出现偏离，以及信念、观念和理想的失落。

再次，思想政治教育指引着校园文化的建设方向。构成社会主义社会文化的重要部分之一就是有着进步意义的校园文化。校园文化占主体地位的是人，它尊重人的价值和主体精神；思想政治工作的主体和中心也是人，它始终以提高人的觉悟、启迪人、武装人和升华人为目的。因此，思想政治教育工作能够有效提升校园文化的格调和品位，使人真正实现德、智、体、美、劳的全面发展，真正成为社会主义可靠接班人和优秀建设者。因此，这说明校园文化建设的主导方向是人能够成为合格人才的标准。

最后，高校的校园文化和思想政治教育在教育内容、主体、方法、创新性人才的培养和内在机制、发展规律等方面是存在明显差别的。从方式方法上来说，思想政治教育是属于隐性的教育方式，校园文化则常以显性的教育出现；而在主体方面，教育者是思想政治教育的主体，大学生则是教育客体；从内容上说，思想政治教育的侧重点在于政治、思想、道德和心理教育，校园文化涵盖了德、智、体、美各方面的发展。

（二）思想政治教育的文化价值

1.传承优秀文化

教育在一定意义上是作为文化活动存在的，思想政治教育就是一种运用一定道德规范和思想观念进行的社会实践活动。这种观念和规范在政治和伦理上具有特殊性质，这一教育过程就是优秀文化传承的过程，使其不断地传递和扩散，超过它产生的地域，将人类创造的文化安置于人们心中。从中可以看出，人类创造的灿烂文化之所以能够流传至今，离不开文化特质或元素在思想政治教育过程的不断转移。在思想政治教育中传承优秀文化，是让人的智慧、观念、情感和意志等都与优秀文化建立某种联系，让文化真正地参与社会生产和生活，融入人们的生存方式，遵守社会规范，在生活中维持基本良好的秩序。

思想政治教育传承的文化不仅包含科学文化类等知识类形态的文化中，还有一些其他文化，如，马克思主义的集体主义价值观、世界观、人生观等充满意识观念的文化。思想政治教育不但传承了各种理性形态的文化，还传承了爱国主义情感、认真负责的态度等各种非理性形态的文化；不但传承了各种意识层面的文化，还传承了社会风尚的潜意识层面的文化和健康的文化心态。因此可以说，思想政治教育在传承优秀文化方面属于一种社会文化的积淀，是在合理地过滤各种文化形态基础上的理性传承，也是社会文化在同化基础上的文化迁移。

2. 创造先进文化

思想政治的教育活动能够在内容和结构方面促使文化发生改变，不断超越自身的发展，从而产生先进文化。由此可见，思想政治教育在一定意义上是创造先进文化价值的。在文化中，思想政治教育不仅具有极其重要的作用，还具有一定的创新价值，原因有以下三点。

首先，从客观的角度出发，由文化本身的结构特点所决定的。文化可以分为物质、精神和制度三个层面，只有从物质和制度的文化中引起精神文化的嬗变，才能改变其文化体系的整体性、结构性和全局性。因此，我们最应该提倡的且想要将思想政治中受教育者的精神世界进行文化整合，就要用马克思主义的科学价值观、世界观来实现。

其次，由人的文化主体决定。文化的主体是人，而创造文化和承受文化的同样是人。思想政治教育的目的就是为了培养能够开拓新品格和拥有先进价值观的人。受教育者能通过思想政治教育由自己的主体意志进行选择、创造和规范，解释教育中所提供的认知图式，让它的文化要求符合时代发展。

最后，决定方式是文化创造的过程。文化创造的重要动因源于各种文化的互动，人们通过思想政治教育与不同文化和价值取向进行频繁、密切地接触，适应不同价值规范体系的文化，并在这些文化互动中产生创新意识。

思想政治教育的文化价值是双向性的，思想政治教育发挥了其独特的文化价值恰好在这之中，在实现思想政治教育价值上，文化属于很重要的因素。因此，既要充分挖掘思想政治教育的文化价值潜力，还要在思想政治教育中实现文化价值，为其提供更多的教育信息资源，增强各类形态的社会主义文化建设，以实现思想政治教育中的文化价值。

3. 整合纠偏多元文化

整理被选择的和具有过滤性的文化是思想政治教育在整合多元文化时完成的，是让不同的文化通过相互融合和吸收从而逐渐一体化。多种类型的文化不止存在于一种社会，因此在多元化背景下，就算是社会主义社会也是可以和任何社会形态一样共同享有。

社会主义文化在我国当今社会中属于主流文化，是以马克思主义为指导的。随着当前开放程度的逐步深入，涌现出了各种文化形态，思想政治教育文化整合纠偏的作用显得较为重要。当然，整合纠偏也不代表着否认其他文明的优秀理论成果，这些社会主义的主流文化也要学会在批判中吸收优秀的理论成果。高校思想政治教育是社会文化的有机组成部分，其在扩大对外开放和加强社会主义市场经济的新形势下，也同样遭受了不同文化的冲击与影响。特别是互联网信息技术的出现与迅猛发展更是加剧了这种情形。因此，现在急需发挥思想政治教育文化的整合纠偏功能，合理地吸收各种文化成分，有利于调节文化冲突和补充主流文化，加快思想政治教育自身的发展和主流文化的发展。

二、思想政治教育视域下优秀传统文化的价值意蕴

（一）传统文化在改进大学生思想政治教育中的价值功能

1. 中国传统文化提供了大学生思想政治教育的丰富资源

我们中华民族传统文化的经典就是儒家思想。因此，思想政治教育就应该围绕着这样的民族优秀传统文化进行学习，如果脱离了这种优秀文化只执着于无聊枯燥的理论说教，那对学生的发展是没有任何作用的。儒家文化中的举用贤才和平政爱民等政治思想、以"仁"为核心的道德规范，对大学生正确树立自己的人生观、价值观，以及正确处理人际关系等方面都具有积极作用。

（1）至圣至贤的理想人格

"仁"是由孔子提出的，是儒家文化中道德思想下的中心和最高境界。

其包含两种含义，一种是强调别人所想；另一种是强调对自己的约束能力。

（2）自强不息的人生追求

儒家文化实现和推崇的价值目标是"死而不朽"，意思是要人们立志报国、努力奋斗和建功立业。天下兴亡、匹夫有责是儒家作为培育人的爱国主义精神的要求，还要时刻有忧患意识。正因为做这些，儒家无论在顺境还是逆境中，都能平淡面对，有着宠辱不惊的坚强意志力。当代大学生更要将学习的文化精神在自己的头脑中进行重新架构，感受到身上重大的历史使命和责任感，为民族振兴献上自己的绵薄之力，从而能够在有限时光中有所作为，不虚度光阴。

（3）治国平天下的爱国精神

儒家思想可以说是中国传统文化中最具有代表性的思想，它强调一个人的人生最高目标应该是治国平天下，把国家的命运和前途放在第一位。这种爱国主义精神在几千年来从来都没有被中国人忘记，并传承至今。已经有无数位英雄抛头颅洒热血，捍卫了我国国土和民族尊严。特别是在抗日战争时期，出现了一大批守护我国领土和国家尊严的英雄，更加体现了中华民族的核心是爱国主义。尤其在现在这个经济全球化的大发展时期，爱国主义精神的引领和熏陶变得更加重要。我国大学生如果想要更好地培养自身的历史责任感和爱国主义精神，可以深度挖掘中国传统文化中的爱国主义资源中的更深层次的理解。

（4）厚德载物的兼容精神

《易经》中说，人拥有广阔的胸襟可以容纳和承载这世间的万事万物。《中庸》中有"万物并育不相害，道并行而不相悖"，这都体现了中华民族的宽广胸襟和厚德载物的兼容精神。中国共产党将自己的指导思想确立为马克思主义，同时还提出将中国革命的具体实际同马克思主义相结合，使中国革命取得最终的胜利。只有拥有这样的兼容精神，才能吸收其他国家和民族的优秀成果来壮大自己发展。

（5）以和为贵的相处之道

在儒家文化中，"礼尚往来""严己宽人""己所不欲，勿施于人"等人际交往和互相帮助的原则在今天依旧适用。大学生在思想政治教育中也要遵循这一与人交往的方式，提高其综合素质和道德水准。

2.中国传统文化启发了思想政治教育的广阔思路

时至今日，中国传统文化依旧盛行，特别是儒家思想文化中包含着许多可以借鉴的教育方法和思想理论，贮藏着众多优秀的思想政治教育资源。儒家思想经典且可以长久使用，如，尊师重教和崇尚师道等观念。以下几点就是对教育问题的探讨。

（1）因材施教

儒家对待教育的办法是有针对地为每个学生进行教育，讲究对症下药。孔子曾在《论语》中高达66次提到了他的思想核心——"仁"，但在这之中的解释却几乎每个都不一样。孔子在面对同样一个问题，即"何为仁"时，会按照学生不同的性情和特质给出不同的回答。这也说明了在大学生思想政治教育中要进行适度地因材施教，因时、因地和因事施教。只有这样，才能有效地避免所有人被教育出一个模样，才能培养具有自身特色的人才。

（2）教学相长

作为思想政治教育的工作者，要时刻牢记"三人行，必有我师焉"，要时刻奉行终身学习的原则。可以在实践中学，从书本上学，还可以从学生的身上学。教和学从本质上说是相互促进的。因此，两者的关系就有了教学相长一说。

（3）身教重于言教

儒家的思想和文化非常注重教师的榜样作用，作为师者要时刻注意自己的言行和修养，要有正直的身心为基础。为人师者，首先，自己要起示范带头作用，不然就算是自己熟悉的人也不能对其进行施教。其次，教育对学生来说是存在正确导向作用的，最重要的表现就是思想政治工作者的自身修养，只有自己真正做到了每日反省和慎独，才能在学生内心起到表率作用，使得教育成果事半功倍。

（4）和谐的师生关系

教学工作要能够顺利开展，一个很重要的前提就是和谐融洽的师生关系。教师最需要的就是在学生那里取得充分信任，深刻了解学生的心理，并且不仅要以老师的身份跟学生相处，更要像朋友一样对待，创建一种和谐宽容的教学氛围。

3. 儒家文化与思想政治紧密契合

儒家文化是研究人的文化，包括人本身、人与人或自然之间存在何种关系的基本问题。只有有针对性和目的性地指导大学生进行思想政治教育，才能达到预期的效果；只有掌握了传统才能发展现代，学会将儒家思想文化的知行合一、和谐思想等一并纳入思想政治教育之中，从而推动校园的文化建设。

（1）注重儒家文化与思想政治教育契合的现实性

以德育人在大学生思想政治工作中是相当重要的。儒家文化崇尚教育与德行并存，儒家文化的精华能否被汲取会影响传统文化的时代魅力。

（2）注重儒家文化与思想政治教育契合的实效性

儒家文化是实践和理性认识并重的，强调体验，重视如何陶冶情操和情感教育。要想使思想政治教育工作真正达到实效，就要注意教育中的情感。除此之外，"孟母三迁"的故事说明了环境问题对于行为的养成也同等重要。还有其他一系列的例子也证明了思想政治教育不仅仅可以在学校范围内展开，还应延伸到家庭和社会中去。多引导学生与家人增强沟通，激励学生上进，积极投入到社会实践中去，防止各类心理疾病的产生。

（3）注重儒家文化与思想政治教育契合的开放性

我们了解和存在于世间的人和思想都是有局限性的，其中也包括儒家文化。儒家思想中存在如"官本位"的倾向和各种保守的思想，压抑了人本身的创造性，束缚其个性的发展。除此之外，还要增强对外的文化交流，将各个国家的优秀成果相融合，从而提升中国文化在国际上的影响力。

（二）优秀传统文化对大学生思想政治教育的积极作用

1. 有助于大学生爱国主义理念的形成

中华民族的核心和优秀传统就是爱国主义。其表现形式有对祖国骨肉同胞的热爱，有对祖国大好河山的热爱，也有对自己国家的热爱和对祖国灿烂文化的热爱。也正是由于人们这些发自内心的热爱与尊敬，才使各民族能够在属于自己的国土上相互学习、繁衍生息、求同存异，一起生活和劳动，享受美好生活，一起创造更多更灿烂的中华文明。我们坚信，只要坚守本心，一定会实现伟大复兴的美好愿望。

2. 树立正确的人生观、价值观和世界观

大学时代是大学生形成正确的人生观、价值观和世界观的关键时期。学生在这一阶段进行的思想政治教育对于他们以后创造人生价值和领悟人生真谛有着非常重要的作用。第一步要做的就是帮助学生创造积极有价值的人生，确立正确的人生态度并实现人生目的，同时也要让他们在社会上充分发挥价值并做出力所能及的贡献。几千年来，中国的传统文化一直都非常注重世界观、人生观和价值观的培养。人们通过自身的人格理想展现出的多形态特点通常是对中国传统伦理的价值实现。孔子主张要追求崇高的精神境界，但也是要以物质生活基本得到满足为基础的，并且可以将人生中最高层次的需求理解为道德理想的完善。在大学生认识并学习思想政治教育的过程中，融入传统文化的各种精髓是非常有助于培养大学生的人生观、价值观和世界观的。

3. 建立顽强奋斗、健康积极的人生态度

作为大学生，首先要明白实现人生价值是一个漫长且可能一生都要为其探索的事，因此，大学生要树立积极进取的人生态度，还要有顽强奋斗和自强不息的精神。如果一味地贪图享乐、不思进取、坐享其成，那到人生后来的阶段就很有可能会抱憾终身。中国传统文化中这样的例子有很多，关于顽强奋斗的精神，如，精卫填海、夸父逐日等，那些只顾贪图享乐到后来一事无成的例子也是数不胜数。中华民族在五千多年的历史长河中不管经历了怎样的艰难险阻都有惊无险地度过了，就是因为我们骨子里流淌着顽强奋进的精神和热血。

（三）中国梦背景下传统文化教育的重要意义

我们当前面临的重大理论和实践课题是准确把握优秀传统文化的时代价值和中国梦的丰富内涵，从优秀传统文化中汲取实现中国梦的精神力量。

1. 关于中国传统文化的论述

中国优秀传统文化是中国特色社会主义文化的精神命脉和根基所在，包含近代以来对中国文化认识的变革，具有重要的理论与现实意义。

2. 中国梦与传统文化教育

中国梦是以过去几十年在改革开放发展进程中取得的巨大历史成就为基础的，实现中国梦有以下几个方面需要做到：①既需要以不断提升综合国

力为硬件基础，也需要作为软件的社会主义核心价值观为支撑中心；②既需要全党和广大人民群众的不懈努力，也需要实现总体战略布局和战术的具体操作。因此，中华民族的优秀传统文化就成了中华民族实现伟大复兴中国梦的精神力量，是历史上的宝贵财富，是社会主义核心价值观的根本基础。

（1）弘扬优秀传统文化

弘扬优秀的传统文化是马克思主义中国化的关键所在。中国共产党之所以能带领中国人民实现社会主义现代化和国家独立，主要靠的就是马克思主义，也是中国传统文化与中国实际相结合的产物。马克思主义结合中国实际，也就相当是结合了中国传统文化和中国革命建设的具体实践。简言之，就是文化层面和实践层面的马克思主义中国化。

（2）实现中国梦的强大支撑

为实现中国梦提供强大自信心的是一个民族的"根"和"魂"。中国梦是一种梦想，是要将民族振兴、人民幸福和国家追求融合在一起的梦想。中华民族在近代以来最伟大和最想实现的梦想，就是实现中华民族的伟大复兴。其实也就是为了找回中华民族在世界民族之林的地位，使每一位中华儿女都能继续保留其文化自信心与自豪感，有能力为中华文化再创辉煌。

中国优秀传统文化为实现中国梦而团结和凝聚人心，中国梦既是中华民族的梦，也是人民的梦，需要紧紧依靠人民，只要构成了合力就没有完不成的任务和实现不了的梦想。中华民族一直都具有文化认同基础，在其发展过程中也逐步建立了一套关于文化传统的体系。梁启超对此也曾经表达过自己的观点，大概意思是说，凡是能立足于世界的国家，他的国民必须具备独特的特质，上至道德法律，下至丰富习惯等都有其独立精神存在，体现了传统文化的作用，将这些共同的对文化的认可、历史记忆和政治归属都融合在一起，深深植根于民族每一位成员的内心，以此来形成和加强民族凝聚力。

（3）展示中国梦的文化魅力

中国梦的提出在国际上出现了许多种声音，有期待，有误读，也有曲解。中国梦是一种合作、共赢、和平、发展的梦，我们所处的时代和国际社会对国家的发展是有重要意义的。所以，我们应让中国梦面向世界展现它的精神面貌，以此来取得国际社会的支持和理解，从而更好、更具体地弘扬中华民族的精神和文化。我们要将这些立足本国实际、弘扬时代精神的优秀传统文化传播出去，就要坚持以理服人和以德服人，充分完善和提高创新交流的机制和对外交流的水平。

中国传统文化是具备和合与仁义的，这也表明中国梦在其实践路径上并不完全充斥着艰难险阻，它还是有和平这条路可以走的。中华文明传承数千年，那些优秀的传统文化早就深深植根于人们的心中，不仅已经成为中华民族的基因，也在无形中改变着人们的行为和思想方式。在中国的发展历史上，我们一直都是爱好和平的国家，一百多年来不断的外敌侵入和内部战乱，使中国人民对战争深恶痛绝，坚决抵制战争的发生，每个人都渴望并向往和平安定的生活。

中国梦的实现是会造福中国人民的，在一定情况下甚至会影响世界，造福各国人民。这也说明每个国家在谋求自身发展时都要注意与其他国家的共同发展，不能让世界上一些国家越来越富裕，另一些国家却要长期忍受贫穷与落后。中国传统文化是一个崇奉儒家道德规范的体系，也是将伦理作为核心主体的文化系统，始终追求修身、齐家、治国、平天下。我们有理由相信，中国会随着综合国力的不断增强，充分增强大国意识，发挥大国作用，在自身可以承受的范围内担负起更多、更大的责任。

（4）创造性转化和创新性发展

中国社会主义核心价值观在中华民族实现伟大中国梦的过程中是一个不可或缺的存在。中国优秀的传统文化是我国最为深厚的文化软实力，其在构建国家精神、确立现代社会主力价值观和强化中华民族价值系统方面具有不可磨灭的意义，是民族文化最宝贵的财富。我们需要以科学的态度来弘扬和继承优秀传统文化，在实现中国梦的新的历史发展时期，要善于利用马克思主义，高度概括和总结我国的历史文化。世界上的每一个国家和民族的文化，都是作为矛盾复合体存在的，中国传统文化也是如此。

在其发展中有好也有坏，有优良传统也有不良传统，但即便是这种情况，也不能因为受到某种条件和限制就对它全盘否认，或对其他文化照搬照抄。因此也表明我们本民族必须掌握一定科学有效的思想方法。

继承和弘扬传统优秀文化，要时刻重视创造性的发展和转化。我国优秀的传统文化在社会形态发生变化的情况下，在政治经济形态方面存在着不协调、不一致的问题。因此，我们要把需要发扬的优秀传统文化同社会主义民主政治、社会主义先进文化和市场经济等相适应。按照当下的时代特点，赋予其新的生命力和时代内涵，增强其生命力与活力。

弘扬和继承优秀传统文化，要确定中华优秀传统文化有哪些历史渊源和发展脉络，确立中华文化的价值理念，明确有哪些独特的价值和鲜明的特点，增强我国的民族自信心。还要时刻注意按照时代要求，构建良好的社会主义核心价值观，在优秀传统文化中认真汲取其思想精华，找寻其时代价值。

弘扬和继承优秀的传统文化是马克思主义中国化中的关键性一环，是推动中国梦实现和发展的重要保障，有利于发挥文化影响力和塑造大国形象。继承和发扬并不代表是在其存在的基础上发展老路，也不用担心传统文化会因此而故步自封。而是表明传统文化在为其自身取其精华、去除糟粕的基础上，提炼和总结了传统文化，面向世界快速正确地学习优秀的和自己没有的东西，从而真正在创新性发展和创造性转化方面实现优秀传统文化。

三、传统文化在高校思想政治教育中的意义

（一）帮助大学生树立正确的观念

中国优秀传统文化是中国五千年社会发展过程中的财富积累，富有持久的艺术感染力。人们的价值观和世界观也随着社会转型及文化发展的浪潮发生转变。大学生是祖国建设的重要力量，大学生的道德素质和价值观直接影响着社会的各方面的发展。只有将优秀的传统文化教育融入大学生的思想政治教育中去，才能培养出能对社会做出卓越贡献的人才。

几千年来，中华文明流传下来的优秀文化广博高深。在这些文化当中，包括很多技能的培养。中国的传统教育是把道德培养与技能培养相互融合，通过技能修炼道德，是一种全面培养优秀人才的教育模式。

中国传统文化对道德非常重视，是最重要的价值观。中国的传统教育不同于当代出现的填鸭式灌输知识的教育方式，反而更加重视人格的培养和道德的修炼。认为这才是良好社会发展和美好生活的基本要素。

在国内外各种思潮的冲击和碰撞下，大学生在自我发展中产生了很多困惑。这时候，中国传统文化不仅没有过时，反而可以成为大学生参考学习的典范。在与思想政治教育的结合之中，要把传统文化中的精髓留下为我们所学习借鉴，剔除传统文化中的不好的一面。学习传统文化的精华，借鉴它的原则和智慧，不仅对当代大学生和国人，甚至对世界人民都具有重要影响

以及重要的教育意义。

建立和维护正确的价值观不是一朝一夕就能达到的，实现的过程漫长而艰巨。即使做好了传统文化与思想政治教育相结合的工作，为达到预期的目标，也是需要自觉克服困难的意志力，甚至是需要牺牲某些利益的。

中国优秀的传统文化不仅关注人与人之间关系的和谐，个人、集体与社会之间关系的和谐，而且还包含科学与艺术、心理与修养、思想与品德等多方面的精神养分。这些都能帮助大学生提高素养，完善品格，树立正确的三观。

市场经济拥有强大的变革力量，中国正处在这样的社会经济变革之中。平静的水面之下隐藏着文化的逆流和暗礁。快速成功的欲望、狭隘的功利思想暗藏着摧毁优秀民族精神及文化继承和发扬的力量。身处这样的时代背景之下，我们更要注重对人的尊重，对人的价值和精神的维护和关切，对人自身人文素养的提升的培育，以保证大学生走在顺畅的创造物质文明的道路之上。

（二）对我国整体校园风尚的影响

学生在校园学习和生活，被包围在校园独特的氛围之中，必然会受到校园文化的熏陶。校园文化具有特定的精神环境和文化气氛，它包含很多层面和内容，是学校自身形成和发展的物质文化和精神文化的总和。良好的校园文化可以陶冶情操、启迪心智，促进学生全面发展。不同的大学有不同的校园文化，用多种方式将中国传统文化教育融入大学校园文化之中，可以使大学生更好地完善自我、发展自我、提升自我，更好地改进和发展自己的能力。

（三）有助于拓宽大学生的学习视野

大学生在求学阶段正是对精神文化充满渴求的时期。在这个阶段，他们有旺盛的好奇心和充沛的学习精力，他们渴盼着吸收各种知识，加速自我的成长。把握好这个机会，将不断发展和不断积淀的中国传统文化的精髓传递给大学生，不仅能促使大学生加速成长，润泽他们的精神世界，更有利于他们观察、思考或认识领域的扩大。

大学生教育工作的要点是真真正正关怀学生的人文精神，帮助学生树立正确的观念，找到自身的价值。大学生通过研究传统文化，可以走出思维的僵局，开拓思维，将优秀的传统文化精髓运用到新时期的建设当中，实实在在地创造，脚踏实地地进步。让大学生同时发展良好的品德与优秀的才华，这也正是大学生教育工作积极与传统文化融合的追求所在。

（四）增加了大学生思想政治教育的渠道

传统文化中修身的观点占有重要地位。当思想政治教育与修身文化教育结合，大学生学习修身文化，便是拓宽了学习渠道，拓展了教育形式。修身重视的是个人修养，强调的是自律。比如，自尊、自爱、自我反省等。古籍中强调，无论是普通老百姓还是高高在上的皇帝，都要注重自身素养的修炼。对百姓来说，它是生活与做事的基础；对皇帝来说，它是治理国家、稳固国家、发展国家的基础。这种修身是从内到外的自发的道德纪律，而不是靠外力的强制。这种自驱力正是促使优秀的道德品格形成的主要动力。如果大学生掌握了具有我们中国传统特色的修身文化的精髓，势必会提高思想道德教育的效果。修身的传统主要体现在如下几点。

1. 思考与学习同样重要

古人的教育方式并不赞成单纯知识的灌输，也不赞同只在那里一味地思考。强调思考与学习是相辅相成、缺一不可的。学习是思考的基础，思考是学习的提升。学习的同时要动脑思考，而经过思维的加工之后又促进了进一步的学习。没有经过自己头脑加工过的知识是不能灵活运用的死知识，是不容易运用到实践中去的。这样的头脑就像一个装着很多书本的书柜，只能默默无声地立在那里。只有把两者有效地连接起来，才能产生最佳的学习效果。古人在教育学生时更是注意锻炼学生的思维能力、概括能力以及发散思维的能力，并告诫学生时刻注意多思考、勤思考。这也是现代教育需要传承借鉴的方式。

2. 在独处时更加严于律己

慎独体现了一种严格自律的精神，是中国传统文化主张的重要的教育方式和修身方式。个人在集体之中遵守道德规范容易，但在独自相处时，在没有别人的监督和影响的时候，是不是还要继续坚守道德规范呢？是不是还能做得到呢？在独处的时候，由于只有自己知道自己在做什么，在想什么，所以更容易脱离道德规范的束缚，去干一些坏事，不道德的事，不值得赞扬的事。慎独追求的是一种表里如一的境界，一个人如果能在任何时候都做到表面与内心一致，就能练就高尚的品德。而这样的人，这样的修行，也更容易取得成就，走向成功。慎独不仅是体现在某件大事上，更重要的是体现在小事上。越是小事，越能展现一个人的整体道德品质和修养。古人追求慎独的境界，提倡的不仅仅是自觉，甚至是自然而然的、本能的，像追求所有美好的、喜爱的事物那样去追求美德，像厌恶臭气那样厌恶道德品质的败坏。

当代大学生爱好学习，注重自身的成长，具有非常好的、积极向上的奋斗精神。但是由于社会发展速度的加快和激烈的竞争，以及各种思想的冲击。一些大学生出现了只重视技能等看上去比较实用的知识和能力，而不太注重思想上的、精神上的修炼，更注重功利，只看到眼前的利益，只追求成功的速度，却忽视了自身的修养，殊不知，能做到自律的人、追求完美人格的人、有美好品德的人，像添加了隐形的加速剂，在人生的道路上能更快更好地取得成绩。所以，当代大学生一定不要丢弃中华民族的优良传统，时刻注意严格要求自己，时刻注意提高自己的修养。

3. 注重自我的反思和修正

古人的另一种修身思想是注重自我的反思和修正，也就是"省察克制"。"省"是自我的反省，需要养成一种自觉的意识。强调的是自觉反省的意识，不是在别人提出或者指责之后才去反省，更不是别人指出之后还不愿去反省。"查"是自己对自己的检查，它依然强调的是主动，不在别人提示之下去检查，在有人指出后就更要立即去查找自己身上的错误、毛病和不足之处，这前两个字如果不注重修炼就是很难做到的。很多人平时没有思考自身有没有存在问题的习惯，甚至已经发生问题了，已经造成不良的后果了，已经有人发现问题指出来了，他还不对自己进行反思，反而去找借口找理由或者反过来在其他人身上找原因找问题。不是否定别人或别的客观条件没有问题，而是说要首先想想自己存在什么不足之处。那么进行了自我反省，查找了自己的问题之后就结束了吗？当然不是，因为只是知道并不能解决实际的问题。这时就要用到"克"与"治"了。"克"就是克服、克制的意思。知道了自己身上存在的问题，就要时刻注意去克服。这并不容易，需要用心，更需要坚持的毅力，这也体现了修身的自觉性和自律性。更进一步，就是"治"了。"治"就是改正、修正。只有彻底改正了自身的缺点、毛病和不良习惯，才能真正得到修养上的提升。大学生在学习、生活和交往中，难免会遇到各种困惑，也难免会出现各种不良习惯，遵从古训，学习古人优良的修身传统，能够让大学生保持和谐的心理状态，找到并改正自身的不足之处，培养出优秀的道德品质。

（五）帮助提高大学生思想教育的实效性

大学生思想政治教育与中国传统文化相结合，增强了教育目的实施的可行性和实施效果。传统文化富有深刻的历史内涵，并拥有非常持续长久的渗透力。所以，在传统文化熏陶下的大学生，在思想上和感情上更容易产生平稳、自然的影响效果，并且渐渐与自己的品行修养相融合，在内心与外在不知不觉地体现。传统文化的形式不拘一格，让大学生在各个方面，在不同的角度自然而然地受到文化的熏陶。同时，多种多样的传统文化教育形式也能提高大学生的学习兴趣和积极性，易于接受，乐于学习，这就同样促进了大学生思想政治教育方式的多样性，增强了思想政治教育的学习效果，增加了思想政治教育的魅力，从而提高了实效性。

（六）帮助大学生树立民族自信心和自豪感

当代年轻人对中国传统文化存在很多的困惑和不解。有的人觉得几千年文化的积淀确实非常优秀，但内容太深、范围太广，不知道如何入手。相反，有的人认为传统文化已经无法适应飞速发展的现代社会，已经陈旧落后了。传统文化是不是不容易学习呢，传统文化是不是对当代社会没有任何价值了呢？人类以及人类的文化是一代代繁衍和传承下来的，繁衍生息使民族和生命得以延续，文化传承使知识、技能和优秀的思想得以继承和提升。中国更是公认的四大文明古国之一，它的文化与精神不仅仅是中国人民的财富，也是世界人民的财富，对传统的背弃、无视和压制，就是对自身发展的截断。在世界范围内，一些西方国家出现了对自己国家历史的完全批评、完全否定的思想，这种思想造成了人们对国家未来的困惑，悲观情绪蔓延。曾经的民族自豪感、曾经的建设社会的积极性逐渐消失，取而代之的是以自我为中心、追求个人欲望的自我享乐主义、强烈的自由竞争意识以及低迷的处事态度。社会上出现了很多暴力事件和悲观厌世的情绪。实际上，传统是生存的必需品，它绝非可有可无。中国传统文化不仅对中国来说是生存的必要，而且对世界的和平发展、和谐相处也起到至关重要的作用，这也是中国文化在当今世界流行和成为热门的原因。所以，融入传统文化教育的思想政治教育模式，可以帮助大学生树立民族自信心，增强民族自尊心，激发他们的爱国热情，对社会的稳定和国家的建设和发展都具有重大意义。

四、高校思想政治教育校园优秀传统文化的构建探索

（一）校园文化建设规划

校园不仅承载着学校的精神、学术与文化，也是培养高素质人才的重要基地。学校的一项基础建设就是校园文化建设，校园文化建设也是建设学校精神文明的重要组成部分，能够在一定程度上促进学生的全面发展。随着我国深入进行的教育改革和全面推进的素质教育，高校校园文化已经成为社会主义先进文化的重要组成部分。

校园文化不仅在一定程度上反映了大学生的思想观念、思维方式等，而且也对大学生的未来发展起到了决定性作用。加强高校校园文化的建设对建设社会主义核心价值体系等的意义十分重大。

1. 文化建设总体目标

通过校园文化建设活动的开展，学校的精神得到了更进一步的凝练，学校的办学理念也得到了突出，形成了优良的学术氛围，打造出浓厚优美的校园文化生活环境。校园文化建设尤其要注重培育学校的精神文化，充分吸收和借鉴一些先进现代大学的办学经验，使师生的主体作用能够充分发挥出来。与此同时，还要将培育校园精神和弘扬中华民族精神相结合，通过文化渗透的方式增强大学生的自信心，陶冶大学生的情操，从而能够展现优秀的大学生形象。

2. 校园文化建设的保障措施

（1）对校园文化建设给予经费支持

在经费预算方面，学校应该为校园文化建设提供必要的支持。同时，在有关政策方面，也应该在校园文化建设项目的筹资上提供帮助。

（2）学校党委是校园文化建设的组织者

在校园文化建设中，学校党委要充分发挥作用，把握学校的文化建设方向，从而保证文化选择的先进性，在校园文化建设工作中还要充分调动人员参与的积极性，及时解决出现的问题，保证师生的权益。

（3）从政策上提高校园文化建设人员的积极性

通过制度的形式奖励和表彰校园文化建设中的先进部门和先进个人。

（二）校园文化建设的主要内容

我们可从以下四个方面建设校园文化。

1.精神文化建设

（1）工作作风建设

各级领导和管理人员应该将自己的本职工作和高校的育人目标相结合，并通过自身良好的职业道德去教育和感染学生，使学生能够更好地成长。此外，还要关心和尊重学生，采用人性化管理，更好地服务于学生，为学生营造一个良好的教学环境，使学生能够在良好的校园文化中健康成长。

（2）师德师风建设

全体教师要牢固树立"育人为本，德育为先"的教育理念和"学为人师、行为世范"的思想观念，切实增强以身立教的使命感，要有"授知启智，恪尽职守；热爱学生、诲人不倦；修身求识，为人师表"的良好师德风范和"勇于创新，追求真理；锲而不舍，脚踏实地；多出成果，造福社会"的敬业精神。自觉地把个人理想与学校发展、社会进步紧密地联系在一起，以弘扬民族精神、发展先进文化、培养合格人才、提高民族素质为己任。大力倡导"求真务实，潜心钻研"的治学态度和"求真、求新、求实、求精"的学术精神；大力弘扬"团结协作、互相帮助、共同进步"的团队精神。既传道、授业、解惑，成为学生学习科学文化知识的"经师"，又要关注学生思想道德修养，成为学生健康成长的"人师"，更要注意培养学生的创新精神、创业意识和实践能力，成为学生全面成才的"导师"。全体教师的言行举止要体现出人民教师的良好形象，表现出人民教师高尚的人格魅力。

（3）学术精神建设

学术精神彰显了大学的个性特征，并且对学校的整体精神面貌起到了决定作用。学校如果想要培养出一流的人才，就必须具备良好的学术精神和学术氛围。同样，学校如要想取得创造性成果，就必须经历长时间的学术积淀。

要将培养名师和团队建设相结合，创新人才的培养机制，同时还要优化人才工作队伍。此外，还要实施人才强校战略，优先考虑人才的发展和需求。研究政策时也要充分考虑人才导向，部署工作时全面考虑人才措施。不仅要统筹兼顾各层次的人才分布，而且还要坚持"以人为本"的理念，一视同仁地服务于各类人才，努力营造良好的环境氛围，以鼓励人才更好地投入事业中去。此外，还要尊重那些对学校发展有利的创造愿望，支持学生的创造活动，只有这样才能充分发挥他们的创造才能，才能肯定他们的创造成果。

（4）学生学风建设

一般而言，不仅要深入总结高校思想政治教育，了解学生管理工作的经验和不足，还要深入探索大学生的思想状况。通过校园文化活动，提升人才培养质量；通过诚信自律教育，培育学生的良好道德与行为规范，提高学生的自律意识。

2. 制度文化建设

①一方面，要始终坚持"以人为本，服务至上"的理念，为师生提供科学规范的服务；另一方面，要依法规范学校的管理与运行机制，建立灵活、高效的大学制度。②深入组织、修改、补充、完善和编制涉及学校各方面和各单位、各部门的各项规章制度，并切实执行。③应该加强民主监督和管理。首先，学校改革发展的重大问题和涉及教职工切身利益的重大决定，必须通过教职工代表大会和工会；其次，完善基层联系制度，建立学校民主治理机制；最后，依法进行校务公开，扩大学校教职工的参与权和知情权。

3. 形象文化建设

（1）整合学校的宣传资源

根据"一流校园媒体的标准"，重点建设一些主流强势媒体，如：校报、网站、广播站等。学校的媒体管理需要加强，同时也需要拓宽对外宣传工作的渠道。此外，需要统一校内外宣传的口径、数据等，及时公布学校发展的动态。另外，还要重点宣传学校的办学理念、思路、特色等内容，从而能够在一定程度上提升学校的知名度。

（2）重视挖掘与整理校史资料

组织一定的力量对校史资料进行搜集、整理和编写。成立校友会，建立相关网站，宣传校友的创业经验、人生感悟和工作成果。这些措施不仅可以挖掘学校历史的宝贵资源，还可以发扬学校的优良传统。

（3）开展校园形象识别系统工程建设

有效地整合和检验学校发展理念、体制、方针、制度、价值观、精神、文化等方面的问题，把学校现有的深层无形的资源和外在有形的资源进行系统科学的规划和设计，按最显著的方式和最佳的组合予以表达和调整，以达到资源利用的最大化。借助和依靠大众传媒、师生员工和学校的实际行动来展示学校独具个性魅力的新形象，使学校在文化哲学、价值观、精神理念、战略目标、行为、典礼仪式、视觉标识、各种物质用品规范、文件制作样式、广告宣传、文艺活动、建筑风格、校园环境布局、口号、校训、校徽、校歌、校旗等方面，达到高度协调一致，将学校的形象规范化、合理化、标准化、科学化、系统化、持久深入化，逐步完善能突出学校特点的形象识别系统。在学校的各种学校交流、仪式、庆典活动中推广形象识别系统建设成果。

4.环境文化建设

具体来说，有以下两点：①根据学校的总体规划，在现有基础上整体规划和设计校园硬件文化环境的建设，让教育性的文化特质充满校园。创设宣传栏、电子展示屏等多种文化教育设施，展示学校的校训和育人理念，提高校园的文化层次。组织师生为学校的主体建筑命名，从而突出学校的文化特色品位。②完善图书馆和网络教室的设施，增加图书馆的藏书量，加强图书馆和网络教室的管理员培训。此外，还要完善图书馆和网络教室的管理制度，使学生能够在图书馆和网络教室汲取精神食粮。

（四）校园文化建设特色项目

1.爱的教育

教育的根本起点就是使学生具备博爱精神，积极建设关爱型校园，积极运用校园文化去熏陶、感染和带动学生，也要为学生创建一个平台，使他们不仅能够享受爱，而且也能够关爱他人，并对社会进行回报。

2.善的教育

残疾人是社会的弱势群体，所以全社会应该关心和关爱这一群体，对于学校而言，应该积极发挥自身的优势，在全校通过特殊教育专业发起关爱残疾人的活动，每年都安排学生定期深入到特殊教育机构中去。此外，在老师的指导下，大学生利用寒暑假的时间调查家乡的残疾人社会保障设施建设和社会关爱现状，并根据实际情况在校园中发起关爱残疾人的活动。开展关爱残疾人的活动能够在一定程度上培养大学生的爱心和责任感，从而有利于和谐校园的建设。

3.传统文化教育

当今社会，空巢老人这一弱势群体得到了最多的关注，产生这一群体的原因有很多，其中，不仅包括社会发展因素，而且包括人们的道德观念因素。特别是当代大学生经常向父母伸手要钱，并且还常常抱怨他们的父母。面对这一现状，应组织学生开展关爱空巢老人的活动，激发起他们内心深处对家长的感恩之心，懂得感恩，学会回报。

4. 关爱自我教育

通过开展以心理健康教育为主题的各种宣传活动，可以使当代大学生对自己和他人予以关爱，注重心灵的成长。这类活动不仅能够营造良好的教育氛围，而且还能够创建和谐的校园文化环境。

5. 环保生态教育

在每年的"学雷锋月""世界水日"等重大活动日，学生可以在社区、街道、广场等场所开展环保志愿者活动，宣传环保知识，为环保贡献自己的一份力量。通过这种方式，学生可以更加注重环境保护和生态教育。

第三节 传统文化视域下高校思想政治教育创新的新高度

一、传统文化在大学生思想政治教育中的应用准则

（一）方向性准则

在统治阶级思想意识被社会达成共识并普遍接受的前提下，逐渐成为社会主流思想意识。思想政治教育的首要任务是要将敌对意识观念的影响削弱甚至根除，在经济全球化和政治多元化的条件下，我们应遵循以下两点方向性原则。

1. 保持自己独特的文化和意识观念

随着改革开放以及世界贸易经济的崛起，世界各国之间的经济、政治、文化、技术等多维度联系日趋密切，并在全球范围内逐渐形成了一个相对整体，这在一定程度上刺激了各国之间的竞争，促使各国统治者为了使本国在国际中得到更大的利益，开始加强了对他国的干涉和渗透。换言之，他们将本国所具有的意志强加于他国，甚至出现对他国各个方面进行控制和管束现象。

因此，我们在对大学生进行传统文化教育的同时，应本着保持自己所特有文化和意识观念的原则，既不排斥他国的意识观念，但也不动摇我国所

固有的文化意识观念。

2.切实把握好开发与利用各个环节的政治方向

各国间经济、政治、思想、文化等的相互碰撞，在一定程度上也给思想带来了更多选择。因此，处于青春期的大学生在思想政治方面面临着严峻的考验以及巨大的挑战。这关系到大学生的价值取向的问题，要知道一个人的价值取向对这个人的一生是十分重要的。各国的文化碰撞使我国社会价值取向趋于多元化，这就需要大学生明确价值导向的专一化。因此，在开发和利用我国优秀传统文化资源的基础上，还需把握政治方向。要将中国文化与外来文化之间的关系处理得当，首先要正确对待我国固有的传统文化，然后再在此基础上对外来文化加以适当的借鉴和创新。

总而言之，我们既要将已有的本国文化牢固于心，树立高度的文化自信，又要善于学习、借鉴其他文化的优秀成果，取其精华，去其糟粕。防止陷入"守旧主义"和"封闭主义"泥潭。

（二）针对性准则

大部分事物都处于不断变化之中，思想政治教育内容也是如此，其内容要顺应时代的发展，才能够更好地服务大学生。

随着时代的变迁和飞速的发展，当代大学生所接受的思想更为广泛和自由，与以往相比已经形成了巨大差异，甚至会出现两种相反或是极端的价值观，这时以往陈旧的教育模式就不再适应当代教育发展的需要。

我们在对大学生进行传统思想教育时要本着针对性原则，从大学生的实际情况出发，针对期间所存在的差异，区别对待，不要搞"一刀切"，将"广泛性"和"先进性"适宜结合起来，只有这样才能充分发挥思想政治教育的针对性和时效性。

（三）批判继承与发展创新准则

由于特定的文化形态在一定程度上影响和制约着人类思想政治观点的发展，以至于使丰富的文化背景和文化资源成了思想政治教育在构建其自身体系时的主要支撑所在。

我国的思想政治教育工作也是如此，这主要是由于我国传统文化本身所包含着无法回避的、具有多元化的育人内容以及显而易见的思想影响力和道德感化力，这一现象是任何教育工作都无法回避的问题。所以面对我国现有的思想政治教育，要在致力于发展优秀传统文化基础上，充分挖掘中国文化精神宝库中所具有的精华成分并赋予其鲜明的时代特征，为培育社会主义现代化建设所需要的新型人才提供优质的思想资源以及道德启示。

我国传统文化的博大精深对当代大学生的思想政治教育有着深远且巨大的意义，因此，怎样将我国传统文化转变成当代的一部分，并将原有陈旧体质转换成新的传统，如何将此作用充分发挥出来，这都是我们需要考虑的重要问题。

传统文化在一定程度上影响着大学生的价值观以及人格的塑造。但将传统文化知识以强制性教授方式传导给学生的办法并不可取，因为在大学阶段，学生已经形成了自我认知观念，对于被动接受的知识或是事物会给他们带来排斥心理，同时使他们在情感状态上存在一定的疑虑。所以，要想使传统教育效果达到期望值，就需要调动学生的积极性，使之自觉吸收传统文化精髓。

1.以批判的眼光传承中华传统文化思想和道德精髓

要想更好地学习传统文化知识就需要在其原有思想精华和道德精髓的基础上注入新的力量。只有在原有事物基础上进行反复实践，并将其进行重塑和创新，才能使其更好地发展下去。努力用中华民族创造的一切精神财富来以文化人、以文育人。

2.顺应时代，在新的实践中推动传统文化的创新

事物都是在不断变化的，也只有在不断变化中才能向前迈进，因此在大学生传统文化教育方面也要顺应时代的变化，同时还应在一定程度上满足人们对其所具有的期望。尽可能将中国传统民族文化基因与当代的文化发展相适应，使学生乐于了解、学习中国传统文化知识，并在一定程度上起到弘扬文化精神的作用。做好将传统继承与现代转换有机结合的重要工作，用实践进行创新，并在此基础上坚持和发展传统文化。

二、传统文化在大学生思想政治教育中价值实现的途径

（一）传统文化进课堂、进教材

就目前而言，我国高校中涉及的传统文化课程以及教育资料相对来说比较少。因此，相关教育部门应逐步改革高校的教育内容，增设一些关于传统文化的课程，并经过多方研究修订整理出一套相关传统文化的资料，这一资料应遵循循序渐进的原则由浅入深编订，使学生充分接触到中国传统文

化，研究它、了解它、爱上它。这些课程可以是历史、哲学、伦理学、社会学、政治学等课程。但从授课形式方面来讲，教师或校方应进行一些创新，摆脱枯燥乏味的讲解模式，使学生能够愿意从真正意义上去学习，这样有助于增加学生对中国传统文化的兴趣。

（二）优化思想政治教师队伍

1. 重视言行一致

教师自身的言语行为对于大学生会产生相当重要的影响。教师的主要作用是对受教育者进行传道、授业、解惑，但目前大部分高校教师在不同程度上将自己的职业看成是一种谋生的手段，并不注重自身的言行，这使大多数学生无法信服于他。也就是说，只有教师言行一致，才能使大学生敬佩、尊重教师，如若做出的行为没有与宣传相一致，那么宣传就成了空洞的说教。所以，教师应重视自己的言行举止，用自己的道德表率和模范作用来影响教育对象。

2. 丰富优秀传统文化知识

教师的主要职责是教授学生，学生的主要任务则是将教师教授的内容牢记于心并能在日常生活和工作中灵活运用。在通常情况下，博学的教师会更容易受到学生的拥戴，教师要有丰富的文化底蕴，在传统文化方面进行细致的学习和研究。中国传统文化博大精深，教师应主动学习或是接触一些古代文学、艺术、书法、历史学等方面相关知识，用丰富的知识和内涵来武装自己，并不断提高自己的决策力、宣传力、观察力、自我调控力等，使自己在某种程度上散发个人魅力，如此便会有诸多学生喜欢自己、信服自己，从而达到良好的教育效果。

3. 加强教学能力

教师在言传身教的同时，还应注意加强自身的专业技能，利用课余时间提高自身的教学能力，端正自己的态度。教师还应适应社会发展的需求，做到与时俱进，学习并能熟练操作多媒体设备，使用先进的教育手段，具有一定创新意识，使思想政治课堂的内容和形式都能对大学生产生吸引效果。

（三）增建高校传统文化教育网络

1. 课堂是主阵地

通常而言，课堂是大学生学习文化知识以及中国优秀传统文化的重要场所之一，同时也是大学生接受教育的主要渠道之一。针对课堂教育，相关部门应将富有中国优秀文化传统教育的材料融入课堂，在一定程度上增加传统文化知识的传授量，并循序渐进地使学生对中国优秀传统文化进行更深入的了解和学习，巧妙借助中国传统文化来使大学生具备一定的真假、善恶、美丑的辨别能力。

2. 第二课堂是有效途径

在第一课堂的基础上，第二课堂是深化教学的又一块重要阵地。众所周知，教育要想达到一定的效果，就需要将理论与实践相结合。对于中国传统思想教育而言，学校不应只重视思想政治的理论课程与文化课程的学习，还应多组织一些关于传统文化的活动，如，组织一些国学名师讲座、国学经典阅读会等，使大学生参与到其中，在实践中充分感受并了解中国传统文化。

除此之外，还可以定期组织学生到相关博物馆、纪念馆或是具有历史意义的地点进行旅游，使学生对中国传统文化中的人文精神及精华进行深入了解，从而增强大学生的民族自豪感。

3. 互联网是重要载体

随着网络信息时代的到来，网络已经成了人们生活中必不可少的伴侣，同时也成了高校教育的一种重要方式。学生可以利用网络获取信息，且这种信息获取方式要比翻阅图书更为快捷，因此教师应将网络所具备的各种优势尽可能地充分发挥出来，并在网上搭建一个专门的传统文化教育平台，使大学生能在良好的资源环境下进行传统文化的学习。

高校还可以建立一系列关于中国优秀传统文化的QQ群体、网络论坛等，通过网上的互动来达到教育学生的目的。但在此过程中，各高校还需注意将网络中的"垃圾"及时处理掉，使学生所共享的网站是纯净的。

由上述内容不难知晓，高校应紧跟时代的步伐，努力掌握新型科学技术并使其充分发挥自身作用，来传承我国的优良文化，更好地完成思想政治教育任务。

4. 大众媒体是有效手段

要想对中国传统文化有一定的了解，首先需要得到关于中国传统文化的知识，得到的知识越丰富，对其了解程度就越深。这就需要大众传媒的帮助，通过这一平台可以向大学生提供诸多的信息资源，同时也能弘扬我国的优秀传统文化。教师可利用杂志、电影、广播等对大学生进行传统文化教育，帮助学生树立正确的审美观与价值观。

（四）创新大学生思想政治教育方法

1. 言传身教法

众所周知，言传身教是指用教育者的言语以及行为对受教育者进行教育。对于中国传统文化教育而言，不仅仅要使用语言进行思想灌输，还应以身立教。我国先人曾有过这样一种说法，"其身正，不令而行；其身不正，虽令不从"，意思是说，"教育者本身做得就十分好，而且是正确的，即便是他没有开口让受教育者这么做，受教育者也会主动去做；若教育者本身做得就不正确，纵然他三令五申，受教育者也不会听从"，可见教育者的言传身教对受教育者的影响有多大。

只有思想政治教育工作者自己按照优良传统文化的要求去做，并履行自己传授知识的职责，大学生才会对他产生崇拜和敬佩的心理，才能够学习传统文化。

2. 灌输教化法

灌输法可谓是比较传统的文化理论教育方式，是教学中使用最频繁的一种方法，它将所要讲授的课程内容较为直接地传递给学生。从某种意义上讲，优秀传统文化教学与知识和内容的灌输不能分离。因为只有通过直接的理论学习才能形成比较系统化、全面化、条理化的理论素养，从而来引导学生融会贯通，内化自身素养。所以需要相关部门将我国传统知识恰如其分地融入教学中，使学生对我国优秀传统文化形成一个系统性的认识。

（五）形成"四位一体"的教育模式

早在西晋年间，就有人曾指出"近朱者赤，近墨者黑"，这表明我国古代先人十分重视对人类具有较大影响的"环境"，这也说明思想政治教育的环境对于人类思想起着十分重要的作用。

由此见得，我们在对学生进行思想政治教育的过程中，应将自身、家庭、学校、社会四方进行适宜结合，争取构建成教育一体化网络模式，在此基础上形成具有统一目标、功能互补的教育力量，从而达到预期的教育效果。

1. 自身方面

大学生应增加对优秀传统文化的关注，积极吸纳传统文化中的精华部分，特别是对自身的爱国主义精神以及民族自尊心和自豪感的认知与树立，不断进行自我反思，使自己成为一个热爱国家、热爱民族、具有社会责任感、敢于奉献和担当的大学生，并在此基础上认真学好专业知识、提高专业技能，努力成为社会主义接班人。

2. 家庭方面

"父母是孩子的第一任老师"这已是一个不争的事实，学生的大部分时间都是与家人一起度过的，可以说家庭是传播和教育传统文化的根据地，也是首要阵地。父母的言传身教直接影响着孩子的思想道德修养。在家庭教育中，家长应努力为孩子营造良好家庭氛围，本着精神与物质并重的教育原则，引导孩子养成传统美德，使学生在家长的言传身教中拥有正确的家庭伦理观念，具备尊老爱幼、勤俭节约、和睦孝顺等传统美德。

3. 校园方面

校园的物质环境不仅仅是学校得以生存的必要条件，也是精神环境中各种因素的载体。学校是学生第二个栖息地，因此，学校环境会对学生的思想发展起着直接性的作用，由于校园环境具有一定的局限性，所以学校应尽力发挥其所应有的作用，争取为学生创造优质的校园文化环境。

（1）硬件部分

校园环境中所涉及的硬件设施以及环境布置，都能在一定程度上对学生产生影响。学校应积极利用起其所具备的一切资源为学生营造优质的思想教育环境。比如，在适当的地点悬挂一些具有思想教育意义的条幅，利用校橱窗粘贴一些具有思想教育意义的宣传画报或是宣传个人优秀事例等。这样可以使学生获得更多富有思想教育意义的信息，同时还能促进学生奋发向上的精神状态。

（2）软件部分

校园文化环境是校园环境软件构建要素之一，其中，校风、学风以及文化氛围等都被视为校园文化的内容。

①校园文化的本质表现是校风，它对学生的方方面面都有着潜移默化的影响，尤其在学生的思想品德方面。②学生的学习态度和风格被视为学风，它是培养人才的前提条件。

校风和学风是校园不可忽视的软件部分。学校可以开展一些相关传统文化的校园文化活动，以此来获得大学生的关注，使其参与其中，为之营造良好校风、学风和校园文化氛围。

4. 社会方面

社会环境是相对复杂的，要想拥有良好的文化环境，得到良好的效果，首先要基于科学理论基础之上。换言之，优质的文化环境需要以正确的言论进行思想上的引导、以高尚的精神进行思想上的塑造、以优秀的作品进行思想上的鼓舞。

（1）政府应加大弘扬优秀传统文化的力度

众所周知，传统文化教育的领导者和推动者应归属于政府部门，因此便需要政府部门为大学生制定一些有利于传统文化学习的相关政策，争取将优质传统文化学习平台提供给大学生，并在政策以及经费上持大力支持态度。只有受到政府部门在思想上的重视、行动上的支持以及经费上的辅助，传统文化教育才能得以顺利开展和进行。

（2）社会团体应为大学生提供了解传统文化的机会

社会各团体以及公共部门应在自己能力范围内尽可能为大学生提供了解我国优秀传统文化的机会，比如，增建图书馆、文化宫、博物馆等。

通过融合各种教育因素，影响人们的精神面貌和价值取向，影响思想政治教育的内容和方式。因此，各大社会团体及公共部门应为大学生充分开放相关资源，使大学生走进历史文化场景，拉近与传统文化的距离。

（3）大众媒体应做好传统文化的传播媒介

传播信息是大众传播媒介主要的功能之一，对于大学生的传统文化教育而言，其应发挥自身功能和作用，通过报纸、广播、电影、杂志、电视等为大学生传递科学的、正确的舆论，从而来引导大学生对传统文化的认知，并以此来保持大学生与社会之间的沟通。

第三章 优秀传统文化在大学生思想政治理论课学习过程中的推进

第一节 优秀传统文化在思想政治理论课程学习中推进的有利条件

一、国家对大学生思想政治教育与传统文化的高度重视

国家历来重视大学生的思想政治教育工作，同时对于传统文化的认识逐步深入，党中央多次强调弘扬优秀传统文化，并为大学生思想政治教育工作服务，这为新时代背景下的高校思想政治理论课程提供了突破和创新的动力，同时也为该课程提供了优秀传统文化的内容和方法。

积极探索新形势下大学生思想政治教育的新途径、新办法，努力体现时代性，把握规律性，富于创造性，增强实效性。深入开展中华民族优良传统和中国革命传统教育。这就表明优秀传统文化是大学生思想政治理论课程学习不可缺少的内容。

加强对优秀传统文化思想价值的挖掘和阐发，维护民族文化基本元素，使优秀传统文化成为新时代鼓舞人民前进的精神力量。全面深刻审视传统文化以深入挖掘文化资源，将成为大学生思想政治理论课程学习的重要内容。

二、改革开放后社会大众对优秀传统文化的重新审视

改革开放之后，优秀传统文化逐渐回归人们的视野。20世纪80年代的思想解放运动中，人们对传统文化中最重要的代表人物孔子进行了再评价，恢复了孔子"优秀传统文化奠基者"的本来面目，对传统文化的热烈讨论也演化出了20世纪90年代的"国学热"。改革开放后，我国的社会主义市场经济不断推进，在"一切以经济建设为中心"的思想指导下，传统文化中关于经济的思想逐渐被挖掘，比如，富民思想、节俭思想等，但此时人们对于传统文化的审视不免给人一种过度依赖社会经济建设的印象。

中国经济的快速腾飞，工业的迅猛发展，在给社会大众带来巨大生活水平提升的同时，也使得环境不断被污染并恶化，人们变得物质化，精神世界开始迷失和沉沦。这时优秀传统文化的人文关怀才被人们认真审视，优秀传统文化才正式回归大众视野。

三、近年来学术研究对思想政治理论课程文化性的深入阐述

（一）因思想政治理论课程的实效性不足而关注其文化性

在极速变化的现代社会，国内外出现了一系列复杂的新形势，我国的思想政治教育也面临诸多难题，尤其思想政治教育实效性不足的问题成了学术界关注的焦点之一，其中，高校思想政治理论课程的实效性或者说有效性不足的问题又是研究得比较深入的问题。对于教育者和社会而言，思想政治理论课程是否有效就是指其特定的政治教育目标能否实现，而对于大学生而言，则是指其思想道德修养以及政治文化素养是否满足个体的发展需求。然而，现实情况是高校思想政治理论课一方面片面强调政治性，致使很多大学生认为思想政治课主要是增加他们对政治的认同感，是对他们思想和个性自由发展的压抑与禁锢，这一价值评判又直接导致大学生对思想政治课的漠视和逆反，从而减弱学生的学习动机和学习效果；另一方面过度注重科学理性和知识讲授使得课程学习过于单调，从而降低了学生的学习兴趣。

学术界对于思想政治教育文化性的关注正是基于对其实效性问题的探讨之上的。一方面，一定社会的思想政治教育理论、内容以及人们所达到的思想政治素质是该社会文化含量的重要组成部分，思想政治教育的发展必将把该社会的文化含量推向新的水平；另一方面，一定的文化环境又为思想政治教育的发展创造条件，离开了特定的文化环境，思想政治教育就失去了最主要的载体及特定支撑。思想政治理论课程是一种特殊的课程形式，该课程的学习过程是文化育人的过程。在优秀传统文化这个特定的文化环境中，思想政治理论课程学习也包括优秀传统文化的熏陶与感染。

（二）回归大学生思想政治理论课程的文化育人功能

一直以来，我们将思想政治教育视为中国共产党的优良传统，从不缺乏

对其政治性的关注，然而在坚守其政治性的同时，我们却忽略了其重要的文化属性，它将对人的文化素质发展的促进从思想政治教育目标中割裂开来，从而将思想政治教育的目标定位于纯粹的思想政治的目标，它将育人的职责从极其广泛的文化领域卸将下来，从而将思想政治教育的职责仅仅归位于思想理论战线或者是思想政治教育工作者；它将具有丰富育人力量的文化资源从思想政治教育资源中排除出去，从而使思想政治教育的资源日趋有限。而离开了文化的沃土，我们又怎样去滋育无限的生机呢？正因为思想政治理论课程的文化性在一定程度上缺失，才导致本来可以生动有趣、充满魅力和吸引力的课程教学变成了空洞的政治灌输和道德说教。然而，思想政治教育的思想观念、道德规范、心理品质等内容，是社会文化的重要组成部分，它们渗透到社会政治、经济生活中，特别是精神生活的各个领域，融化在人们的思想意识和行为规范之中。因此，增强大学生思想政治理论课程学习的实际效果就需要在对其政治性的坚守下回归其文化属性，提高该课程的文化感染力，这就不得不借助优秀传统文化的感染力。大学生应当成为优秀传统文化的受益者和传承者，在思想政治理论课程的学习中提升自己的文化品位。

第二节 优秀传统文化在思想政治理论课程学习中推进的内容

大学生思想政治理论课程的学习内容是依据思想政治教育的目标和大学生的实际思想道德状况、政治理论素养而确定的。思想政治理论课程的学习内容非常丰富。优秀传统文化是思想政治理论课程学习的重要文化资源，我们可以在批判继承的基础上挖掘传统文化中符合现时代发展需求的思想观点，为在马克思主义理论指导下的思想政治理论课程学习增添丰富的思想内容。

一、世界观与"天人合一"思想

（一）在世界观的基础上学习"天人合一"思想

世界观也可称为宇宙观，世界观是人们对整个世界的总的看法和根本观点，是人们对世界本质、人与周围世界的关系、人在世界中的地位和生存价值等一系列观点的总和。由于个人所处的时代、社会实践水平以及具有的知识经验和思维方式均有所差异，所以，每个人对世界的认识以及人与世界关系的认识也有所不同。但不可否认的是，世界观是个人精神世界的核心方面，因为它在宏观上深刻地影响着个人的人生观、道德观、政治观等其他观念。从这个角度来看，世界观的学习在思想政治理论课程的学习内容中占据着决定性的地位。思想政治理论课程中的世界观学习要树立科学世界观，学习用辩证唯物主义和历史唯物主义来掌握自然、社会和人的思维发展的一般规律，建立客观看待世界的自觉意识，正确认识物质与意识的辩证关系，实现认识与实践的统一。世界观的学习最终要落实到为谁服务的问题上来，如果说一个人能够树立爱国主义精神，能够热爱我们的社会主义祖国，自觉自愿地为社会主义服务，为广大人民群众服务，这说明他已经初步树立马克思主义世界观。优秀传统文化中的"天人合一"的宇宙观，对天的存在持唯物论的立场，并且认为天与人是和谐共生的关系，这在很大程度上契合了马克思主义世界观的基本观点，值得大学生在思想政治理论课程学习中借鉴和吸收。

（二）"天人合一"思想对世界本质的唯物论认识

人们对世界本质的认识存在两种倾向，一种认为物质决定意识，持唯物主义立场；另一种认为意识决定物质，持唯心主义立场。优秀传统文化对于世界本质的认识基本是持唯物主义观点的，认为"天"是一种自然的存在。儒家文化的创始人孔子对"天"的认识突破了人类社会早期"主宰之天"的局限。子曰："天何言哉？四时行焉，百物生焉，天何言哉"？（《论语·阳货》）这里的"天"是自然之天，遵循着不以人的意志为转移的客观规律而运行不息。孟子说，"天油然作云，沛然下雨，则苗勃然兴之矣"。（《孟子·梁惠王上》）表明天行云降雨，万物生长都属于自然现象，与人的言行和德行没有直接关联。荀子说，"天行有常，不为尧存，不为桀亡"。（《荀子·天论》）揭示了"天"是客观存在的，而人类社会的存亡遵循着社会运行的法则，二者没有必然的因果关系。由此可以清晰地认识到，"我们面对的宇宙是一个包括人类自身在内的统一的整体，是一个自己运动的过程"。

（三）"天人合一"思想对人与自然关系的和谐共生认识

生态系统是一个包括人类社会在内的复杂系统，人类对于生态环境运动变化规律以及人类自身在其中的地位和作用的认识经历了历史性变化。在人类社会早期，人类由于对自然界的认识有限而处于被动适应自然阶段。随着农耕文明的发展，人类利用和改造自然的积极性大大提高，这时的活动也在自然环境承受范围之内，人与自然能够和谐相处。但是，随着人类工业文明的到来，大量资源被开采利用，同时自然环境也受到不同程度的污染与破坏，当人类还在陷入对自然的主宰地位不可自拔时，自然生态用危及人类生命健康的方式，如，大气污染、土地荒漠化，对人类敲响了警钟。在所谓后工业文明到来的当今社会，人们逐渐认识到人与自然的协调发展对人类长期生存和社会持续发展的极端重要性。我国的工业发展起步较晚，但中国式的经济增长速度一度令世人惊叹。短短几十年内，在中国的疆域内便爆发了诸多严重的生态问题。我们在发展初期就提出了避免走西方国家先污染后治理的老路，但对于经济发展的急切渴望又让我们在某种程度上忽视了对自然生态的保护。一方面要发展经济、富国强民；另一方面又要保持生态平衡，这是个两难的问题。如何恰当处理人与自然的关系，实现科学发展是我们必须解决的问题。

世间万物的运行都遵循着各自的规律，周而复始。"万物并育而不相害，道并行而不相悖"（《中庸》），万物虽有各自的生长发展规律，但均处于自然生态的总系统中，相交相融而和谐共生。由此可知，人类及人类社会不过是自然生态中的一员，不能够脱离自然生态而独立存在于宇宙之中。我们可以肯定的是人虽然无法改变"天"的自然运行规律，但人却具有主观能动性。荀子提出"制天命而用之"的观点，认为人可以在掌握自然运行规律的前提下去利用和改造自然之天。比如，我们的先祖就在长期经验积累的基础上总结出了二十四节气来指导农耕之事，使人们能够获得长久生存的物质保障，世代繁衍生息。人类虽然具有利用和改造自然生态的主观能动性，但并不能肆意发挥。因此，我们要主动调控自身的能动性，树立自觉保护自然生态的意识。"子钓而不纲，弋不射宿"。（《论语·述而》）孔子只钓鱼而不网鱼，只打飞鸟而不打正在休憩的鸟儿，对于自然之物从不赶尽杀绝。孟子说，"亲亲而仁民，仁民而爱物"。（《孟子·尽心上》）仁爱之心不仅体现在对人身上，也要体现在对自然万物上，这种博爱精神对自然生态也赋予了仁爱的情感体验。张载说，"乾称父，坤称母，予兹藐焉，乃混然中处。故天地之塞，吾其体；天地之帅，吾其性。民吾同胞，物吾与也"。（《张子正蒙》）张载所提出的"民胞物与"以人伦之常类比人与自然生态的和谐共生关系，彰显出深刻的生态伦理思想。儒家文化中所包含的朴素的自然生态观虽然产生于农耕时代，但当今人类社会的发展依然立足于自然生态的可持续发展之中，因此可资借鉴之处颇多。

（四）"天人合一"思想对人的地位和价值的一贯珍视

《易经》上说"三才，天地人之道"，优秀传统文化一个特别珍贵的地方就在于其对存在于天地间的人的价值的珍视。中华民族非常在乎生前身后名，在文化多元的当今世界，曾有人说中国人没有信仰，在现世社会摸爬滚打无所畏忌。其实，我们可以说中国人真正信仰的是在时间积累中所体现人的宝贵价值。中华民族历来就有祭祀祖先的传统，而且非常重视这种祭祀的活动，荀子说，"祭者，志意思慕之情也，忠信爱敬之至矣，礼节文貌之盛矣"。祭祀祖先的目的并不仅仅在于对逝去先人的缅怀，更在于对人的生命的敬畏和对祖辈们毕生拼搏所流传下来的物质和精神财富的感恩。曾子说，"慎终追远，民德归厚矣"。（《论语·学而》）意思是慎重对待人生命的结束，追怀先祖，民风就会归于淳朴。"人们对已过去的久远的东西往往容易忽视，如果能对死去的人或远祖都慎重追怀，那么对活着的人自然能更关爱。对死去的人和远祖的慎重追怀，实际是培养人们反哺报恩的观念"。在对待生死这样的超现实问题上，儒家始终保持着一种理性的和唯物的立场，将目光紧紧放在人自身价值的实现上。

二、人生观与"修己达人"思想

（一）在共产主义社会理想指引下学习"修己达人"思想

人生观是人们对人生目的、人生价值、人生态度以及人生道路等基本人生问题的观点和看法。个人人生观的形成必定离不开特定的历史时代及其所处的社会环境。当代大学生在思想政治理论课程中所要学习的人生观，是与中国社会离不开的。首先，在人生的理想信念学习中，我们要坚定树立共产主义的社会理想，追求自由人的自由联合，每个人在成就自己的同时又成全他人。其次，在人生价值的学习中，我们要在社会物质和精神财富不断增长的过程中满足个人生存与发展的各种需要，但个人对社会索取的同时又在通过自身的有限劳动为社会创造物质和精神财富。一味地谈个人对社会的索取会使一个人陷入狭隘的自私自利的个人主义境地，而一味地谈个人对社会的贡献，又会使一个人陷入个人虚无的奉献情怀。个人与社会是相互成全的共生共长关系，个人价值的确立应当立足于社会进步，进而实现个人的价值。最后，在人生态度以及人生道路的学习上，应当在学习过去的社会历史发展路程，思考当下社会发展状况的基础上，坚定社会发展的前进趋势，在个人有限的生命时光里，积极面对自己所生活的社会，在为社会进步所做的贡献中体现自己人生价值的升华。人生问题是优秀传统文化向来关注的重要问题，儒家文化中的"修己达人"思想是历代有志之士的共同人生价值取向。

（二）"修己达人"思想对"达人"的目标追求

中国古代圣贤在对人生问题的深刻省思和对自身的不断完善中寄予了个人崇高的人生目标，即所谓"为天地立心，为生民立命，为往圣继绝学，为万世开太平这个崇高目标的指向便是个人所在的国家与百姓。儒家文化提出了一条明确的人生道路，那便是修身、齐家、治国、平天下。

（三）"修己达人"思想对"修己"的方法要求

"修己达人"是在对自身严格要求的基础上对心怀天下苍生的愿望追求。那么如何达到"修己"便成了至关重要的问题。《大学》继提出人生总目标的"三纲领"之后，又明确提出"八条目"作为实现崇高人生目标的具体内容和方法。"古之欲明明德于天下者，先治其国；欲治其国者，先齐其家；欲齐其家者，先修其身；欲修其身者，先正其心；欲正其心者，先诚其意；欲诚其意者，先致其知；致知在格物。格物而后知至，知至而后意诚，意诚而后心正，心正而后身修，身修而后家齐，家齐而后国治，国治而后天下平。自天子以至于庶人，一是皆以修身为本"。（《大学》）"修身"是立身处世之本。继"修身"之后的"齐家""治国""平天下"是"修身"以至于"至善"的方式和途径，目的是"止于至善"。而"修身"之前的"格物""致知""正心""诚意"是修身的方式和途径。"格物"就是即物穷理，在个人的亲身实践中去探明事物的本性和发展规律；"致知"即求为真知，是在"格物"的基础上所达到的对于事物的自觉的理性的认识；在"致知"之后方才可能达到"诚意"，其标志是"毋自欺"，重在慎独自律，用真情实意，实实在在为善做事，追求自我的完善；"正心"是除去外在繁杂环境的干扰，不被喜怒哀惧等各种情绪所牵扰，保持一种平静正直的心境。"正心"是一个人心灵的净化，而"修身"则是外在行为的净化。至此，儒家最为重视的"修己"之本才可能实现。"路漫漫其修远兮，吾将上下而求索"，在人生道路上，

"修己达人"需要的是一以贯之的坚守和不断深化的修行。

三、道德观与"仁爱忠恕"思想

（一）在社会主义道德规范中学习"仁爱忠恕"思想

道德观是在一定社会的意识形态影响下，人们在个人、家庭、社会以及职业等领域应遵守的道德行为规范的基本观点。社会主义的道德观以公民为中心，并形成一套完善的道德规范体系。公民的基本道德规范即爱国守法、明礼诚信、团结友善、勤俭自强、敬业奉献。此外，还有社会公德、家庭美德与职业道德的具体道德要求。成为一个具有高尚道德素养的社会公民是大学生思想政治理论课程学习的重要目标之一。以儒家学说为核心和根基的优秀传统文化，注重道德教化，形成了一种趋善求治的、以伦理为特色的"德性文化"，这种伦理型文化在漫长的历史发展中建构了成熟的道德价值体系，形成了丰富而系统的个人伦理、家庭伦理、国家伦理乃至宇宙伦理，并相应地确立了一套完备的道德教育理论。儒学的文化精髓就在于赋予社会以深厚的道德意识与道德信仰，这是大学生进行个人道德修养的宝贵财富。

（二）"仁爱忠恕"思想的建构逻辑

儒家的"仁爱忠恕"思想所规定的是人处在不同领域、扮演不同角色时所应承担的道德责任，并以此来维系人伦关系的和谐。"颜渊问仁。子曰：'克己复礼为仁。一日克己复礼，天下归仁焉。为仁由己，而由人乎哉'？颜渊曰：'请问其目'。子曰：'非礼勿视，非礼勿听，非礼勿言，非礼勿动'"。（《论语·颜渊》）孔子所说的"仁"就是"克己复礼"，即人要克制住自己的私欲和偏性，使人心能够返回到符合天人之道的礼制上，这其实说的是个人的道德自律。做到道德自律的方法就是使个人的一切视听言行都要符合一定的礼制规范。

"克己复礼"是"成仁"的第一步，接下来是要讲求在家庭之中的"孝悌"之道。子曰："弟子入则孝，出则弟，谨而信，泛爱众，而亲仁。行有余力，则以学文"。（《论文。学而》）这里的"弟子"就是指读书求学的学生，这句话的意思是，要求其在家中与父母相处时就要遵守孝道，出门与兄长相处时要尊敬兄长。这种仁爱之心由血缘关系向外推及非公众关系，就变成了"泛爱众"。有子曰，"其为人也孝弟（悌），而好犯上者，鲜矣；不好犯上，而好作乱者，未之有也。君子务本，本立而道生。孝弟（悌）也者，其为仁之本与"。由对父母的孝道上升为对君臣之道的遵守，由对兄长的悌道，推及他人的忠恕之道，即"爱人"。孟子曰："君子所以异于人者，以其存心也。君子以仁存心，以礼存心。仁者爱人，有礼者敬人。爱人者，人恒爱之；敬人者，人恒敬之"。自己心存仁爱，就会以仁爱之心去对待他人，以仁爱之礼与他人相处，从而取得一个良好的人际关系。

（三）传统"五伦"与"五常"的当代转变

"五伦"是中国传统社会中五种基本的人伦关系及其言行准则，即，父子关系、君臣关系、夫妇关系、兄弟关系、朋友关系。忠、孝、悌、忍、善是分别对应这五种关系的言行准则。孟子说，使契为司徒，教以人伦；父子有亲，君臣有义，夫妇有别，长幼有序，朋友有信。父子之间有尊卑之序，所以子对父孝；君臣之间有礼义之道，所以臣对君忠；夫妻之间挚爱而又内外有别，所以彼此之间应忍；兄弟手足之间乃骨肉至亲，所以弟对兄悌；朋友之间有诚信之德，所以相互之间要善。传统社会的"五伦"是建立在家国同构基础上的，而当前中国社会的"五伦"随着社会主义道德体系的构建发生了相应的变化。

在关于当今中国社会最重视的五种伦理关系是哪些的多项选择中，"新五伦"按选择人数从高到低的排序结果为：父子、夫妇、兄弟姐妹、同事或同学、朋友。与传统"五伦"相比，君臣关系消失，取而代之的是同事或同学关系，并且夫妻关系的伦理地位上升到第二位。

传统"五常"为仁、义、礼、智、信。而"新五常"的调查的结果却与之差异明显。在多项选择中，得到最大认同的五种德性依次是爱、诚信、责任、正义、宽容。五元素中，除了"爱"与"诚信"可以勉强与传统的"仁""信"相对应之外，责任、正义、宽容都具有明显的时代性。

从这项颇具权威性的关于"新五伦"和"新五常"的调查分析中，我们不难看出道德是随着具体历史时代的变化而被赋予不同的内涵，新的人伦道德的变化反映出时代的进步，但并不是说传统的道德伦理彻底失效。道德的主体永远是人，传统伦理道德观念中对于人精神的重视总是值得后人反思和借鉴。

四、法制观与"德主刑辅"思想

（一）在依法治国基本框架中吸取"德主刑辅"思想的合理成分

自改革开放以来，我国大大加快了法制建设的进程。到目前为止，由宪法和各项具体法律所组成的社会主义法律体系已经基本建成，各项法律的执行和完善也不断取得新的突破。依法治国简单来说可以叫作"遵循善法"，"善法"说的是社会主义的法律从其本质来讲是为了维护广大人民群众的合法财产安全以及人身安全，是使社会主义国家正常运行的法律保障。"善法"是我们去自觉认同和遵守社会主义法律的前提。当代大学生在思想政治理论课程学习中的重要内容之一就是懂得依法治国的基本国策实行的重大社会意义，明确以德治国和依法治国二者的关系和各自所发挥的作用。在我们的传统社会中有一个德治的传统，"德主刑辅"思想是其一直遵循的治国理念，在现代社会依法治国的基本框架下，"德主刑辅"思想依然有其值得借鉴吸收的合理成分。

（二）德治传统逻辑延伸下的人治本质及其局限性

在中国古代，伦理型的儒家文化一直占据着传统统治地位，儒家文化十分重视道德的养成以及道德理想的传播，在治国理念上，对德治主张推崇备至。子曰，"为政以德，譬如北辰，居其所而众星拱之"。（《论语·为政》）只要以德治国，就如北极星一样自居其位而众星环绕，能够出现一种井然有序的社会秩序。孟子说，"夫国君好仁，天下无敌"（《孟子·离娄上》），"仁人无敌于天下"（《孟子·尽心下》）。在他看来国君以自己的仁德治理天下才是为王之道。这样一来，国君的个人德行就成了德治的关键因素。国君的个人道德品行是天下效仿的对象，所谓"政者，正也。子帅以正，孰敢不正"？（《论语·颜渊》）子曰，"其身正，不令而行；其身不正，虽令不从"。（《论语·子路》）从这句话我们可以看出国君的道德操守与政治统治的运作紧密相连。因此，国君既是政治生活的中心角色，又是道德生活的中心角色，并且道德活动的目的是为了政治运行。孟子说，"身正而天下归之"（《孟子·离娄上》），"君子之守，修其身而天下平"（《孟子·尽心下》）。儒家认为，推行德治是最佳的治国方案，而国君的高洁德行又是德治的关键。自此可以推导出中国古代社会德治传统的推进结果其实是人治，人治是德治主张的实践的必然结果。孟子说，"天下之本在国，国之本在家，家之本在身"，"一正君而国定矣"。(《孟子·离娄上》)，这正是对人治的典型表述。荀子主张"隆礼重法"；"礼者，法之大分，类之纲纪也"(《荀子·劝学》)，但礼治的实质仍然是人治，荀子说："礼有三本：天地者，生之本也；先祖者，类之本也；君师者，治之本也。""故礼，上事天，下事地，尊先祖而隆君师，是礼之三本也"。(《荀子·礼记》)以君师为治国之本，这就又明确了国君在治国理政中的重要地位，其人治本质显而易见。荀子又说，"法者，治之端也；君子者，法之原也"，"法不能独立，类不能自行，得其人则存，失其人则亡"(《荀子·天道》)。可见其在德治主张下并不排斥法的作用，但中国德治传统中关于德治、人治的主张派生出许多丰富的民本思想，但同时也产生了一些不可避免的消极影响，比如，对"德治"的推崇，造成对人治过分依赖，因而在我们的民族传统中法治意识向来淡薄，民众对明君贤臣求之若渴。德治传统的真正要害在于对道德的政治价值的无限扩大，将本不属于道德调节范围、道德也无力有效调节的政治活动全部纳入道德调节的范围，对君主寄予圣洁德行的厚望，却没有对最高权力的制约与监督，这在一定程度上阻碍了政治和社会的发展进程。

（三）"德主刑辅"思想对建设现代法制社会的启示

中国的德治传统延续了上千年，而中国要实现现代化就必须建设法治国家，如何处理好德与法的关系是当前必须重视的问题。德治的传统排斥法治，将德与法的关系割裂开来。这种极端的方式及其产生的弊端已经清晰可见，但我们并不能因为这一点就将其视为传统文化的糟粕并进而彻底否定之，也不能将中国传统的法律笼统归为糟粕而束之高阁。从一种极端走向另一种极端并不是我们的最终目的，我们并不能以彻底否定德治为前提来推进法治。德治与法治并非处于绝对对立的状态，依法治国与以德治国二者相互补充。一方面，依法治国以对法的体系的建制为前提，而法的体系的建制必须充分考虑其所处社会环境的道德基础，法律的制定始终需要有一定的道德基础为其提供正当的价值取向。另一方面，法律推行的有效性的实现也必须借助于人们相应的道德价值观念。法治强调的是外在他律，而德治注重的是内在自律，只有将他律与自律相结合，才能呈现理想的社会状态。如此而言，儒家文化中主张的道德教化和德行修养便可为现代法治提供有益的帮助。

五、价值观与"义利并举"思想

（一）在社会主义市场经济条件下学习"义利并举"思想

我国的经济体制经历了从计划经济向市场经济的重大转变。从历史作用来看，计划经济在新中国成立初期曾经起到过终结恶性通货膨胀、稳定物价水平和维持社会生活基本秩序的重大作用。计划经济的实质是政府配置资源，但计划经济条件下的物质生产水平远远不能够满足人们的生活和发展需求。改革开放以来，随着市场经济在我国的基本确立，我们才真正向现代化的社会主义迈进，在市场经济的作用下，社会物质财富迅速丰富，人们的生活水平也不断提高。经济体制改革是全面深化改革的重点，核心问题是处理好政府与市场的关系，使市场在资源配置中起决定性作用和更好发挥政府作用，这是市场与政府关系的一次重大理论突破。市场能够最大程度地提高资源配置效率，带动新的生产领域迈向更高层次的发展。满足人们物质财富的需求本来就是社会主义发展的题中应有之义，在市场的公平竞争中追求自己的合法利益，已经是现代社会再正常不过的事情了。当代大学生在思想政治理论课程学习中也必须树立正确的市场观，明确市场经济的发展是社会发展的重要物质基础，是人们走向更加富饶和美好社会的必由之路。

（二）中国古代统治阶级"轻商主义"下的"贬商主义"实质

商人在中国古代历史典籍如《史记》《二十四史》中记载得非常少，在重农抑商的传统思想下，商人地位低下。但在中国成为大一统的中央集权制国家之前，商人的地位还是可以的，据《货殖列传》中载，"子贡结驷连骑，束帛之币以聘诸侯，所至，国君无不分庭与之抗礼"。成语"分庭抗礼"即出于此，描写的是春秋时期的大商人、孔子的学生子贡带着帛和币周游列国，诸侯与他在同一个亭子里面，各站一边，并行使同样的礼仪。在春秋战国时期，有些商人的政治地位相当高，比如，齐国的重臣管仲、秦国重臣吕不韦都是商人出身。究其原因，是因为这个时期的民间资本比较发达，商人的地位相对较高。

国家在本质上是保卫人民的暴力机器，马克思曾说，"赋税是政府机器的经济基础，而不是其他任何东西。国家存在的经济体现就是捐税"。（马克思：《哥达纲领批判》）人民和国家的关系就是赋税关系，国家的收入只有一种，那就是赋税收入。但中国从汉武帝时候就开始与世界上其他国家不同，其收入分为赋税收入和专营收入两种形式。当国家控制了盐铁以后，就必须在制度上和思想上予以保证。在制度上，设置了特殊的部门，如，汉朝的金曹、隋唐的榷务司、之后的盐铁司、晚清的邮传部、民国时期的国资委等。在思想上，宣扬治国理政的理想状态是"民不益赋而天下用饶"，意思是说加给老百姓的赋税很轻，但国家还依然富饶。这个明显的矛盾之所以成立，其秘密就在于国家控制重要能源性产业，通过控制价格变相增加收入。盐铁专营实际上是传统社会统治的需要，而不是经济发展需要。

中国历来是一个重商国家，工商为富国之本，富国何必用本农，足民何必井田也。中国的老百姓喜欢钱而且非常善于创造财富。但同时又贬低商人，把商人叫作九流之末。在科举制度盛行时，"工商杂类，不预于士伍"《旧唐书·百官志》，商人是不能参加科举考试入朝为官的。商人阶层被贬低，与其说是一种意识形态，不如说是国家治理的现实需求，因为国家出于经济上的需求，必须抑制民间资本的竞争。古代中国的经济发展靠的是特许经营制度，在控制重要生产资源后，特许一些商人从事经营。这种中国式的商业环境带来的弊端显而易见，那就是寻租空间非常大，官商特征明显，民间资本无法正常发展。

（三）"义利并举"思想对政府与市场关系的启示

时至今日，中国市场经济还处于不断完善的过程中，中国的政府在不断实践中逐渐厘清了市场与政府的关系。要在资源配置中发挥市场的决定性作用是政府与市场关系的实质性理论突破。但要真正实现市场的决定性作用，还必须进一步破除各种形式的垄断，建设正常的、平等的政商关系。"义利并举"对于政府来说主要在"义"，对于商人和市场来说主要在"利"。政府要更好地发挥作用，将政府在职能上的"错位"转向服务型政府的"正位"。具体来说，一方面，要弱化微观方面的经济管理职能，进一步放权给市场，加大社会管理和服务，积极打造服务型政府，进一步简化行政审批程序；另一方面，要规范市场秩序和强化市场监管，让社会主义市场经济有序运行和发展壮大。

六、心理健康与"中庸"思想

（一）从对心理健康问题的急切关注中学习"中庸之道"

由于社会环境复杂多变，因此引发了人们的心理健康问题，进而心理学蓬勃发展起来。个人心理健康的标准首先是具备完善的个性特征，个人对自己以及他人的认知、情绪情感的体验以及意志行为的反应均处于积极的状态，并且在生活中适当应对人际关系和环境影响，保持一种平稳的心理状态。良好的心理素质和较强的环境适应能力是当代大学生应当具备的条件，当代大学生思想政治理论课程也越来越重视心理健康问题。优秀传统文化中的"中庸之道"是古代贤人保持身心平衡的重要方法，它在个人自身认知、情绪调节以及与他人、社会相处之道方面，都有值得我们学习借鉴之处。

（二）"中庸"思想对于个人保持身心健康的启示

每个人的日常生活无时无刻不伴随着情绪情感的变化，从心理学的角度来说，情绪情感的产生是不可避免的，它是个人对自身的内外需求有无得到满足的自然体验。喜怒哀惧是人的基本情绪体验，而复杂现实生活中的情绪情感体验则更加丰富多变。情绪情感对人的影响没有绝对好坏之分，但总的来说，积极的情绪情感体验会给人以动力，而消极的情绪情感体验则会使人动力消减。对情绪情感控制能力的强弱是一个人能否保持积极健康心理状态的重要因素。

《中庸》说，"喜怒哀乐之未发，谓之中；发而皆中节，谓之和。中也者，天下之大本也；和也者，天下之达道也"。朱熹又解释说，"中者，不偏不倚、无过无不及之名。庸，平常也"。（《中庸章句集注》）从心理学上说，"中"是一种稳定的心理状态，"和"是一种适度调控情绪的积极行为。

当一个人处于一种稳定的平和心态之中，外界一般刺激所引发的情绪就不会过于强烈而使人失控；而当生活中遭遇重大生活事件时，人们就会自觉调控情绪，使之保持在一定的度。个人做到合理调控情绪的前提是具有自我调控的意识，这种意识的培养就需要个人的道德修养和"克己复礼"。

（三）"中庸"思想对于个人与社会适应的启示

中国传统的儒家文化最可贵之处就在于它的积极入世心态。孔子"知其不可为而为之"（《论语·宪问》），孟子说："当今之世，舍我其谁。"（《孟子·公孙丑下》）人是社会的动物，个人与他人和社会的关系问题是不可回避的。孔子强调"己欲立而立人，己欲达而达人"（论语·雍也），"己所不欲，勿施于人"（《论语·卫灵公》），"君子成人之美，不成人之恶"（《论语·颜渊》），这是个人道德高度自律的体现，从自己出发，推己及人，就能想他们之所想，减少与他们的矛盾，寻求共处之道。而当自己所处的社会环境与自己的理想状态不一致，并且通过一己之力无法改变之时，如果过度纠结于个人的理想抱负无法实现就极有可能导致消极厌世，使身心健康长期受损。

第三节 优秀传统文化在思想政治理论课程学习中推进的对策

一、确立优秀传统文化在思想政治理论课程学习中的原则

（一）坚持以马克思主义为指导思想的理论立场

马克思主义理论是在 19 世纪 40 年代西欧资本主义发展的社会历史背景下诞生的。革命导师马克思和恩格斯深入洞察和深刻思考了当时资本主义社会政治的、经济的、文化的、社会的种种现象，并且立足于那个时代去考察过去的人类社会发展历史，基于过去的和现在的人类文明的总和而创立了共产主义学说。马克思主义的政治经济学是在资本主义发展的社会实践中产生的，在一定意义上为西方社会的新发展提供了许多有益借鉴。

中华民族的传统文化就是这样的已有条件。传统是历史的延续和发展，优秀传统文化不仅藏于现存的历史文物古迹之中等人品味，也不仅写于经典古籍中等待后人研读，它更是至今还活跃在人们的生活实践中，并且在这样的实践中继续随时代而变。马克思主义的实践观是我们在思想政治理论课程学习中接纳和推进优秀传统文化的根本依据。

从哲学观点来看，优秀传统文化包含中国古代关于自然、社会、人生问题的哲学思考，其中蕴含着丰富的朴素唯物论和辩证法思想。中国古典哲学中有许多思想观念与马克思主义有相通互近之处。中国哲学中有一个唯物主义的传统，又富有辩证思维，这与马克思主义辩证唯物论有相互契合之处，这是应该深入理解的。从文化层面上看，优秀传统文化的人文价值既有对道德伦理的价值追求，又有对哲学的、文学艺术的、人文关怀的价值追求。虽然优秀传统文化与马克思主义产生的时代背景和社会土壤相差悬殊，但二者在一定意义上具有永恒价值的思想却可以超越时空的羁绊而有相通之处。从马克思主义理论在中国的研究趋势来看，20 世纪 90 年代，学者把研究的重点从科学主义转向"以人为本"的实践唯物主义，马克思主义理论诞生的起

点是对现实社会中生存的人的境遇的关注，其最终目标是为了实现自由人的自由联合。马克思主义对人的主体性的关注以及对人的自由而全面发展的追求越来越受到学者的重视，这与优秀传统文化对于人的价值和精神的肯定不谋而合。

（二）坚持立足时代需求继承发展传统文化

当代大学生作为中华民族未来的建设者和接班人，就必须传承这个民族丰厚的文化遗产，然而也正是因为传统文化的丰厚，给我们带来了承袭的负担。传统并不仅仅是一个管家婆，只是把它所接受过来的忠实地保存着，然后毫不改变地保持着并传给后代。它也不像自然的过程那样，在它的形态和形式的无限变化与活动里永远保持其原始的规律，没有进步。因此，在了解优秀传统文化的基础上，以一种理性的态度和务实的精神继承和发展传统文化便成为一件至关重要的事情。

文化传承的方法历来就有义理传承和知识传承两种。前者是一种本体意义上的传承，认为文化是一个民族生生不息的生命之流，是造就了中华民族独特的存在方式。义理传承的方式超越了功利的权衡，但也因为它将文化看作是我们自身而无法进行客观的批判与反思。而知识传承是对文化所承载的知识的传承，它将文化看作一种已知的知识经验，这样我们就可以对文化进行反思和重建，但这种文化传承方式也可能被外在的标准干预而发生扭曲。由此可以看出，文化的义理传承和知识传承各有优缺点，如果跳出各自的框架，二者便可以达到一种功能上的互补。实际上，儒家文化自孔子开创之后，在传承上就有上述两种传承方式的并行开展。以孔子的弟子及孟子、荀子为代表的儒家学派，以弘扬孔子之道为己任，他们从孔子的言行中阐扬儒学精神，构成了儒学传承方法中的义理传承。虽然这其中有以孟子为代表的内圣学统和以荀子为代表的外王学统，但从其方法上讲，都属于义理传承。以老庄、墨翟、韩非等为代表的道家、墨家、法家等对儒家思想提出了各种批判，开创了儒家的知识传承系统。

（三）坚持高校大学生在学习中的主体地位

优秀传统文化向来注重人的主体价值的发挥，尤其是儒学更加重视个人的道德修养以及个人社会价值的发挥。在天人关系之辩中，天命虽然不可违，但天人的精神实质上是高度合一的，人的命运是天命的体现。在这点上，与西方中世纪神学将神异化成绝对的统治力量以致过分压制人性相比，我们的中华文化重视人的精神力量的传统却是一以贯之的。孔子说，"人能弘道，非道弘人"。大道是一代又一代人薪火相传而弘扬开来的，不是从天神那里寻求的神道，而是从人自身寻求的人道，这种人道的实质是个体创造性的生命精神。孟子提出要养浩然正气，"人与天地参"，"万物皆备于我，反身而成，乐莫大焉"，认为人性本善，只要遵其本性而行之便能尽其可能地挖掘自身的禀赋与潜能，赞天地之化育，实现人与天与地鼎足而立，成全自我。此外，优秀传统文化非常重视理想人格的培养，并且具有明确的教育目标、完备的教育内容、有效的教育方法。在教育目标上注重培养德才兼备、身心和谐、符合社会政治经济发展需要的理想人才，在教育内容上注重道德认识、情感与意志的统一，在教育方法上重视学、思、行的结合。

以学生为本是现代教育学的主流观点，从现代教育理论和实践的发展趋势来看，教育已不再是从外部强加在学习者身上的东西，也不是强加在别的人身上的东西。教育必然是从学习者本人出发的。因此，学习过程的内在机制首先是学习者认知的获取和情感的体验，然后经过认同接受以及整合内化的过程形成新的认知体验。有效的学习必定是自觉自为的学习。大学生的思想政治理论课程学习是一种特殊的学习活动，是学习者对于教育者以及相关理论课程所传递的思想政治、道德品质内容的认同和接纳过程。从马克思主义的认识论来说，这个学习过程是学生在教师指导下逐渐掌握必要的社会历史经验、认识和改造主客观世界的过程。

无论从优秀传统文化重视人的精神来说，还是从现代教育学"以人为本""以学生为本"的学本位教育理念来看，高校思想政治理论课程的学习都必须改变以往以教师和教材为中心的教育模式，要将大学生真正视为学习的主体，匡正其在教与学中的主体地位。思想政治理论课程的学习应该以学生为中心和本位，在观察学生的外在行为表现的同时，更要留心洞察学生的内在精神世界以及思想品德状况，全面深刻了解学生关于该课程学习的真实学情。在教育教学中将学生置于中心地位就要把教育教学的理念、目标原则和方法定位于尊重理解学生和提高造就学生，整合有益于学生成长成才的教育教学资源。以往该课程教育教学是以教来塑造学，让学适应教，而现在是要以学引领教，让教适应学；"教"强调的是内在控制，"学"则强调内在的激发。大学生内在学习兴趣的激发以及内在学习需求的调动才能实现有效学习，从而使思想政治理论课程发挥实效，让大学生真正从学习中受益。

二、加强思想政治理论课程教材中有关传统文化内容的编写与实施

（一）加强思想政治理论课程教材的编写

优秀传统文化在思想政治理论课程学习中的推进，必须有其课程教材的相关内容作为依据。我们的思想政治理论课程体现的是马克思主义的科学理论体系，该课程所有具体内容都必须与这个科学理论体系保持高度一致。但这并不等于说思想政治理论课程的教材体系就是马克思主义的理论体系，事实上，由于马克思主义的理论体系非常庞大，我们不可能也没必要做到这一点。思想政治理论课程具体内容的编写还必须满足教育教学的实际需要。优秀传统文化富含的思想政治教育内容是我们进行有效思想政治理论课程学习所避不开的民族文化问题，因此有必要体现在具体的课程教材中，但是优秀传统文化博大精深的特点又要求选入课程中的内容必须精炼和有效。

除了要在原有的思想政治理论课程中融入精炼有效的传统文化内容外，还必须打造专门的优秀传统文化课程，应当在大学生的学习课程中开设优秀传统文化必修课，添加相关文化选修课，并推广使用马克思主义理论研究和建设工程重点教材。从课程性质来说，这门课程所体现的是马克思主义在文化上中国化的理论成果。这样一来，优秀传统文化在大学生思想政治理论课程中的推进就有了教材体系的保障。

（二）优化思想政治理论课程教材的实施

思想政治理论课程的教材是以一种相对静止的知识或理论形态存在的。大学生对于该课程的学习也并不能简单地看作对教材内容的知晓和被动接受。将有益于思想政治理论课程学习的优秀传统文化有机地融入课程教材只是课程学习的前提和基础，而对于教材内容的把握和实施才是取得成效的关键。教材、教师和学生是思想政治理论课程学习的三个主要因素，而其目的始终是学生的思想政治品德形成和发展。因此，要将教材内容向教学内容转化，教学内容向学习内容转化，学习内容向学生认知和实践的对象转化。思想政治理论课程教材的容量是有限的，能够融入其中的优秀传统文化的内容更是有限的，然而教师和学生围绕教材而展开的思想政治理论课程的教与学却是无限的。教师和学生在课程学习过程中的预设与生成会伴随教的主体与

学的主体的能动性的发挥而丰富多彩。

三、提高思想政治理论课程教师的思想理论素质与传统文化修养

（一）切实把握课程实施和注重学情分析

教师是具体课程的实施者，是引导大学生进行课程学习的关键角色。教师只有具备良好的素质，才能有效实施思想政治理论课程，引导大学生进行有效学习，保证该课程的育人目标的实现。一名合格的思想政治理论课程教师，必须不断提高自身的综合素质，这样才能胜任党和国家赋予的培育优秀人才的历史任务。在政治素质方面，思想政治理论课程教师只有树立坚定的马克思主义理论立场，才能高度重视优秀传统文化在该课程中推进的重要价值，才能准确把握优秀传统文化在该课程中推进的原则。在思想道德素质方面，教师只有具备正确的思想道德观念和掌握有效的思想道德教育方法，才能将优秀传统文化中可借鉴的德育资源运用到该课程的教学中去。在文化修养方面，教师要首先主动提升优秀传统文化修养，培养积极的民族情感，才能将优秀传统文化的魅力展现给思想政治理论课程的学习者。

当代大学生的学情不断变化，使高校思想政治教育总是会面临新的情况和新的问题。在当前该课程教学效果欠佳的实际情况下，重新审视中华民族的传统文化，将其融入思想政治理论课程教学，就是思想政治理论课程的教师所面临的又一重要且紧迫的新任务。教师要具备开拓创新的意识和能力，才能使该课程的教学符合大学生的成才和社会的发展需要。教学体系是指教师根据具体的教学实际而建构的体系。这个体系在本质内容上应当与理论体系、教材体系相一致，但是又具有自己的特点，必须体现出教师本人的再创造，要有创新。其中，最突出的就是要有针对性。做到针对性就必须切实把握思想政治理论课程教材，必须注重大学生的学情分析。在教学过程中所呈现出的实际教学内容应当反映学生在现实境遇中的重大和迫切问题，要对教材进行适当的取舍和整合。

（二）注重运用言传身教的教学方法

大学生思想政治理论课程的有效学习，离不开教师言传身教的示范教育。该课程的特殊性就在于它所传达的并不是一般性的知识，而是关于人的优秀思想道德品质。所以，如果不将思想政治理论课程和一般性的专业课程进行区分，用分析阅读、概念解释和理解记忆的一般学习策略进行学习，其

效果只能是不增反减。以身教者从，以言教者论。教师的言传身教对学生具有非常深厚而持久的影响力。中国古代的圣贤都强调以身立范，一言一行都对自己严格要求，从而通过自身高尚品德的感召力而影响他人。优秀传统文化正是因为其对于人的高尚道德品格的修养和坚守而展现出非凡的文化魅力。思想政治教育理论课程因为其理论内容的丰富而具有思想性，但过于强调理论教学就会使课程显得单一而枯燥，思想政治理论课程的育人目标很难真正实现。教师用优秀传统文化来增添其人格魅力，在学生面前的一言一行都应体现出高尚的思想道德品格，这样才能使学生明确并深刻感受思想政治教育课程的学习目标，使教师的言传身教转化为自身的自觉自为。

四、大学生在具体课程学习中掌握有效的学习策略

（一）知行合一

思想政治理论课程的内容具有很强的理论性，但正是在社会实践的不断发展中进行规律性的总结提升，才最终形成了系统的马克思主义理论。这个理论在社会主义中国的继续实践中还将向前延伸。理论与实践相结合是当代大学生思想政治理论课程学习的重要策略。将对事物的感性认识上升为理性认识是"知"的过程，由理性认识去指导实践活动是"行"的过程。知行合一才能将个人在学习生活中的认知、情感、意志转化为自觉自为的行动，使大学生言行一致、表里如一。

子曰，"学而时习之，不亦说乎"。《论语》开篇的这第一句话是我们所熟知的。所谓"学"，即解除迷惑、开启智慧；所谓"习"，就是反复多次的练习实践。"学"与"习"是相辅相成的，一个是"知"，一个是"行"，孔子所说的学的内容不仅仅是具体的知识，还有为人处世的大道。孔子觉得懂得为人处世之道，然后在生活中不断践行，体会人生的乐趣，真是让人内心愉悦的事情啊！

（二）内省慎独

在思想政治理论课程的学习中，自我教育是课程教育的延续和期望的目标。内省是自我教育的重要方法。子曰，"见贤思齐焉，见不贤而内自省也"。（《论语·里仁》）见到贤德的人就会自觉向他看齐，以他为学习的目标，反之就要反观自己身上有没有这样的缺点和不足。子曰，"过而不改，是谓过矣"。（《论语·卫灵公》）真正的过错不是自己犯下错误，"人非圣贤，

孰能无过"，关键在于知道自己犯下了过错有没有重新改过的决心和行动。孟子提出了内省的重要内容。孟子说，"爱人不亲，反其仁；治人不治，反其智；礼人不答，反其敬，行有不得者，皆反求诸己，其身正而天下归之"。（《孟子·离娄上》）如果对他人友爱而不得亲近，就要反思自己是不是取得了他人的信任；治理百姓而收不到效果就要反思自己的治理智慧；对别人尊敬而不得回敬就要看看自己是不是真的对别人诚心以待了。总之，当自己的言行没有收到预期的效果，就都要首先反省自身，从自己身上找不足并加以改正，通过这种经常性的内省，个人的道德品质就会不断提升，以至达到理想的人格状态。

慎独是更高层次的自我修行方法，是将学习者从思想政治理论课程中所习得的思想道德品质内化为高度自觉的意志品质，并在今后的人生道路上始终坚守。"君子戒慎乎其所不睹，恐惧乎其所不闻。莫见乎隐，莫显乎微，故君子慎其独也"。（《礼记·中庸》）慎独是一个人独自居处并无他人在场的情况下，也能谨小慎微，自觉地规范自己的言行，遵从于自己内心的道德准则。当代大学生的思想品德修养内容虽然与古代圣贤相比具有明显的时代性差异，但是内省慎独的自我教育方法仍可作为思想政治理论课程的重要学习策略。

第四章 优秀传统文化在高校思想政治教育中应用的动力机制

第一节 以思想政治教育为核心建构导引机制

优秀传统文化在高校思想政治教育中的完美融入，需要科学的思想政治教育学科系统的形成。下面从四个方面论述如何以思想政治教育为核心，建构优秀传统文化融入高校的导引机制。

一、加强思想政治教育实务活动

实践是人存在和发展的基本方式。人的本质力量不仅是在实践中生成和塑造的，而且是在实践中得以发挥和彰显的。思想政治教育实践是一种客观存在，它实质上是社会的发展、人的发展，特别是社会实践发展的一种特殊需要和具体反映。根本上说，思想政治教育学科系统的实践要素可以看成思想政治教育实践这个要素，思想政治教育实践这个要素则可以理解为思想政治教育实务活动。倘若从思想政治教育学科系统的形成、存在和发展来看，思想政治教育实务活动不仅是其母体和基石，而且是其首要前提与核心动力。具体而言，思想政治教育学科系统的实践要素应当包括并且主要包括思想政治教育工作实践、思想政治教育学术研究、思想政治教育教学活动。应当注意的是，思想政治教育学科系统的任何一个方面其实都是通过思想政治教育实践之网而结成一个整体。

（一）实践要素在思想政治教育学科系统中的地位

服务并且不断地促进思想政治教育实践的需要与发展，一直都是思想政治教育学科系统必须始终坚守的原初使命和根本任务。事实证明，思想政治教育实践这个要素不仅始终都是有力地推动思想政治教育学科系统形成和发展的根本要素，也始终都是思想政治教育学科系统能够保持蓬勃生命力的关键要素。

1. 实践要素是思想政治教育学科系统形成和发展的根本要素

常言道，"万山磅礴必有主峰"。思想政治教育学科是以思想政治教育实践为基础形成和发展起来的一门实践性和应用性都很显著的学科。这就表明思想政治教育学科系统是从实践中来到实践中去的学科系统。具体而言，一方面，思想政治教育学科系统不仅诞生于实践之中，而且要在实践之中发展；另一方面，思想政治教育学科系统必须扎根实践、观照实践、服务实践、指导实践。上述这两个方面不仅是思想政治教育学科系统应有的鲜明特色和应有的价值基准，而且是思想政治教育学科系统不可动摇的理念与信念。换言之，脱离实践或者不能服务于和服务好实践，思想政治教育学科系统就如同"无源之水、无本之木"，从而也就不能称之为合乎规格的思想政治教育学科系统。

实践要素不仅是思想政治教育学科系统的根本发源地和如同生命之源的一种要素，也是紧密联结思想政治教育学科系统其他各个要素的必经桥梁或核心纽带。正因为如此，实践要素是思想政治教育学科系统最为主要的基石，若是没有实践要素，那么思想政治教育学科系统的其他各个要素也就不会产生，并且必然会失去自身得以存在的价值，这样就势必会危及整个思想政治教育学科系统的存在和发展。不仅如此，思想政治教育学科系统的各个特质既从根本上源于思想政治教育实践，又从根本上是要由思想政治教育实践来规约和塑造的。

思想政治教育学科系统不仅具有鲜明的社会服务性，而且具有显著的现实针对性，这主要源于思想政治教育实务活动应当是具体的实践活动。不仅如此，这种活动应当富有实效性，而实效性的根本来源和根本动力就在于思想政治教育学科系统拥有实践要素。如是而言，思想政治教育学科系统只有切实地立足于思想政治教育实践活动，才能真正确保自身具有科学性和不断专门化。具体来讲，对思想政治教育学科系统的学科内涵、学科功能、学科水平、学科成就进行衡量和评估，其标准归根到底还是要看两条：第一条是思想政治教育实践的实际状况；第二条是思想政治教育学科系统解决实践问题的状况。正因为这样，思想政治教育学科系统必须注重提升其解决现实实践问题的能力和成效。

2.实践要素是思想政治教育学科系统保持蓬勃生命力的关键要素

思想政治教育学科系统总会有这样或那样的成绩和不足，这不仅要通过思想政治教育实务活动予以检验和评判，而且需要在思想政治教育实务活动中才能够显现出来。正因为如此，只有通过或者凭借思想政治教育实践要素，才能真正明确和把握思想政治教育学科系统所取得的成绩和所具有的不足，才能进一步发掘和利用思想政治教育学科系统的力量源泉与不竭动力，也才能进一步改进和提高思想政治教育学科系统的质量水准。

在检验、丰富和传播思想政治教育专门知识及其体系方面，思想政治教育学科系统的实践要素不仅是必要的途径，而且是根本的保障。不仅如此，思想政治教育学科系统的实践要素还是思想政治教育学科系统逐渐发展、不断完善并且走向成熟的生长点和突破口，更是思想政治教育学科系统做出建设思路、提出优化方案并且择取具体举措的根本依据，从而是不断保持和不断增强思想政治教育学科系统之生命力量为关键的要素，进而促进着和有助于实现思想政治教育学科系统的不断革新、持续前进和更加成熟。

（二）实践要素中的思想政治教育工作实践

思想政治教育工作实践既是一种具有特殊规定性的社会实践活动，也是一种不容忽视其重要性的社会实践活动。在思想政治教育学科系统的实践要素中，相较其他实践类型，思想政治教育工作实践具有更为突出的地位和作用。这主要是因为思想政治教育工作实践不仅具有一定的特殊性、重要性，而且具有显著的层次性、系统性。

1.思想政治教育工作实践的特殊性

国内的思想政治教育学界就是以社会实践这个根本立足点对思想政治教育的概念予以界定，这种界定早已成为思想政治教育学界的基本惯例亦或重要范式。比如，思想政治教育是指一定的阶级、政党、社会群体遵循人们思想品德形成发展规律，用一定的思想观念、政治观点、道德规范，对其成员施加有目的、有计划、有组织的影响，使他们形成符合一定社会、一定阶级所需要的思想品德的社会实践活动。

2.思想政治教育工作实践的重要性

在我国古代，已经有学者非常明确地指出，教者，政之本也……有教，然后政治也。古希腊的哲学家柏拉图（Plato）在其《理想国》中"直言不讳地认为国家首先是一个教育机构"。面对新的形势，思想政治工作必须加强而不可有任何削弱、必须进行创新而不可裹足不前。要深入研究当前形势下做好思想政治工作的内容、形式、方法、手段、机制，研究如何增强思想政治工作时代感、针对性、实效性，更好地发挥思想政治工作对于澄清模糊认识、分清原则是非、坚定理想信念、增强前进信心、推动改革建设的巨大作用。

3.思想政治教育工作实践的层次性

思想政治教育工作实践当然拥有特定的目标、特定的任务和特定的内容，这些目标、任务和内容不仅各自是一个有层次的整体，而且共同组成了一个有层次的整体。概略而言，第一，倘若从个体层次来看思想政治教育工作实践，培养人们的思想素质可以看作思想政治教育工作实践的前提，培养人们的政治素质可以看作思想政治教育工作实践的核心，培养人们的道德素质可以看作思想政治教育工作实践的重点，培养人们的心理素质可以看作是思想政治教育工作实践的基础。第二，倘若从国家和社会层次来看思想政治教育工作实践，服务国家的经济建设应当是思想政治教育工作实践的核心，推进国家的政治建设应当是思想政治教育工作实践的根本，深化国家的文化建设应当是思想政治教育工作实践的重要依托，加强国家的社会建设应当是思想政治教育工作实践的基本保障，改善国家的生态文明建设应当是思想政治教育工作实践的必然要求。

4.思想政治教育工作实践的系统性

无论哪一种具体的思想政治教育工作实践，都是由一系列要素和一系列环节相互配合形成的具有特定任务和特定作用的特殊系统。更为确切地说，思想政治教育系统是由多个要素构成的复杂的特殊系统，这个系统中的各个特定要素都相互依存且相互作用，从而形成并表现为一个要素的集合体、机理的统一体和功能的综合体。在思想政治教育系统中，每个要素亦或子系统都在自己的位置和维度上发挥各自的特定作用，但它们都是基于一个共同的主旋律产生出的相互的协奏。政治工作的研究有第一等的成绩，其经验之丰富，新创设之多而且好，全世界除了苏联就要算我们了，但缺点在于综合性和系统性的不足。因此，要想思想政治教育工作实践系统地开展，就要运用系统的观点和方法，以此使思想政治教育工作实践的整体效果达到最优。总而言之，就思想政治教育工作实践来说，真正确立和有效运用科学的思想政治教育系统观是极为必要的。思想政治教育的系统观就是把思想政治教育看成由许多要素组成的具有复杂的有机结构的整体，运用系统科学的理论和方法来观察、分析思想政治教育工作，从思想政治教育的整体与组成部分，以及各组成部分之间的相互联系与相互作用中来考察思想政治教育系统建设，深入理解思想政治教育系统的运行机制和一般发展规律。

二、培育思想政治教育专门理论

每一门学科都有自己专门的理论，没有思想政治教育专门的理论，也就谈不上思想政治教育学科乃至思想政治教育学科系统。思想政治教育学科系统孕育和产出思想政治教育专门的知识，这些专门知识就是思想政治教育学科系统的理论要素。思想政治教育学科系统必然建立在一定的理论基础之上并同时处在一定的理论指导之下。思想政治教育学科系统的理论要素强调的是思想政治教育学科系统的诸理论的总体，其中，既有思想政治教育理论基础，也有思想政治教育基础理论，还有思想政治教育理论分支。

思想政治教育学科系统的理论要素具有非常重要的地位。恩格斯曾指出：一个民族要想站在科学的最高峰，就一刻也不能没有理论思维。与此同理，思想政治教育学科系统要想站在科学的高峰，就一刻也不能没有科学而又牢固的理论要素。

（一）理论要素指导思想政治教育实践

思想政治教育学科系统的理论要素实质根源于思想政治教育实践的客观需要。马克思曾明确指出，理论在一个国家实现的程度总是取决于理论满足这个国家的需要的程度。光是思想力求成为现实是不够的，现实本身应当力求趋向思想。事实上，思想政治教育学科系统离不开从实践中取得的诸多宝贵经验，经验是很重要的，没有经验就提升不出理论。但如果仅仅停留在经验的水平，而不及时地上升到理论的高度，那么思想理论教育活动就会受到损害。而且事实上，在不同的历史时期和社会条件下，思想理论教育面临的问题和任务不会相同，如果没有科学的理论指引，只是凭借过去的经验是很难实现长效的成功的。此外，思想政治教育学科系统的理论要素具有非常重要而又必要的指导作用，这样的指导作用应当具有切合客观需要的实效，而这样的实效也应当在现实中得到尽可能的提高。众所周知，马克思主义和马克思主义者都非常看重正确的理论、发展的理论，但更看重理论的价值即指导实践，这是因为正确的理论和发展的理论能够对行动进行符合实际而又与时俱进的指导。因此，没有正确的理论和发展的理论不行，有了正确的理论和发展的理论而仅仅是束之高阁抑或夸夸其谈也不行。换言之，无论理论有多么的正确和多么的发展，如果不运用于实践当中或者并不指导实践，那理论始终是没有多大真正价值的。由此可知，思想政治教育学科系统的理论要素揭示了思想政治教育和思想政治教育学科系统的内在规律，从而为思想政治教育实践活动提供了普遍或者具体的重要指导，也为思想政治教育学科系统有理有据地指出了进一步发展的方向。

（二）理论要素支撑思想政治教育学科系统

任何一门学科要想建立和完善自己的学科系统，不仅必须确立自己的理论要素，而且必须要以自己的理论要素作为基本而又重要的支撑，思想政治教育学科系统当然亦是如此。具体而言，一方面，思想政治教育学科系统的理论要素是思想政治教育学科系统得以最终建立起来和更为完善的前提条件；另一方面，思想政治教育学科系统的理论要素从多个方面不断地塑造着思想政治教育学科系统的思维架构和具体形态。更进一步讲，学科理论的功能一方面是为实践提供指导；另一方面是对理论成果进行整合和深化。正因为如此，对思想政治教育学科系统来说，必须要有学科系统的理论要素为整个学科系统的实践过程提供方向和力量；与此同时，学科系统的每一个阶段的实践又是对学科系统的理论要素更为完善的实现和促进。

（三）思想政治教育学科系统需要愈来愈好的理论要素

思想政治教育学科系统如果不能寻求、获得、积累、传播、创造和完善可靠的理论要素，将永远无法获得自己应有的身份和地位。此外，思想政治教育学科系统的理论要素如果不能研究和传递下去或者研究和传递得不好，都将延缓和阻碍思想政治教育学科系统的发展步伐与进步方向。此外，思想政治教育学科系统必然要通过自己的理论要素展现自己、确证自己、发展自己。从这个角度来说，理论要素不仅是思想政治教育学科系统不可或缺的基本要素，也是人们理解、掌握、传播和建设思想政治教育学科系统的重要方式。也可以这样说，思想政治教育学科系统的理论要素如同一个不能缺少的知识窗口，人们可以通过这个窗口去观察思想政治教育学科系统内外的方方面面。正因为如此，科学建构和加快完善思想政治教育学科系统的理论要素，不仅是思想政治教育学科系统应当承担和做好的重要任务，也是思想政治教育学科系统中的理论研究者们应当承担和做好的重要任务。

三、培养思想政治教育学科人才

思想政治教育学科系统的队伍要素指的是思想政治教育学科人才的共同体，主要包括从事思想政治教育研究的专家学者和从事思想政治教育实务工作的教师、政工人员等，这是建设和发展思想政治教育学科系统的主体、主力军、骨干力量，也是建设和发展思想政治教育学科系统的主要依靠、必要支柱、根本保证。既然思想政治教育是一门科学，就要有一批经过专门训练的、具有坚实的马克思主义理论基础、具有比较广博的科学文化知识并且懂得思想政治教育的基本规律的专职人员来研究和掌握这门科学。事实上，思想政治教育学科系统的队伍要素主导着思想政治教育学科系统的建设和发展，并且在思想政治教育学科系统建设和发展中起着支撑性、导向性甚至决定性的作用。因此，思想政治教育学科系统队伍要素的实际状况集中表现并且决定着思想政治教育学科系统的水平和特色、成败和兴衰，因而是衡量思想政治教育学科系统状况的主要标志。人才是一门学科最重要的资源，即第一资源，没有一流的人才队伍，也就不可能有一流的学科和一流学科的接续发展。思想政治教育学料系统应当成为培养和造就政治坚定、品德高尚、业务精湛、纪律严明、作风优良、结构合理的思想政治教育学科人才的摇篮。

（一）思想政治教育学科人才的思想政治素质的内容

思想政治教育学科人才必须在政治原则、政治立场和政治方向上与党中央保持高度一致。斯大林（Joseph Vissarionovich Stalin）曾经指出，在国家和党的任何一个工作部门中，工作人员的政治水平和马克思列宁主义觉悟程度越高，工作本身的效率也越高，工作也就越有成效；反过来说，工作人员的政治水平和马克思列宁主义觉悟程度越低，就越可能在工作中遭受挫折和失败，就越可能使工作人员本身庸俗化和堕落，成为鼠目寸光的事务主义者，就越可能使他们蜕化变质——这要算是一个定理。如果没有坚定正确的政治原则、政治立场和政治方向，则遑论思想政治教育学科人才的思想政治素质及其价值和地位。

思想政治教育学科人才必须坚信马克思主义的立场、观点和方法，真学、真懂、真信、真用马克思主义。第一，思想政治教育学科人才必须牢固树立马克思主义世界观、人生观、价值观。不仅如此，思想政治教育学科人才在传递马克思主义的世界观、人生观、价值观时，必须首先使其成为自己的世界观、人生观、价值观。第二，思想政治教育学科人才必须深谙马克思主义理论，不断提高马克思主义理论素养，确保自己成为名副其实的马克思主义的学习者、信仰者、研究者、宣传者、教育者。离开了马克思主义立场、观点、方法的正确运用，就谈不上我们所要求的思想政治教育。提高思想政治教育者的素质和水平，最根本的就是提高马克思主义理论修养和运用马克思主义的立场、观点和方法分析，解决新形势下的思想教育问题的能力。不认真学习理论，就谈不上应用。大家知道，没有理论指导的实践，就是盲目的实践。实际上，我们的思想政治如果不以马克思主义为指导，就会自觉或者不自觉地受到别的什么理论的指导。因为这种意识观念领域的社会实践不以马克思主义为指导，总要受到一种思想理论的指导，没有理论指导的思想政治教育实践是不可能的。思想政治教育学科系统是以马克思主义理论为理论基础的，故筑牢马克思主义理论功底是思想政治教育学科人才必备的看家本领。马克思主义理论知识是思想政治学科人才的基础知识和核心知识，没有掌握扎实的马克思主义理论知识，就难以成为优秀的思想政治教育学科人才。总之，思想政治教育学科人才应当而且必须精通马克思主义理论，既不能对其一知半解，也不能对其产生误解和曲解，更不能站在其对立面。这样才能对非马克思主义的观点进行有说服力的引领，也才能对反马克思主义的观点进行强有力的批驳。由此可见，培养忠于马克思主义的合格人才这项任务解决好了，我们就会无往而不胜。

思想政治教育学科人才必须成为党的路线、方针、政策的宣讲者，也必须成为社会主义意识观念和精神文明的传播者。普遍信念是文明不可缺少的柱石，它们决定着各种思想倾向，只有它们能够激发信仰并形成责任意识。思想政治教育学科人才还必须坚定对社会主义的信念、增强对社会主义现代化建设事业的信心、增强对党和政府的信任，这也是成为思想政治教育学科人才的内在要求、基本条件、角色规范和政治纪律。

（二）思想政治教育学科人才的基本价值秉持

人是具有一定价值秉持的存在物，需要决定选择什么和摒弃什么、捍卫什么和反对什么。如果社会科学家注意不到社会科学是多么与我们最深刻的社会价值相一致这一点，那么这些也是不合格的社会科学家。思想政治教育学科人才必然有一系列价值秉持，如果没有这些价值秉持，一定会将思想政治教育学科人才置于没有崇高追求的尴尬境地。

1.思想政治教育学科人才应当热爱思想政治教育事业

思想政治教育学科人才最基本的价值秉持应当是热爱思想政治教育事业，乐于为推进思想政治教育事业贡献自己最大的力量。为此，思想政治教育学科人才应当对思想政治教育事业具有真感情，还应当树立为思想政治教育事业不懈奋斗的坚定志向。

思想政治教育学科人才对思想政治教育事业要有真感情。子曰，"知之者不如好之者，好之者不如乐之者"。（《论语，雍也》）黑格尔（Hegel）说，要是没有感情，世界上任何伟大事业都不会成功。列宁（Lenin）指出，没有"人的感情"，就从来没有也不可能有人对于真理的追求。马斯洛（Maslow）的需要层次理论强调，自尊需要的满足导致一种自信的感情，使人觉得自己在这个世界上有价值、有力量、有能力、有位置、有用处和必不可少。由此可知，思想政治教育学科人才应该对思想政治教育学科系统"知之深，爱之切"，从而自觉而又坚持不懈地为思想政治教育学科系统贡献智慧和力量。

思想政治教育学科人才要树立全心全意服务思想政治教育事业的坚定志向。中华传统文化有许多关于强调人的志向之重要的精辟论述。思想政治教育学科人才应当增强对思想政治教育的学科信心，增强学科使命感和责任感，立志把思想政治教育学科建设得越来越好，要做到这一点，必须要有持之以恒、坚持不懈的奋斗精神。思想政治教育学科系统的本质、性质、特点、地位、任务、功能、价值等都需要思想政治教育学科人才来提炼和实现，因而思想政治教育学科系统需要凝聚一大批人才并使之辛勤耕耘和不懈奋斗。

2.思想政治教育学科人才应当自觉涵养道德品质

道德指的是在人类社会生活中形成的，以善恶为标准的，依靠社会舆论、传统习惯、人的内心信念等力量来维系和调整人与人之间相互关系的思想意识和行为规范的总和。具体而言，道德作为一种特殊的社会意识观念是对社会存在的反映，作为一种实践理性是通过善恶评价来规范人们行为的一种实践活动，作为一种特殊的调节方式是通过社会舆论、传统习惯和人的内心信念等手段来调节人的行为。道德品质是一定社会的道德原则和道德规范在个人观念和行为中的体现，是一个人在一贯的道德行为中表现出来的相对稳定的特征和倾向。研究能力和知识水平历来是选评大学思想政治教育学科人才最为直接的手段和指标。但是正如英国哲学家和政治思想家洛克（Locke）所说，学问是应该有的，但是它应该居于第二位，只能作为辅助更重要的品质之用。著名科学家爱因斯坦（Einstein）强调，第一流人物对于时代和历史进程的意义，在其道德品质方面也许比单纯的才智成就方面还要大。思想政治教育学科人才应当明确道德原则、遵守道德规范、加强道德修养、践履道德行为。

思想政治工作者应当自觉遵守职业道德。根据最广泛的标准，在最广泛的群体中，职业无疑被普遍认为是社会组织的一个重要核心。多数人的工作时间大部分花在的职业活动上；群体赖以生存的经济支柱就是由社会上相互联系的职业的集体劳动提供的；个人的志向、兴趣和情感在很大程度上是由他们的职业观组成的，并带有职业观的印记。任何职业活动必须要有与之相适应的职业道德。职业道德是指从事一定职业的人们在职业活动中应当遵循的职业规范、道德准则以及必须具备的道德品质。职业道德一般由职业道德观念、职业道德理想、职业道德规范以及职业情感、职业责任、职业良心、职业荣誉、职业技能等内容构成。其中，师德就是教师的职业道德，广大思想政治教育教师应当自觉锤炼师德。

我国传统文化中有着十分宏富的师德观，其中的优秀思想对于思想政治教育教师认识和培养师德依然具有重要价值。古人讲，"古之学者必有师，师者，所以传道授业解惑也"。孔子认为老师应当"学而不厌，诲人不倦。"人们常把教师比作"太阳""蜡烛""春蚕""园丁""工程师"。从爱国守法、敬业爱生、教书育人、严谨治学、服务社会、为人师表六个方面，对高校教师职业责任、道德原则及职业行为提出了要求。从师德教育、师德宣传、师德考核、师德监督、师德激励、师德惩处等方面，对建立健全高校师德建设长效机制的原则和要求做出了非常明确的规定。应当强调的是，要抓紧健全思想政治教育教师的师德考评制度，将师德表现作为思想政治教育教师聘用、考核和奖惩的首要内容，坚决实行师德一票否决制。

3.思想政治教育学科人才应当具备共有价值观

一个人如果不形成一套用以指导自己思维和行为的价值观，是难以生存和发展的。思想政治教育学科人才不是针对思想政治教育学科中的哪一个人所做的一种概括，它指的是思想政治教育学科领域各方面人才的共同体。团体是以共有的价值观念为基础的，这些共有的价值观念越具有权威性，越是被广泛地认同，这个团体就越强大，形成的社会信任程度就越高。总括而言，思想政治教育学科人才不仅必须使社会主义核心价值观"内化于心，外化于行"，还应当树立以下7个方面的共有价值观念：①解放思想，实事求是，求实创新；②热爱真理，追求真理，坚持真理；③严谨治学，潜心钻研，锐意进取；④恪尽职守，爱岗敬业，乐于奉献；⑤以身作则，严于律己，为人师表；⑥热爱学生，诲人不倦，因材施教；⑦言行一致，表里如一，正直无私。

（三）思想政治教育专业的课程体系建设

在思想政治教育专业之中，思想政治教育专业的课程体系是极为重要的组成部分之一，因此，思想政治教育专业的课程体系建设属于思想政治教育专业极为重要的建设工作之一。更确切地说，在思想政治教育学科系统之中，思想政治教育专业的课程体系直接决定着思想政治教育专门人才的知识结构以及思想政治教育专门人才的培养方向和人才培养质量。总体而言，思想政治教育专业课程体系是由两大板块共同构成的：一是面向思想政治教育专业中的学生或者研究者的思想政治教育学课程；二是作为高等教育体系中所有在校生必修课的高校思想政治理论课程（高校本专科思想政治理论课程、高校研究生思想政治理论课程）。这两大板块课程的逻辑、内容、结构、特点均各有侧重且相对独立，但它们之间也具有一定的内在联系，从而内容相称、功能互补、相辅相成。

1.思想政治教育专业课程体系的内容筛选

具体的课程是相应课程内容赖以存在和实现的载体，课程内容则为相应的课程提供知识的素材和资源。课程内容构成课程体系的内容，课程内容指的是各门学科中特定的事实、观点、原理和问题，以及它们的组织方式。包括知识、技能和过程、价值三部分。课程内容的选择和组织是课程编制中最基础的工作，是全部课程问题的核心，课程的设计、课程的目的、课程的评价及课程的实施，都是围绕着课程内容的选择和组织展开的。

对思想政治教育专业课程体系的各门课程内容进行筛选，是构建思想政治教育课程的关键环节和基本任务。思想政治教育专业的课程体系是由一系列课程内容和课程结构共同构筑而成的。思想政治教育专业课程体系的各门课程内容绝对不是孤立存在的，各门课程内容之间具有相对独特的关联性和逻辑性，从而形成由一系列具体课程及其内容联结而成的有机系统。正因为如此，对思想政治教育专业课程体系的内容进行取舍，无疑会引起整个思想政治教育课程体系不同程度或不同方面的调整。

思想政治教育专业课程体系的课程内容筛选是一个应当深思、值得研讨以及有必要进行科学设计的事情，因而应当依照一定的原则。美国课程论专家塔巴（Taba）曾提出了六条课程内容的选择原则：第一，课程内容的有效性和重要性；第二，课程内容与社会现实要有一致性；第三，课程内容的广度和深度应当平衡；第四，课程内容要适用于广泛的学习目标；第五，课程内容要注重学习的可能性和适应性；第六，课程内容要适应学生的需要和兴趣。对于思想政治教育专业课程体系的课程内容筛选来说，应当遵循以下四个基本原则：一是合意原则，即思想政治教育课程体系的课程内容必须合乎课程设置的本意、教学服务的真意、学生认知的情意以及课程发展规律的旨意；二是精要原则，即思想政治教育课程体系的课程内容既要少而精，又要切实管用；三是开放原则，即思想政治教育课程体系的课程内容应当合理吸收相关学科的科学知识；四是人本原则，即思想政治教育课程体系的课程内容应当以学生和教师为本，既服务好学生的学，又服务好教师的教。

2. 思想政治教育专业的教科书

思想政治教育专业教科书是思想政治教育专业教材体系的主体，是思想政治教育领域的教师教授和学生学习的主要材料和重要工具，也是考核师生教学效果的主要依据和重要标准。正因为如此，一方面，编好思想政治教育专业教科书是提升思想政治教育教学质量乃至思想政治教育人才培养质量的重要基础与重要前提；另一方面，阅读并且掌握思想政治教育专业教科书的内容是思想政治教育领域内的学习者和研究人员理解和获得思想政治教育基本知识的重要途径。

思想政治教育专业的教科书也可以称作思想政治教育专业课本、思想政治教育专业教本，这其实说的是狭义上的思想政治教育专业教材。简单地说，思想政治教育专业的教科书是根据思想政治教育专业的人才培养目标、课程科目、课程标准和教学大纲编写出的系统反映思想政治教育知识与技能的教学用书，一般由目录、正文、习题、图表、注释与附录等几部分组成。

思想政治教育专业的教科书不仅是思想政治教育专业人才培养目标的课本体现和实现载体，而且是思想政治教育专业课程标准和教学大纲所规定的知识与技能的具体阐述。与此同时，思想政治教育专业教科书是针对一定阶段的学生编写的。因此，思想政治教育专业教科书既要选择思想政治教育知识与技能的基本原理或事实材料，又要契合它所面向的学生及其学习的基本特点，还要符合相应教学的规律与要求。

思想政治教育专业教科书的内容并不强求面面俱到，也就是说，并非所有思想政治教育的真理性知识或者思想政治教育理论与实践的完全知识都要写入思想政治教育专业教科书，思想政治教育专业教科书的内容应当是具有基础性、普遍性、共同性的思想政治教育知识或者思想政治教育技能。正是在这个意义上，思想政治教育专业的教科书是思想政治教育领域的学习者或者学生学习、理解和掌握其他思想政治教育专门知识和非思想政治教育专门知识的准备条件。因为那些其他的思想政治教育专门知识或者并非是思想政治教育的专门知识往往是思想政治教育专业教科书中知识的某种改造、扩充、拓展或者深化。

思想政治教育专业教科书的内容以科学性或真理性为首要基础，但同时也以政治性、思想性、意识观念性为核心支撑。意识观念是教科书内容不可回避的一个方面，它不但直接影响到教科书的形式，同样也对以教科书为中介的社会和教育互动形式有决定性的影响。思想政治教育专业教科书的内容坚持以马克思主义为指导，是政治、经济、文化、制度等社会因素综合作用的产物，因而也反映着一定阶段的世情、国情、党情、政情、社情、舆情以及思想政治教育方面的理论发展、学术研究、实践活动、人才培养等诸多情况。

编写出好的思想政治教育专业教科书是思想政治教育专业和思想政治教育学科的一项重要任务，但同时又是一件非常不容易的事。思想政治教育专业教科书的编选原则主要有：科学性与政治性相结合、理论联系实际、确定合理的广度和深度、协调系统性和层次性、注重稳定性和前沿性、正确处理观点与材料的关系。此外，一方面，思想政治教育专业教科书的各章或各节都是一个相对完整的知识部分和学习单元，因而各章之间、各节之间乃至章与节之间都要有合乎逻辑而又流畅通顺的联系，这不仅便于学生循序渐进地学习，而且有助于训练学生的逻辑思维能力；另一方面，思想政治教育专业教科书的内容既要统筹全面，又要突出重点、讲清难点，对学生普遍关心的问题和必须掌握的问题做出有说服力的解答。

四、为思想政治教育创造有利平台

思想政治教育学科系统不能缺少学科人才或学科组织（学科团体）之间研讨性的交往、交流抑或互动，而这自然需要一定的研讨活动平台。思想政治教育学科的研讨活动平台是为思想政治教育学术交流和学术研究提供时空条件、组织载体或经费条件的平台，主要包括思想政治教育学术交流平台、科研资助平台、培训研修平台。

（一）思想政治教育学术交流平台

人的本质和人的发展离不开人与人之间的交流。具体来说，思想政治教育学科人才以及思想政治教育学科组织一定不是孤立存在的；也就是说，各个思想政治教育学科人才之间、各个思想政治教育学科组织之间都有着这样或那样的联系，因而应当根据实际需要加强其相互之间的交流，特别是定期或不定期的学术交流，以此开阔视野、磨砺思想、推动创新、促进共识。

思想政治教育学科的学术交流平台指的是类型、对象、层次和主题等多种多样的思想政治教育学科领域的研讨会、座谈会、联谊会、年会、学会、论坛。思想政治教育学术交流活动始终对思想政治教育学科系统有着无比重要的巨大作用。具体而言，一方面，思想政治教育学科人才可以通过学术交流了解学术研究动态、把握学术研究前沿、开阔学术研究视野、思考学术研究趋势，提升学术研究能力、融入学术研究共同体，从而增进自己的学术水平、开拓自己的发展空间；另一方面，思想政治教育学科组织可以通过学术交流加深相互的了解、相互学习经验抑或加强合作，从而实现共同发展。

（二）思想政治教育科研资助平台

思想政治教育科研资助平台指的是给思想政治教育研究活动或者思想

政治教育研究人员提供立项资助的各种类型的平台。客观地讲，思想政治教育科研资助平台为思想政治教育科研人员、思想政治教育科研活动、思想政治教育学科建设等增添了不可或缺的发展动力，提供了非常重要的经费保障和物质支撑，同时也产生了极为显著的导向、条件、激励、约束等效应。

思想政治教育科研资助平台通常有两种类型，一种是专门针对思想政治教育领域的科研资助平台；另一种是与思想政治教育直接相关的科研资助平台。这两种科研资助平台内部都分别包含着诸多类型和多个层次。其中，在专门针对思想政治教育领域的科研资助平台里，国家社科基金资助项目具有重要地位和显著作用。国家社会科学基金项目中的重大项目、年度项目、青年项目、后期资助项目、西部项目、特别委托项目等项目类型均对思想政治教育研究领域的项目予以了支持。获得国家社科基金项目的数量已成为评价思想政治教育科研实力的一个重要标准。这种坚持高标准、高起点、高水平的资助项目，为从事思想政治教育前沿性、基础性、应用性较强的课题研究提供强有力的支撑。

第二节 以满足发展需要为核心建构内驱机制

一、发展之需：全球化时代与传统文化的回归

全球化是 21 世纪大转折中最突出、最显著的特征，也是未来世界演变的总趋势。在社会发展的诸多要素中，文化是唯一能够渗透到任何领域，并连接国家实力各要素的关键要素。经济全球化无疑是分析和认识包括文化在内的一切重大问题的现实基础。思想政治教育传统文化资源开发也正是在错综复杂的国际环境中进行的。当今世界正在继续发生重大而深刻的变化，要求我们勇敢地面对复杂的环境，迎接严峻的挑战。

（一）全球化时代对传统文化的价值冲击

全球化是一个以经济全球化为核心，包含各国各民族地区在政治、文化、科技、局势、安全、意识观念、生活方式、价值观念等多层次、多领域的相互联系、影响、制约的多元概念。全球化时代带来了文化认同的危机，也就是让一群人身份的认同失去了依据，原本清楚的身份开始变得模糊、不确定，原本既定的也变得尴尬、怀疑。全球化的进程使得老与幼之间、传统与现代

之间、新与旧之间、地域与民族之间、国家与跨国之间的位置与关系等各方面都发生着变化。在文化领域，伴随着经济全球化浪潮，各种不同的思想文化冲破国家界限、民族樊篱、地域限制，走向世界。经济全球化给中国文化的发展带来了新的视野，也给党的思想政治教育的建设与发展提供了新的思路。例如，以制度化的形式来确保切实保护中国传统文化，进而产生全社会对传统文化的自觉保护意识并内化为一种习惯。

中华文化"以界他国而自立于大地"的特性，包括独特的语言、文字、历史、风俗、艺术等成为自身发展赖以生存的基础，失去了这种世世代代积淀下来的智慧结晶及特性，中华文化的生存与发展也就失去了生命力。然而，在全球化时代，面对西方强势文化的强烈冲击，绵延数千年的中国传统文化也同样存在着前所未有的发展危机，国人的表现也是令人担忧。越来越多的青少年对西方的圣诞节、复活节、愚人节等各种节日表现出浓厚兴趣和参与热情，却对中国传统民俗节庆了解甚少。当下，越来越多的青少年追捧美剧、日剧、韩剧流行传媒形式，却对中国经典戏曲、民间皮影戏等技艺一无所知。当越来越多的学生家长认为国外的学习条件更为优越，思想观念更为先进、开放，想尽办法将孩子们送出国外时，越来越多的青少年在国内课堂上捧着 TOEFL（Test of English as a Foreign Language 托福）或 GRE（Graduate Record Examination 留学研究生入学考试）单词书埋头苦读，却通不过汉语普通话等级考试。

在全球化背景下，传统文化在西方"快餐式"文化的侵蚀中日渐式微。因此，在全球化背景中进行思想政治教育传统文化资源开发意义重大。

（二）全球化时代传统文化回归的当代意义

全球化背景下，在复杂多变的世界环境中，我们要守住中国传统文化，要使自己的文化特色独秀于世界文化之林，更要保持中华民族精神坚挺不衰，使我们民族凝聚力日益加强而不溃散，提高民族文化自觉、自信与自强。注重提升中国人的文化鉴赏能力，坚守各自心中的良知，了解我们自己的文化，从古代先贤们的丰富思想宝库中吸取智慧和力量，以便能在荆棘丛生的道路上坚定自己的正确方向。

改革开放以来，中国以博大的胸怀，广泛吸收和借鉴世界各国优秀的思想文化结果，不断吸收国外文化的精华，对创新发展中国传统文化具有积极作用。但是，尽管文化的交流促进了融合与共荣，全球化对世界各国的文化发展带来的挑战是前所未有的，中国特色社会主义文化建设所面临的挑战也是异常严峻的。理论上说，人类创造的各种文化都在某种程度上体现了人类的共同价值，都为人类社会的发展做出了积极的贡献，因而各种不同的文化具有平等的权利和平等的地位。这样也就决定了人类社会从来就没有一个凌驾于各民族文化之上的抽象意义的普世皆同的世界文化，一切不同的文化都是整个人类文化的组成部分。因此，各自具有独特性的文化存在表明人类文化总体发展以多样性和差异性而生动。一般情形下，人们比较赞赏文化的交流和互补，反对文化的对抗与冲突。因为这种对抗与冲突会导致弱势文化的萎缩，使弱势文化丧失自己的文化传统和民族认同，甚至使弱势文化消失湮灭。基于这样的分析，从理性的文化态度总是希望不同文化的平等交流，对于强势文化既不盲目推崇接受，也不能固执排斥；对于弱势文化要积极促进扶持，不能任由其自生自灭。

中国传统文化本身就是无穷无尽的宝藏，想要在强手如林的世界文化竞争舞台上占得独立的地位，首先就要保护好、开发好、利用好老祖宗留给我们的宝贵文化遗产。在坚持继承、弘扬优秀传统文化的同时，以海纳百川的博大胸怀、兼容并蓄的宽容态度，积极吸取世界各国文化的优质成果，以弥补本国文化的不足。不同文化之间的传播与交融是促进人类文化发展的重要原因。一个国家、一个民族，它的文化体系越是吸纳整合异质文化其文化体系就越丰富、越有生命力，整合力就越强。无整合能力的文化，是脆弱和经不起历史挫折的。未来中国文化的形态应当既是民族的又是世界的，是民族性与时代性、特殊性与普世性的统一。今天的多元文化指的是在空间上具有多样性，在时间上具有共时性，并且内部因素相互之间一再发生关联的文化。中国文化的发展目前依然没有偏离多元文化的方向，而这种发展方向的基础是由传统奠定的。传统上各种文化就是共同发展、互利互惠的，而绝非相互对立、倾轧的。这宛如一幅太极图式的互补态势，充分表明中国古代的多元文化是一种相当成熟的形态。

因此，在全球化背景下，中国文化不能被同化，也不会被同化。不能被同化是因为文化独特性是文化生命力的象征，我们必须认识传统文化、掌握传统文化资源，疏通阻隔在传统文化与现代文化中的障碍，弘扬中华优秀传统文化，并不断促进中国传统文化的现代化转型，使传统文化以与时俱进的崇高品质服务于社会当下。不会被同化是因为我国具有千年不断的文明，其传统根深蒂固，不可动摇，也难以动摇。只要我们能够加深传统文化对当代的价值开发和挖掘，中国文化就能在世界文化竞争的大潮中傲然自立。

二、以大学生健全发展为宗旨制定教育目标

思想政治教育有重要的社会价值，但这不是它唯一的价值。作为一项立德树人的实践，思想政治教育还应服务于人的发展。经济市场化改革中，大学生的精神价值世界和现实生活都遭遇着更大的挑战，它直接威胁着大学生的成长成才，这就要求高校思想政治教育的目标必须有针对性地回应大学生的这些困境。人文关怀的高校思想政治教育以大学生健全发展为出发点和落脚点，它紧扣大学生的现实需要，力求在引导大学生树立科学信仰的基础上，推动他们的人格健全化，提升他们的社会幸福感。以大学生健全发展作为高校思想政治教育的目标，并没有否定思想政治教育的社会价值，而是强调在追求社会价值的同时恢复关切人的本真追求。只有肯定高校思想政治教育的个体价值，推动大学生健全发展，他们才能更充分地发挥才能，成为实现中国梦的主力军，高校思想政治教育的社会价值才能更好地实现。

（一）破除金钱崇拜，树立科学信仰

经济市场化改革中，有些大学生错误地认为信仰过于空泛，远不如金钱来得实际。的确，信仰作为信念最集中的体现，它看似不能变现、毫无价值，但是一旦坚持下去，就将产生令人惊奇的效果。在市场经济社会，金钱可以购买任何商品，但是一旦离开了市场交易领域，金钱的效用就降低了。在当前的评价标准中，金钱被视为成功的重要指标。然而，物质财富的富足并不必然给人带来充盈的精神世界，当人们浸淫于物质享受时，更容易出现对人生的无意义感。

在经济市场化改革中，大学生实现远大理想面临着更大挑战，信仰作为精神支柱，不仅具有守护理想实现的功能，而且有助于大学生在喧嚣的现实世界保持怡然和恬静，消除因现实与理想的差距而产生的不适感。信仰是一种精神力量，也是行动的终极标准。当人们发现与其信仰不符的现象时，总是不遗余力地根据自己信仰的图式改造它，这就保证了人们思想言行的持久性和稳定性。对社会发展而言，信仰的作用就常常被忽视了，但是作为社

会发展的方向性引导，信仰在维持社会发展、确定发展方向上发挥着科技所无法取代的作用。在各方面应用科学论证的同时，人们却忽视了唯一能够不断协调其事业的哲学、伦理和信仰的作用。不依靠这些作用，过分地迷信完美的技术，盲目地扑向技术所开辟的所有道路，将使未来变得极难预测。

从哲学上看，人是偶然存在的，不确定性一直伴随着人发展的始终。面对不确定的未来，人的许多身份特征是先定的，年龄、性别等生理学特征和家庭背景、社会文化等文化特征都是个人无法变更的。面对这些限制，个人可以选择自己的信仰。信仰具有超越性，它帮助人们超越自身的有限性和现实世界的局限性，从而获得生存的终极意义。人终有一死，作为向死而生的人，必须坚持自己的信仰，时常回归内心世界，倾听与安抚自己，涤荡内心的"尘埃"，只有这样才能找回自我，克服对死亡的恐惧。市场经济发展营造了一个更加繁荣的世界，但在强调竞争与利润中，人更加容易迷失自我。科学信仰为大学生提供了牢固的精神支撑，使他们免于随波逐流，坚定正确的发展方向。

认识有真理与谬误之分，基于认识之上的信仰就有了科学与非科学的差异。信仰科学与否并不是由人们内心的信念所决定，而是由客观标准确定的。信仰科学与否并非是一个主观的判断，它必须坚持两个标准：一是从科学的角度判断，一种科学的信仰必须是对客观世界真实反映和科学预测，那些虚妄的、不切实际的观念、谬误的理论都是非科学甚至反科学的；二是从价值的角度判断，科学的信仰应当是对社会发展具有积极推动作用的精神理论，至于那些阻碍社会发展的信念，即使人们坚信不疑，却依然是不值得提倡的。

短时间内从封闭走向改革开放、从计划经济转向市场经济、从农业社会走向工业社会，多重转型的重叠已成为当前中国社会最显著的特征。此时，既有的原则规范已不再适应，而新的原则和规范却仍在生成中，在新旧规范转换的过程中，既有信仰的解释力和引导力将受到冲击。若能科学地引导转型期所出现的新情况，无疑有助于大学生理性地审视、反思自己的信仰，减少盲目和跟风。信仰本质上是主体自由的选择，对此无须如临大敌。然而，不容忽视的是，在转型过程中出现的一些新情况、新问题影响着认识能力和判断能力有待提升的大学生，冲击着他们对马克思主义的信仰。

在革命战争时期，对马克思主义的信仰是中国革命胜利的精神动力。马克思主义信仰所具有的战斗力在和平发展时期依然至关重要，对马克思主义的信仰，对社会主义和共产主义的信念，是共产党人的政治灵魂，是共产党人经受住任何考验的精神支柱。作为一种社会信仰，马克思主义所反映的共同理想有助于凝聚人心，形成开创未来的精神动力，并为党的领导奠定思想基础；作为一种个人信仰，马克思主义所确定的奋斗目标是每个人超越自我、实现人生价值的终极依托。可以说，在社会主义中国，离开了马克思主义信仰，社会发展和个人发展都将陷入困境。

马克思主义的信仰危机既与发展中的问题尚未解决有关，也与资本主义国家极力争取大学生认同、企图瓦解马克思主义群众基础的行为有关。市场经济社会给人以实利，似乎更加实惠，也能更便捷地捕获人心。然而对大学生而言，信仰绝不是可有可无的，尤其在经济发展模糊了国家的边界和意识观念差异之时，没有科学信仰的指引，他们就可能放弃远大理想或者误入歧途。信仰的超越性决定了它难以短期变现，这就使得在一些精于算计的人看来，与经济利益相比，信仰完全是不具任何效用的。然而信仰正是在为不确定的未来寻求确定性，寻求精神中最执着的那份力量，是人们内心的支柱。对高校思想政治教育而言，信仰是一种追求价值归宿的活动，大学生有了坚定信仰，他们的思想和行动才有价值支撑，奋斗的过程才不至于是盲目的。

在经济市场化改革中，加强对大学生信仰的引导，使他们超越对金钱的崇拜，可以避免他们在市场经济浪潮中随波逐流，出现精神价值世界的空虚与迷茫。高校思想政治教育加强对大学生信仰的引导，马克思主义理论教育是基础，但是马克思主义如何"入脑入心"，最终成为大学生的行动指南，则是高校思想政治教育必须深入探讨的问题。将端正大学生的信仰作为大学生思想政治教育的目标，事实上是从最深层次上满足了大学生的需要。只有内心坚定了，生活才有方向。这是解决大学生思想迷茫、生活无意义感等负面精神状态最根本的出路，也是高校思想政治教育对大学生最高层次的关爱。

（二）正视社会竞争，塑造健全人格

竞争是市场经济的活力源泉，亦是现代社会的常态。在激烈的竞争中，如何保持正常的行为模式、思维习惯和情绪反应，愈发成为社会关注的热点问题。在变幻莫测的市场竞争中，成败可能在朝夕之间更替。如何公平参与竞争、如何科学对待成败、如何保持物质世界和精神世界的统一需要健全人格的支撑。健全人格是人全面发展的必然要求。对大学生而言，只有健全的人格，才能在与人交往中保持一贯的作风，才能科学地对待逆境和顺境，实现与他人、与自我的和谐。

传授知识是大学教育的基本职责，也是大学最原始的功能之一。但是大学教育并不应该局限于知识普及，更不能止于知识普及。尤其对于高校思想政治教育而言，知识传授最多只是实现教育目标的第一步，是最基础性的目标。但是，当我们在审视"钱学森之问"时就会发现，单纯以传授知识为主业的高等教育理念深深烙印在我国教育体系中，高校思想政治教育也难以幸免。

在知识本位教育理念支配下，传统教育重视学生认知能力的培养与提升，偏重对学生知识和技能掌握的考核。因此，在教学目标制定、课程设置、考核标准设定等方面，传统教育都表现出明显的唯知识倾向，而这种倾向在当前考核机制下得到了强化。知识本位的教育容易使师生忽略教育所应该追求的丰富的目标，而将过多精力聚焦于知识授受。在实践中，这种教育模式往往演变成了知识灌输。就教育而言，知识储备的不断丰富自然十分重要，但是知识不等于能力，更不等于人的全面发展。高校思想政治教育传播思想政治理论并不一定就能改变大学生的错误观念和不当行为，而实现知情意行的统一才是检验高校思想政治教育成效的完整标准。

对人发展的重视一直是思想家不懈关注的问题。马克思强烈谴责资本主义生产中的工人异化现象，并提出了推动人全面发展的主张。人的问题、人格的问题本应是高校思想政治教育的中心议题，但在知识本位教育理念的影响下被忽视了。忽视了人，忽视了教育过程中大学生的参与和需要，思想政治教育的成效必然是低下的。对大学生而言，忽视他们需要的教育是外在于己的，自己只是单纯地被卷入教育活动，因此，也难以获得他们的认同。这就解释了为什么在当前的高校思想政治教育实践中，虽然教育者精心策划、尽心安排，但教育实效性依然不高的问题。

人格是个人在与他人、与社会互动中所表现出来的一种相对稳定的行为模式、思维习惯和情绪反应。人格原本属于心理学范畴，但它还与他人、社会有着直接关联。人格所涉及的人与人、人与社会的互动关系正是思想政治教育重点研究的问题域。大学生的健全人格也从被忽视到被重视，逐渐成为高校思想政治教育重要的目标。

健全人格是对人格质的规定，说明个人的行为模式、思维习惯和情绪反应是科学的、积极的。人格健全的大学生具有良好的社会适应性，他们对人与人、人与社会的认知是客观的、互动是积极的，能有效地在社会实践中施展自己的才能。对大学生而言，如果高校思想政治教育不能助推自己建立更融洽的人与人、人与社会的关系，不能指导自己更好地学以致用，那么其他更高层次的目标就是虚无的。

健全人格是人全面发展的重要内容。在马克思主义论域中，人的全面发展是人的社会关系的极大丰富和人的能力的全面发展。经济市场化改革扩大了社会交往领域，为大学生健全人格发展创造了更大可能。健全人格有助于建立和谐的人际关系，为大学生成长营造良好的环境。每个人都有自己的个性和偏好，但是没有人可以为了保持自己的个性和偏好而拒绝与人交往。人与人交往是一个求同存异的过程，在互动中努力建立合作关系。合作关系的建立经常是妥协的结果。人格健全的大学生懂得以结果为导向调整自己的行为模式、思维习惯，并控制自己的情绪反应。这种在社会交往中适时调整自己的行为并非圆滑，而是社会适应性良好的表现。成长总是会遇到各种困难，健全人格将能激发个人积极的情感和顽强的斗志，激励大学生克服困难。成长是一个量变的过程，在量的积累过程中，个人不仅要有吃苦的心理准备，还必须具备足够的耐心。大学生不仅面临着强大的学习和人际交往压力，还要面对就业市场的激烈竞争，他们所承受的精神压力如得不到合理排解，终将成为阻碍他们成长的束缚。健全人格引导大学生正确认识困难，通过自我调适为自己减压。健全人格不仅是一种健康的心理状态，更是一种科学的为人处世的态度，它保证了大学生以积极的态度面对生活，笑对困难。

传统高等教育育人机制十分强调向大学生传授知识和技能，而对大学生健全人格的培养重视不足，这就忽视了人的精神世界和内心感受，大学教育必须时刻关注培养什么样人的问题，这一教育目的直接关系到大学的教育方向。从世界各国的共同经验看，对人的全面发展的强调是对过度功利化教育的超越，使教育回归育人的本真价值。把人格的完善作为教育的终极目的，就人的状况而言，它是直接针对现代人的片面发展和人格缺陷提出来的。就教育而言，它是针对教育日趋严重的功利性提出来的。因此，当前对大学生健全人格塑造的强调事实上是对过去错误的纠偏。毋庸讳言，思想政治教育具有社会价值。统治阶级通过思想政治教育改造人们的思想观念，有助于凝聚力量、巩固统治的阶级基础。但是思想政治教育的功能并不局限于此，也不应该局限于此，尤其在学生面临巨大心理和精神压力的时代。急学生之所急，想学生之所想，这是高校思想政治教育人文关怀的必然要求。

人格教育的基础是科学的"三观"，它们决定了大学生如何看待和处理人与人、人与己、人与世界的关系。市场经济快速发展潜移默化地改造着大学生的"三观"，使他们在思想和行动上出现了一些自我中心、重视物质享受等倾向，干扰着他们分析问题和社会关系的处理，阻碍着他们成长成才。加强"三观"教育，引导大学生树立与主流思想相适应的"三观"，才能减少他们与社会、与自己的不适感，提高实践成效。人格健全的大学生不仅实现了自我融洽，而且也实现了自我与社会的和谐相处。建立和谐的人与社会关系的关键在于强化个人的社会责任感，也就是个人对国家和社会主动承担的责任。大学生一旦树立了强烈的社会责任感，他们就会积极主动地遵守法律法规、主动关心社会发展，并将自己融入社会发展的浪潮中。这样，大学生才能科学看待个人成长与社会发展的关系，正确处理自己与他人的矛盾，减少因不科学地处理社会关系而给自己带来的压力。责任感的培养是一个循序渐进的过程，高校思想政治工作者必须从小处着手，由小及大、由近及远，在对自己负责、对家庭负责的基础上提高他们的社会公德水平，使他们能正确处理与他人、与社会的关系。

（三）关注社会发展，提升社会幸福感

幸福是每个人所追求的。市场经济提高了人们的生活水平，让更多人分享到发展带来的福利。在市场经济中，群体已不再是市场活动的首要主体，每个现实的具体的个人取代了群体，在市场中发挥着更加重要的作用。这样，在不少大学生看来，自身利益得失才是自我幸福感的首要评价指标，如果自身利益实现了增值，就是幸福的；如果自身利益受损，即使社会发展了，也很难说是幸福的。

幸福是什么，这是个众说纷纭的问题。然而，即便从未深究幸福为何物的人，也依然对幸福追求不止，似乎没有人会排斥幸福。幸福对于个体而言就是人生的某种圆满，对于人类而言就是社会的某种至善。人世间若没有幸福可以渴求，一切都将黯然失色，人与动物也将无异。幸福看似主观、感性，但它又成为哲学家乐此不疲研究的问题。直观地看，幸福就是得到想要得到的东西后的满足感。对战争年代的人而言，和平是幸福；对于和平年代的人而言，温饱是幸福；对于满足了温饱的人而言，平安是幸福。在不同的人眼里，能给人带来幸福的东西往往是不同的，这就是一些人常会质疑他人"身在福中不知福"的原因所在。当然，如果幸福就是这么具象、个性化，那学者的研究就无处着手了。幸福必然具有超越性，不同人的幸福有其共同的特征。只有具备这些共通性，学理上对幸福的研究才可能成立。

幸福是主观形式和客观基础的统一。不同人所体验到的不同的幸福感正是幸福的主观形式，但这仅是幸福的一个方面。所谓幸福感，是人们在满足需要之后所体验到的深刻而持久的心灵快乐。幸福感的获得与需要的满足密不可分，没有稀缺感，人就不可能获得幸福。但是并非所有需要的满足都会获得幸福感。必须承认，人的一些需要仅仅是动物本能，一般情况下人对这些需要的满足只能满足感官和生理需要，并不会上升到心灵快乐的高度。

正如人需要三餐，但是很少人在每天例行的三餐之后收获幸福感。当然，不否认即使这些非常基础的动物本能需要的满足，也会给人带来种种快乐，但这种快乐往往是暂时的、浅层的。快乐具有高低、久暂之分。作为幸福感来源的快乐应该是深入内心的、构成生命活力的、展现创造性的那种快乐。心灵快乐超越了单纯的肉体刺激，是个体自身在内省与体悟之后收获的一种愉悦的心理体验。也不是所有的心灵快乐都能构成幸福感，只有那些在体悟之后升华出来的、以主体对自身所处状态或生存境遇评价和认知为本质内容的心理体验才是幸福感的主要来源。

从客观基础上看，所有人的幸福均是一种生存与发展的完满状态。任何一种能让人感到幸福的事物都必定有助于人的生存与发展。以一种完满状态作为考察幸福与否的标准，幸福就不再是纯粹个体的主观感受了。然而，人的欲望是无限的，完满也是一种无止境的状态。如果每个人均以自己所有需要的满足作为幸福的评价标准，那么就不存在真正幸福的人了。因此，完满状态是一种满意状态，而不是十全十美的完美情景。当个人实现了最渴望的愿望、满足了最憧憬的目标，应该就会感到幸福。可见，幸福感和满意状态是统一的，达到了满意状态，个人就会收获幸福感，就是一个幸福的人。

在马克思主义看来，幸福来源于劳动实践，包括劳动过程所感受到的快乐和劳动成果为人提供的直接或间接的愉悦体验。每个人都有性质各异、层次不同的需要。需要的满足不可能长期依赖施舍。要想满足需要，只有不停地努力劳动，这样才能长久，并且这样产生的满足带来的愉悦感才会更加强烈和持久。

然而，创造幸福的劳动必须是自由、自主的劳动。如果人被异化成了会说话的工具，那么劳动的过程只会给人带来身心摧残，劳动成果也会成为个人自由的束缚。人与物最根本的区别在于人摆脱了物的存在方式和物所承受的限制，而使自己成为以自身为根源的自由、自觉的主体性存在。作为自由、自觉的主体，人不是被外力束缚的存在物，而是自己幸福和命运的主宰。并不是'历史'把人当作手段来达到自己——仿佛历史是一个独具魅力的人历史不过是追求着自己目的的人的活动而已。人只有摆脱了奴役，获得了自由，对幸福的追求才可能实现。

幸福可以分为个人幸福和社会幸福。个人幸福是以自我为出发点所追求的个人满足与愉悦。对自己平凡幸福的追求是每个人的本能。对个人幸福的追求不应漠视，但必须积极引导大学生正确区分物欲满足所收获的快乐与心理层次愉悦的差异性，不断提高他们的追求层次。问题的关键在于个人幸福与社会幸福是否可以兼容和相互促进，这也是中西方文化都力图解决的问题。

人具有社会性，人在实践中总是会或多或少地与他人建立各种联系。幸福是每个人都追求的。幸福的个人性与集体性无法分割开来，社会幸福与个人幸福是内在统一的。社会幸福是以社会所能提供的发展自由作为判断标准，它立足于社会进步，在社会福祉增进中评估。个人追求自己的幸福不可能逾越当时的社会历史条件。社会为个人发展提供的自由，是个人追求幸福的起点。个人只有在社会中才可能实现幸福，个人也只有为社会谋求幸福，才能获得最深刻、最持久的心灵满足。人不仅是个体的也是社会的存在物。个体的人在追求幸福时总是在利用社会为个人提供的各种条件分享他人所创造的幸福。

社会幸福感改变了单纯从个人利益得失评价幸福的视角，将幸福的来源扩展至整个人类社会。一些大学生只是从自我利益得失中寻找幸福,而忽视了社会发展对个人幸福的促进作用。

诚然,社会发展不可能实现所有人福祉的同步增进,甚至还有人为了发展需要牺牲自己的利益。倘若大学生只是从自身利益出发,一旦利益受损,就不能从社会发展中收获幸福感,还可能产生不满甚至反抗情绪。改革开放是一个渐进的过程,在改革的过程中,我们不仅要向前看,还不时要回头看,修正过去的发展方式,弥补利益受损者的损失,力求使每个人在改革中受益。从长远看,改革开放是造福于所有人的伟大事业。

社会主义现代化建设的中坚力量是大学生,高校思想政治教育必须鼓励他们将自己融入社会主义现代化建设大潮中,努力实现政治昌明、经济发达、社会和谐、文化繁荣、生态协调的目标。如果社会发展不协调,每个人都将受到波及,而社会幸福的实现也终将提高每个人的个人幸福感。社会幸福与个人幸福并不是对立的,社会幸福将为个人幸福的实现创造条件,而个人幸福的提升也将推动社会幸福的发展。

提升大学生的社会幸福感,可以避免大学生过于狭隘地看待个人的利益得失而忽视了社会发展的大趋势。尤其在市场经济化改革中,发展中的问题难以在短时间内解决。此时,个人若过于强调自己的得失而忽视了社会发展,势必将出现不满,甚至愤恨感。不满与愤恨是一种负能量,它会转化为冷漠甚至反叛的行为,从而既影响了大学生自我价值的实现,又阻碍了社会发展进程。

引导大学生融入实现中国梦的浪潮中,从社会幸福角度出发衡量个人幸福,他们才能在经济市场化改革所取得的巨大成就中感受到更深刻的、更持久的幸福感。幸福感是一种正能量,它将激励大学生更勇敢地面对困难、更有效地安排学习生活,为个人素质的提升提供精神动力。

第三节 以培养实践能力为核心建构推动机制

一、勇于实践,积极拓展大学生思想政治教育的创新途径

(一)创新教学模式,提升教学实效

教学理念对于"思政课"教师十分重要,学生的自由全面发展是培养的。

在知识经济时代，"思政课"教学要在给学生补充人文知识的基础上升华为人文精神，使受教育者对现实进行永无止境的批判、否定与超越。通过对人类自由、自觉本性的全面发展所导致的资源、生态、人口、核武器等全球性问题的审视，培养受教育者达到由世俗化、社会化至完美化的境地。从而完成人的全面发展促进社会发展，社会发展又促进人的全面发展的良性循环。

在教学过程中"思政课"教师必须注重学生的个性差异，对学生的个性特征要善于洞察，教学方法要灵活、个性、多样化，反对传统死板的教学观念。"思政课"教师要很好地发掘并有效利用学生的特点因材施教，提出具有发散性思维的问题并积极在课堂上开展互动环节，激励学生从被动学转变为主动学，让学生互相探讨、主动思考。同时，单一的笔试改革为综合考察，建立创新性的考核机制，撰写调研报告，鼓励学生在课外开展社会热点的课题调研，让学生更加关注社会、关注生活。

"思政课"教师应让学生去发现知识，不能简单灌输知识。教育可以培养学生的创新精神，也可以使学生的创新精神被扼杀。大学生是课堂教学的主体，应该有进行独立思考、独立解决问题的空间和时间。如果大学生只按照传统模式进行学习，那么他们就会成为被动接受知识的机器。学习的目的是重新认识世界和改造世界。一种不同的教育方式是今天的大学生所追求和需要的被动、消极的讲座和课堂学习逐渐被互动和合作学习取代。因为主动的发现和运用知识进行学习的效果会更好，所以"思政课"教师应该加强对知识的分析，激发学生的深层次思考，果敢迈出改革步伐，不仅让学生了解问题的表象，更要掌握问题的实质，潜移默化地培养学生科学的思维方式和创新意识。

"思政课"教师应注重知识之间的内在关联，着重教会学生系统掌握所学思想政治理论知识，在此基础上进行创造性的学习，从而提升动手实践能力。为了拓宽学生思考问题的广度和深度，"思政课"教师还要将思想政治教育知识与教育学知识、管理学知识、经济学知识、心理学知识、哲学知识等相联系，抛弃狭隘的单科思想，从多维度分析社会现象和事物。我们党的优良传统作风就是培养学生注重调查研究。

坚持唯物主义的表现之一就是调查研究。调查研究本身是实践观的反映，实践是认识的主要来源，是认识的最高目的和最终归宿。为了坚持实践第一的观点，人们在实践中对客观情况进行调查了解和分析研究。调查研究的目的在于认识和改造世界，这又是认识对实践的指导。因为相信世界是发展变化着的，事物之间是普遍联系着的，所以，我们对客观世界进行调查研究。马克思主义的思想路线要求重视调查研究，强调实事求是和尊重客观事物的固有规律。

大学生思想政治教育在新世纪新阶段面临许多新情况和新问题。为了适应时代的发展与要求，要使大学生思想政治教育更加贴近实际、贴近生活、贴近学生，就要注重调查研究。大学生思想政治教育者了解情况、掌握问题最有效的途径就是调查研究，调查研究体现了从群众中来、到群众中去的辩证唯物主义的思想方法和工作方法，也是开展大学生思想政治教育的重要环节。调查研究是增强大学生思想政治教育时代性、针对性和有效性的前提，更是学生思想政治教育者必须学会并掌握的一项基本功。

大学生思想政治教育的调查研究要深入实际、深入基层、深入学生，坚持多层次、全方位地掌握情况，发现矛盾和问题，透过现象揭示本质，要在全面、深入和求实上下功夫，为有效地开展大学生思想政治教育提供科学依据。与此同时，还要在各种行之有效的方法和手段上下功夫，采取一些具有感受直接、体验深刻、互动性强、人情味浓等特点的方法，如，召开座谈会、个别谈心、走访寝室、征求意见等。大学生思想政治教育者还要充分利用现代信息技术和手段，创新调查研究方式，拓宽调查研究渠道，达到提高调查研究质量和效果的目的。

需要不断发展的不仅有大学生思想政治教育的实践，还有大学生思想政治教育者的思想认识。探索、揭示大学生思想政治教育的客观规律，追求发展创新就是调查研究的本质。研究新情况，解决新问题，揭示规律性的新特点，探索新思路，寻求新方法、新途径，并且要为新的实践提供科学的理论支持和指导是大学生思想政治教育调查研究的根本任务。大学生思想政治教育者不但要加强研究，进行理论思考，为做出科学的有说服力的回答而努力，对大学生面临的现实生活提出的重要问题，深入调查，而且要为大学生思想政治教育的发展提供更加有力的理论依据和支持，进一步加强思想政治教育学科的建设，即学科理论体系的建设。

（二）倡导生源教育，促进人生规划

一个人在学校学到的知识和技能很难满足其一生的就业和生活需要，人们只有不断地摄取新知识、更新旧知识，才能跟上时代的发展和社会的变化，知识经济的兴起对学习提出了更高的要求。每个人在人生之初积累的知识是不够的，其必须有能力在自己的一生中抓住和利用各种机会，去更新、深化和进一步充实最初获得的知识，使自己不断适应变革的世界。大学生思想政治教育不仅关注大学生认知能力的培养，更重要的是生存能力和创造能力的培养，应将生涯教育纳入大学生思想政治教育的范畴，从而促进大学生做好职业定位，拟订人生发展规划。

1. 强化大学生生涯教育针对性指导

如何引导大学生确定学习和职业目标是大学生生涯教育首要考虑的问题。大学生思想政治教育者可以引导学生结合各专业实际情况和大学生对于所选专业的认同度进行分类指导，并采取"先定向再定位"的目标确定方法。根据自己所选专业和个人的兴趣志向来确定未来的职业方向就是定向。定位是对已确定方向的职业群进行更深入的探索，可以通过参加招聘会、兼职和实习等方式进行社会实践和工作体验，逐步确定职业的选择范围。以下两类是大多数大学生选择专业大多数的情况：第一类，喜欢所选专业并愿意今后从事相关行业，上大学前对自己所选专业进行过一定的咨询、了解；第二类，因为父母的意向或因为调剂到了所选专业，对自己所选专业不了解，对今后的职业感到迷茫。对这两类学生应采取不同的生涯教育方法。第一类学生可以在加强专业培养的同时鼓励其在大二提前进行兼职和实习，引导其尽早定位，实施相应的职业技能指导。对于第二类学生，首先要引导其了解所选专业。通过生涯教育使其逐步明确专业方向和职业方向，如果不喜欢所选专业，就需要引导其通过各种途径找到自己感兴趣的专业，可以通过转专业或通过辅修、选修专业课程，或者通过跨专业考研来调整和确定职业方向，在定向后再经过实践、实习确定自己的职业目标。学生个体是不断变化的，社会也是不断发展的，定向和定位需要根据学生实际情况和社会环境因素进行及时调整。这样，生涯教育才能符合大学生的持续协调发展。

2. 创建大学生生涯教育自我教育体系

大学生生涯教育应重点培养和提高大学生的自我意识和自我教育能力，

如：可让同专业高年级的学生党员组成一个指导团队，相对应指导新生班级，党员导师组成员可以集体指导新生班级班团活动，实施党员导师制双团队互助计划，也可以通过一些团体辅导增强新生班级凝聚力。一个学生党员可以指导自己负责联系的5—6名新生，并将自身学习、工作、生活经验传授给新生，引导他们适应大学环境。通过这项计划的实施可以促进高年级学生党员及时反省，不断提升自身的工作能力，也能让新生尽快地适应大学的学习和生活，了解专业任务。

此外，学校和学院可以通过各种形式的座谈、交流、访谈组织开展优秀实习生报告团、优秀毕业生报告团、毕业校友报告团等，相互交流心得，让学生们更加了解社会，明确自身需要提高的能力方向。也可以邀请那些不太成功的校友给学生讲讲失败的教训，以激励学生能珍惜大学时光，不懈努力。一时的失败并不能代表永远的失败，让学生意识到，要有承受挫折的勇气，勇于面对问题和解决问题。同时，可以请愿意回馈母校的往届校友志愿者担任"兼职生涯教育指导员"，可以通过网络、电话或其他双方约定的方式与那些感兴趣的在校学生取得联系，获得学习、求职准备等各个方面的指导，而这些受益的学生毕业后也会积极参与到对在校学生的指导中去，形成一种良性循环。

（三）加强基地建设，拓宽实践途径

实践是大学生思想政治素质形成和发展的决定性因素，是大学生实现全面发展的根本途径，是大学生存在和发展的根本方式。大学生通过实践活动改造客观世界，同时改造主观世界。大学生通过实践活动的开展对所学理论进行检验、运用甚至发展，提高认识世界和改造世界的能力。

大学生思想政治教育者应积极创造各种活动条件和信息环境，充分利用第一课堂和第二课堂，变单一化、封闭式的教育为多样化、开放型的教育，探索、开辟多种有效的实践方式，以促使大学生全面协调发展。大学生思想政治教育的实践已证明实践出素质、实践出真知、实践出智慧。主要表现在：实践活动既对大学生应当具备的素质提出要求，又为培养锻炼与之相适应的素质提供条件；实践活动的多样性决定大学生素质结构多因素；实践活动的不断发展，决定大学生素质水平不断提高；实践活动是检验和判别大学生素质优劣和强弱的标准；实践活动是大学生素质形成和发展的根本途径。所以，我们需要加强校内外实践基地建设，拓宽大学生的实践途径，提高大学生的综合素质，培养大学生创新能力。

1. 建立校内实践基地

校内实践基地是向社会实践过渡的桥梁，是大学生进行真实情景模拟的场所，是社会实践基地的缩影。在大学生思想政治教育者的指导下，大学生利用生涯规划室、心理互助室、校内勤工助学基地等校内实践基地进行实战演练，促进大学生的自我组织、自我管理、自我服务和自我提升，把所学的思想政治教育理论知识转化为实践能力。校内实践基地的建设，方便了大学生集中实训，节省了大学生时间，实现了学校内资源共享。

2. 建立社会实践基地

社会是大学生展示人生的舞台，是大学生思想政治教育的大环境。社会实践是大学生思想政治教育的重要环节，对于促进大学生了解社会、了解国情，增长才干、奉献社会、锻炼能力、培养品格，增强社会责任感具有不可替代的作用。高校应根据实际情况强化具有优化资源、示范辐射作用的社会实践基地，与地方、企业、社区共建社会实践基地，为大学生社会实践提供更多的机会。这既有利于学校和地方之间的合作，也有助于大学生在社会实践中奉献社会，达到互惠互赢的目的。社会实践基地强化促进了大学生社会实践的深入，大学生社会实践活动的深入又推进社会实践基地进一步发展的双向互利的良性循环。大学生思想政治教育者应在社会实践基地的保障下指导大学生有效进行社会实践，加强大学生社会实践教育，探索社会实践的系统化、全程化，让社会实践真正成为大学生提升素质的重要途径。

（四）运用现代载体，优化网络功能

21世纪，网络正在成为影响人类社会生活的主体，一个高度信息化的时代已经来临。正如美国未来学家托夫勒（Toffler）所说：谁掌握了信息，控制了网络，谁就拥有这个世界。互联网的迅猛发展在方便大学生学习、娱乐的同时，也给大学生思想政治教育带来了巨大冲击。当前大学生思想政治教育一个崭新的课题就是如何应对这一新形势占领网络思想舆论新阵地，运用网络因势利导加强大学生思想政治教育。新时期大学生思想政治教育者面对如此机遇和挑战要努力优化网络功能，善于学习、敢于实践，让网络成为大学生思想政治教育的有效途径。

1.建立现代化网络平台，实现大学生思想政治教育网络化

高校应加大资金和技术投入，适应新形势的需要，创建优质的网络平台。要丰富校园网络信息，开辟网络的各种功能，为学生自主学习和思想交流提供支持。要利用网络对学生进行教育、激励和引导，交换、传输包括文字、数据、声音、动画等形式的思想政治教育信息。要在网络上开设并安排专人管理网络聊天室，引导学生开展社会热点问题、校园建设等专题讨论。可定期邀请专家做客聊天室，以便更好地了解学生的思想动态，提高大学生思想政治教育的针对性，实现教育者与受教育者的互动。

2.加强网络思想政治教育

"思政课"在网络信息时代仍然是对大学生进行马克思主义理论教育和思想品德教育的主渠道、主阵地。大学生思想政治教育者应积极推进"思政课"教学的改革，充分认识网络时代思想政治教育工作的新特点。在教学方法上，要不断增强教育的针对性和有效性；在教学手段上，应将多媒体与网络技术引入"思政课"教学中；在教学内容中，引导大学生规范使用网络，增加网络道德、网络法规、网络行为规范等有关内容。可让"思政课"教师通过博客、电子邮件等方式与学生开展交流，共同探讨时事热点。

3.注重校园网络文化建设

加强校园网络文化建设能丰富大学生的文化生活，增强学校的凝聚力，让大学生关心自己的学校和身边的人，更加热爱自己的校园。校园网应成为学校信息汇集、教学管理的互动平台，成为师生之间交流的重要渠道。高校要有针对性地对学生论坛进行引导，建设好各种特色栏目。高校教师可让学生学会利用网络促进自身全面发展，通过制作网页，建立特色网站，借助网络资源参与学校网络建设。

4.拓展网上思想政治教育阵地

政府、学校应增大网络信息中具有思想政治教育功能信息的比重，大力拓展网上思想政治教育阵地。为了有效地对大学生进行思想政治教育，我们只有大力拓展网上思想政治教育阵地，才能让大量具有良好思想政治教育功能的信息围绕在大学生周围。

各类网站在报道国内外时事和社会热点问题时要自觉地结合马克思主义唯物论和辩证法进行分析，起到潜移默化的教育作用。

二、将中国传统文化融入高校行为文化

高校师生在校园内日常从事的，具有自身特点的教学、科研、学习、体育、娱乐及生活等行为活动及其所体现的精神状态、行为操守和文化品位等就是高校行为文化。为了使优秀传统文化融入高校行为文化建设，必须在内容的生动性、形式的灵活性、学生的主动性、师生的互动性上下功夫。通过营造良好的文化环境和精神氛围，开展丰富多彩、喜闻乐见的校园文化活动，促进师生形成积极向上的文化意识和价值观念。

（一）在开展学术活动中融入

学术活动对广大师生影响较大，反映着一所大学的学术水平和学术氛围，是高校行为文化的主要形式、主要内容之一。优秀传统文化首先要融入高校学术活动之中，只有这样才能发挥出"融入工作"的最大效能，才能融入广大师生的主要学习和生活中。

1. 要积极营造公平公正、协同创新、追求卓越、求真务实的学术环境

要大力培养学术典型，提倡尊重知识、尊重人才、尊重创造的学术价值观念，尊重学术专家，表彰学术先进，引导广大师生形成热爱学术活动、积极参与学术创新的氛围。在学生培养上要注重学生综合测评、评奖评优、推优入党、学生干部培养使用，强化和突出学习成绩的重要性；在教师的评价上，要把学术研究水平作为非常重要的评价内容；在干部的使用上，优先培养和使用有一定学术能力和管理能力的干部。

2. 要积极开展活跃的学术活动

要有针对性开展有利于涵养和培育优秀传统文化方面的哲学社会科学学术活动，鼓励和促进不同学科学术观点的交叉融合和知识创新。要提倡理论创新和知识创新，鼓励大胆探索，开展平等、健康、活泼和充分说理的学术争鸣，活跃学术空气，鼓励教师参加国内外学术组织和学术会议，鼓励有关部门、学院积极引进国内外知名学者来校开展学术活动，开展学术交流；促进学术活动的常态化，完善校内有关知识创新、科技创新的学术报告制度，并逐渐形成长效机制。

3. 要培育健康的学术活动品牌

要支持博士沙龙、名师工作坊、教师研习室等学术活动形式，对优秀学术活动形式予以扶持和奖励，进一步做强名师名课报告会、学术报告会、

创业论坛等现有学术品牌；鼓励教师积极指导和参与大学生课外学术科技竞赛活动，深入学生一线开展互动活动，提高大学生学术活动质量。北京大学通过创办面向全校学生的校园文化品牌项目——"教授茶座"，邀请知名教授与青年学生座谈，分享成长经历、共话科学、精神和人文素养，从而达到启迪社会主义核心价值观的目的；山东大学在现有形势政策课的基础上，围绕优秀传统文化打造"互动课堂"，实现了学生课前、课上、课后的全方位互动；十几年来"稷下大讲堂"这一文化品牌活动已成为该校一道亮丽的文化风景线。

4.要做好课堂教学活动

在大学生优秀传统文化的教育过程中，应该重视思想政治教育理论课的教学，发挥好课堂教育的主渠道作用，配备过硬的师资力量，创新授课方式、丰富教学资源，为了使大学生乐于甚至喜欢上思想政治理论课，自采用各种方式活跃课堂氛围，如，网络、多媒体、分组讨论、主题演讲等；通过形式灵活的选修课发挥好优秀文化传播的选修课的作用，助力大学生优秀传统文化教育中的文化认知和文化认同，弘扬社会主义文化、中华优秀传统文化等优秀文化；要将优秀传统文化精神的探索积极与其他课程的课堂教学活动相融合。

（二）在规范师生日常行为中融入

将中国传统文化融入广大师生员工的日常行为之中，才能体现高校校园文化建设的水平。要不断强化自律，注重养成，在师生日常行为文化建设过程中把理想信念、价值追求、办学理念内化为师生的自觉行动；不断加强师生日常行为规范建设和开展精神文明创建活动，激励广大师生做优秀传统文化的践行者、推动者。

1.加强大学生日常行为规范建设

大学生是高校教育培养的对象，代表着高校的办学质量和层次水平，也是高校精神形成的参与者和践行者。要加强日常行为规范的建设，要重视大学生思想道德水平的建设，要努力做到勤奋学习、刻苦钻研、追求真理、崇尚科学、积极实践、勇于创新；要遵守法律法规，遵守校纪校规，要正确行使权力，依法履行义务；要诚实守信、严于律己，尊敬师长、友爱同学，勤俭节约、艰苦奋斗，热爱劳动、生活俭朴；要弘扬传统美德，遵守社会公德，男女交往文明，文明使用互联网；争做"爱国、敬业、诚信、友善"的好公民。

2.加强教师职业道德建设

教师在高校的成长发展进步、精神凝练传承等方面起着重要的作用，是高校办学的主力、灵魂和希望。师德建设对于高校的健康发展和人才培养至关重要，也是高校的基础性工作之一。提高教师职业行为素养，以良好的人格魅力和学术魅力影响和教育学生，努力做到爱国守法、敬业爱生、教书育人、严谨治学、服务社会、为人师表。要加强教师职业理想和职业道德教育，增强广大教师教书育人的荣誉感和责任感，恪尽职守、爱岗敬业，以自己的行动感染学生，要健全师德规范，形成良好的学术道德和学术风气，坚决反对学术不端的行为，要加强师德宣传，大力弘扬尊师重教的优良传统，培育并传播名师课程。

3.深入推进廉政文化建设

要通过教育引导、制度规范、监督约束，使广大师生自觉遵纪守法、清正廉洁，增强师生廉洁价值取向，健全廉洁教育长效机制；要建立健全反腐倡廉和党风廉政建设制度，形成良好的廉政文化工作机制；要丰富廉政教育活动，优化廉政文化建设条件，提升党员干部和广大师生员工的廉政素养，推进廉政教育长效机制建设；尝试通过道德两难法、个案研究法、情境模拟法、心理调适法、心理剧法等心理机制的途径来培养大学生的廉政感；通过专题讲座、警示教育、书画展、摄影展、话剧等形式加强校园廉政文化建设，努力形成干部讲政德、教师讲师德、学生讲公德的廉洁文化氛围，推进廉政文化进校园。

4.注重良好高校人际关系建设

高校要通过塑造良好的教职工关系渗透优秀传统文化，优化教职工的人际关系，教师要借助网络等途径发挥教师在大学生交流中的影响力，加强与大学生的情感交流；高校要培养传播优秀传统文化的学生中坚力量，让他们在与周边同学人际交往中传递优秀传统文化，如，评选宿舍文明标兵、班级道德模范和校园人物等。高校要通过校长接待日、部门领导面对面、校务工作征求意见会、工作作风问卷调查、校领导网络在线、数字化校园工作论坛等渠道的信息反馈和意见表达功能，设置校长（网络）信箱、工会（网络）信箱、心理咨询（网络）信箱，最大限度地保证上情下达和下情上传，为学校创造出"和谐、平等、公正、友善"的人际关系网。

（三）在丰富校园文化活动中融入

校园文化活动是高校校园文化建设的主要载体和有力抓手。要大力加强大学生文化素质教育，开展丰富多彩、积极向上的学术、科技、体育、艺术和娱乐活动，把德育与智育、体育、美育有机结合起来，寓教育于文化活动之中。积极开展以优秀传统文化为主题的校园文化活动，除了能对广大师生起到思想教育作用，对形成良好的校园行为文化也能起到其他方法难以替代的作用。

一是要充分发挥各级团组织的组织领导作用，丰富积极健康的校园文化活动，调动广大学生的参与积极性，发挥学生会、学生社团和班级的主体作用；积极构建"四位""一体"的基本框架，"四位"为科技文化艺术节、科技创新活动、学生社团活动和大学生社会实践活动，"一体"即形成学校、学院、班级、社团多层次、全方位、立体化的校园文化发展格局。

二是要在校园文化活动中增强品牌意识，打造校园文化活动品牌，精心组织，长期坚持，积累成果，形成影响与声誉；要发挥品牌示范引领作用，结合学校特色、地方特色、行业特色打造一批反映优秀传统文化和师生价值追求的文化活动品牌，积极探索开展品牌文化活动，构建大学文化品牌体系，扩大社会影响。清华大学由学生自创、自排、自演的精品话剧《马兰花开》，讴歌了"两弹元勋"清华校友邓稼先的先进事迹，在舞台上下、校园内外播种了"马兰花开"的精神，形成了大学生思想政治教育的新模式；浙江金融职业学院将"诚信"作为学校文化育人的关键和重点，努力打造诚信文化品牌，从价值观念、行为规范、表彰激励、组织保障、环境营造等各方面提升学生的诚信职业素养，培育和践行社会主义诚信价值观。

三是要大力唱响雷锋精神、革命精神和爱国主义、集体主义、社会主义主旋律，培养师生良好的道德情操，开展多种形式、丰富多彩、独具特色的学习、宣传优秀传统文化主题教育活动；不断激励大学生形成勤奋向上、求实创新的精神风貌，深入开展"文明校园、文明班级、文明寝室、文明学生"创建活动，很多高校以唱响雷锋精神引领师生践行优秀传统文化。

（四）在开展不同形式的社会实践活动中融入

社会实践是培育大学生优秀传统文化的重要途径和方法，在高校培育和践行优秀传统文化离不开社会实践。大学生社会实践活动主要包括实习见习、寒暑假社会实践、志愿服务、创业实践等，是名副其实的"第二课堂"。在大学生社会实践活动中融入优秀传统文化，目的是培养大学生服务国家社会的社会责任感、勇于深入探索的创新精神和善于解决问题的实践能力。

高校要组织大学生深入实验室和生产一线实践，要开展好专业学习实践，养成他们踏实、认真、务实的品质，体会到学以致用的重要性，激发他们提高专业学习的积极性。

高校要形成大学生"学习—实践—再学习—再实践"的学习实践模式，建设好学校内各专业、学科的教学实验实践平台，提高大学生专业学习的能力水平；也可以鼓励大学生走出校门深入基层、深入企业，解决工作实际问题，通过校企合作等方式，以专业知识为基础，以优秀传统文化为指导，将理论应用于实践，在实践中不断增强自身素质能力和社会责任感。

要以"红色"爱国主义、革命主义教育基地为平台，开展好坚定理想信念实践，以团校、党校、理论社团为依托，深入革命历史遗址参观学习，积极开展红色教育实践活动，提高师生的政治觉悟和理想信念。郑州大学通过"红色印象"校园文化系列活动，以党的重大事件为契机开展主题教育，把红色文化融入大学生优秀传统文化培育，形式多样、针对性强的活动深受广大学生欢迎。

实践，尤其志愿服务实践对于培育优秀传统文化很重要，高校要让广大师生在服务的过程中不断提升道德品质和道德觉悟，可以组织广大师生经常性地开展服务社会的公益活动，在社会活动中践行和传播优秀传统文化。很多高校结合学校特点和所处地域实际情况，积极开展服务地方的志愿服务活动，取得了良好的育人效果。

第五章 优秀传统文化精神与高校大学生思想政治教育

第一节 自强精神与大学生思想政治教育

一、大学生自强精神的内涵

（一）自立

自立就是不依赖别人，靠自己的劳动而生活。因此，自立就是人在思想和生活上的独立自主，这不仅是一种生活态度，也是生活是否过得有尊严的标准，更是一个人不可或缺的人格品质，体现的是个人能否在社会生活中独立坚强地存在。正所谓"人不自立，则唯有无耻而已"。客观上说，自立依赖于客观物质条件，特别是经济条件，经济条件是自立的基础，一个人要在社会中立足，首先必须要有独立的经济基础，这样才能正常地生活。从主观上说，其一，自立是一种积极的生活态度，即，人的思想和生活独立自主，积极向上；其二，自立也是一种价值标准，即，只有自立的生活才是有尊严的生活；其三，自立也是一种道德上的价值取向和道德原则，即，每个人应在思想和生活上独立自主，反对思想上的盲从和好逸恶劳的思想倾向和行为。

（二）自强

自然界的运行刚劲雄健，人也应该刚毅坚卓，不断发愤图强。因此，自强是指一种不满足于现状、不断进取的精神意识和生活态度，体现了个人的进取心和努力奋斗的决心。首先，自强强调自我奋斗是实现美好生活的基本动力，是个人对美好生活追求的动力源泉。其次，自强是一种道德品质乃至人格，即，应该自觉奋发向上，永不松懈，不受外界影响，不怕困苦的人格体现。最后，自强不仅是个人的必备人格品质，更是使一个国家不断进步的精神力量。

（三）自立自强精神

自立自强精神是自立精神和自强精神的有机结合，是以个人的自我意识为出发点建立起来的独立自主和发愤图强的精神品质。自立自强精神是在当今社会如此迅速发展和物质生活不断丰富的条件下更要树立起的个人品格，它更是中华民族精神不可或缺的重要内容。

从个人看，一个有自立自强精神的人，就会不依赖他人，能够积极主动地参与劳动，用勤劳的双手为自己能过上美好的生活而不懈努力，从而实现自己的人生价值和理想；就会自觉抵制好逸恶劳和满足现状的思想和行为，承担起个人对家庭和社会的责任，减轻家庭和社会的负担，促进人际关系的正常交往和社会和谐；就会以自立自强的优秀品质、行为方式和工作作风影响他人，形成良好的社会风气，促进社会整体进步和道德水准普遍提升。

从国家看，当一个民族的大多数人具有自立自强精神时，这个国家就会人才辈出，使管理水平和技术创新不断提高，促进生产力的发展，提高人民的生活水平，从而实现国家繁荣富强。同时，整个国家的文化和道德水平也会提升，使人们有机会享受高尚的精神生活与和谐的社会环境。

（四）大学生自立自强精神

大学生自立自强精神是指大学生这一群体在其学习和生活中表现出来的独立自主、自我奋斗和自我完善的优秀品质和精神风貌。这种精神主要体现在以下几个方面：

1.树立远大的奋斗目标

树立远大的奋斗目标是大学生自立自强的起点。有了宏伟的目标，才会有自立的动力，也才会有自强的方向。正是理想的召唤，大学生才能够不怕困难，刻苦学习，创造性地思考问题，取得优异的成绩。正是怀着读书改变命运的理想，一些贫困大学生才能够边学习边打工，为自己赚取生活费和学费，牢牢地扼住命运的咽喉，不屈不挠，在逆境中奋起，最终成为学校的佼佼者。

2.艰苦奋斗和独立自主的实干精神

在当今大学生当中，艰苦奋斗和独立自主的实干精神就是要求大学生无论在学习、生活或者工作中都能够有不怕吃苦的决心和敢于吃苦的精神，能够刻苦学习所需的专业知识和各项技能，善于发现自己的不足，完善自我人格，提高自我修养和道德素质，反对浪费、反对奢侈，勤俭节约、克服困难，能够独立自主地顺利完成大学的学习和生活的各项任务。

3. 积极参与各种实践和实习活动

积极参与各种实践和实习活动是大学生自立自强精神的一个重要表现。实践和实习不仅可以检验自己所学知识在实际生活中的应用情况，而且能够提高自身的能力。同时，有些实践和实习活动还可以额外获得一些经济收入，经济收入能够带给大学生心理上的满足感，经济独立也是自立的一个重要表现。在参与社会实践和实习活动中，大学生体验了社会生活，不仅学会了独立思考的能力，也学会了动手的技能，既体会到了父母挣钱的艰辛，也体会到了自己成功的喜悦。

二、培育大学生自强精神的价值体现

（一）大学生自立自强精神培育是高校德育教育的内在要求和重要组成部分

高校德育的根本是"提高人们的思想道德素质，促进人的自由全面发展，激励人们为建设中国特色社会主义，最终实现共产主义而奋斗"。围绕世界观、政治观、人生观、法制观、道德观五项内容对大学生进行教育，自立自强精神正是人生观教育中的理想教育、人生价值观教育、成才教育和艰苦奋斗精神教育的重要体现。自立自强就是强调大学生要树立远大的理想信念，理想是一切行动的内在驱动力，大学生有了理想的支撑，才能够刻苦学习科学文化知识和培养自己全面的素质，才能够不畏困苦、奋发向上、艰苦奋斗，独立自强地把自己培养成为新时代的高素质的社会主义接班人。大学生自立自强的精神不仅是高校德育教育的内在要求，更是其重要的组成部分。

（二）大学生自立自强精神培育有利于实现大学生的自由全面发展

马克思主义关于个人全面发展的学说，是我国确定教育方针、教育目的和思想政治教育任务、目标的重要理论依据。实现每个人的自由全面发展是马克思主义的最高价值目标，而大学生自立自强精神为实现大学生的自由全面发展提供了内在的精神驱动力，自立自强的精神有利于发展大学生健康的个性，能够使大学生养成积极健康的心理状态以及奋发向上、克服困难、意志顽强、独立自主、勤俭节约的个人品格，有利于培养大学生正确的道德观，不奢侈浪费、不爱慕虚荣、不好逸恶劳、能够洁身自好，不受外界不利因素的诱惑，能够正确分辨是非对错，能够更好地培养自身的道德涵养，也有利于培养大学生在学习上的刻苦钻研、求真务实、坚持不懈的学习态度，更有利于提高大学生独立生存和生活的能力，充分参加社会实践，通过自身的劳动获得相应的报酬，从而体验靠自己独立劳动生活的乐趣，同时也帮助自身养成独立承担各种生活问题的坚强的意志品格，从而有利于实现大学生的自由全面发展。

（三）大学生自立自强精神培育是扭转目前大学生自立自强精神缺失局面的迫切要求

当今大学生自立自强的困境表现为政治上觉悟不高，对国家大政方针不关心，对政治的基本知识掌握得不透彻，对党的认识不充分，甚至在政治上产生偏激的认识。

不能正确地看待腐败等问题；学习上缺少求真务实、刻苦钻研的精神，缺少上进心、创造力和批判力，学习态度不积极，总是等到快考试的时候临时用功以应付考试及格为目的，缺少主动的学习态度和扎实的学习能力等；生活上依靠家庭提供经济来源，浪费攀比，缺少吃苦精神，不爱劳动，生活懒散，内务不整，不独立不自立；行动上不愿参加学校的各项活动和必要的社会实践活动，不愿参加集体活动，不愿奋斗，不愿吃苦，抵触社会，缺乏独立自立的能力等。面对这些表现，必须加强大学生自立自强精神的培育，只有这样才有利于正确地树立大学生的"三观"，有利于培养大学生自由全面发展，才有利于大学生克服种种不自立、不自强的因素。

三、培育大学生自强精神的策略

（一）培育大学生自立自强精神应坚持的主要原则

1. 主体性原则

大学生群体是思想政治教育的主体，为了树立大学生自立自强精神，就必须强调大学生的主体地位，充分激发大学生的自我教育和自我提高的自觉能动性、主动性和参与性，使大学生从内心深处接受教育并转换成个人外在的行动，这样才能一步一步地达到思想政治教育的目的。这里就要充分尊重大学生的主体地位，使大学生向着教育目标的方向产生积极、主动、自觉的自我教育，同时也不要忽略同学与同学之间的相互教育、相互影响的作用。

2. 激励性原则

激励性原则是指思想政治教育者科学地运用各种激励手段，调动起受教育者的积极性、主动性和创造性，从而最大限度地激发受教育者树立自立自强精神。激励的目的就是充分调动受教育者的内在需求，正因为有了强烈需求的愿望，才会为了这个愿望而采取适当的行动。内在的需求就是人的思想动机，有了思想动机加上外界的各种激励手段对需求的刺激，就会加强大学生对这种需求的渴望，人们会因为内心对需求的极度渴望而产生自觉的行动。抓住大学生内心对成为祖国栋梁之材、父母的骄傲以及实现自己人生价值的心理需求，坚持激励原则对培养大学生自立自强精神十分重要。

3. 渗透性原则

渗透性原则是把思想政治教育渗透到各方面的具体工作中。有目的、有意识地把培养自立自强精神融入学校教育当中的方方面面，这里具体是指课堂内容、文艺活动、体育竞赛、社团组织、演讲报告、网络媒体、校园文化等，达到一种被精神力量包容的状态，使学生很自然地在各个方面得到教育的目的，这也需要学校各个教学机构和管理机构及家庭和社会各方面的配合协调，形成教育力量合力，设立良好的教育氛围，使受教育者无形中受到教育，以达到教育的目的。

4. 持续性原则

持续性原则是指培育大学生自立自强精神的过程不能间断，从入学到完成学业这段时间内自立自强培育持续不断、循环往复的原则。对受教育者精神品质的培养一直是德育教育的难题，这就需要教育者利用可以利用的一些资源不断创新，持续不断地灌输思想政治教育内容，时时动态把握各个阶段受教育者所需要采取什么形式的教育手段和方法，有针对地全程不间断地对受教育者进行自立自强精神的培养，做到持之以恒、反复加强巩固教育成果，通过长期的培养，最终内化为受教育者终生恒定的精神品质。

（二）大学生自立自强精神培育的主要途径

1. 改进和优化高校德育教育模式

随着对国家教育事业的大力支持，传统的方法单一、层次单一的教学模式和管理模式的高校德育教育模式已经无法适应当前大学生的教育环境，尤其对大学生目前出现的自立自强精神缺失的状况而言，改进和优化高校德育模式势在必行。

第一，转变教学模式，从传统的说教式、强迫式，这种被动的接受教育模式转变到充分发挥大学生的主体性、参与性，可借鉴国外的德育教育方法，如，价值澄清法、角色扮演法、两难困境讨论法等，增强学生的自我选择能力，同时丰富各类实践课程，充分利用实践课程跳出传统的说教模式来实现大学生自立自强精神的内化，帮助大学生能够从实际的活动当中体验自立自强精神带来的内心满足。

第二，转变管理模式，大力改进辅导员制度，培养高素质辅导员队伍是培养大学生自立自强精神的重要环节。

一方面，从大学生的生理和心理特征来分析，学生对教师有一种较强的"向师性"和"模仿性"倾向，而与大学生生活最亲近的就是辅导员，辅导员不但要完成事务性的工作，更要注重大学生精神品格的培养，要从单一的说教和事务性传播转变成结合多种大众传媒载体的传播方式和更多心理上的关心关爱的形式，如，可以利用现在时下大学生最喜欢的社交网络如微信、QQ、微博等平台传播德育的主要内容，辅导员也可开展班级活动和学院活动，如：拍摄关于自立自强精神榜样的微电影、微短片等，不仅可以使大学生参与到拍摄录制的过程中，感受到自立自强精神的榜样的巨大作用，而且成片后可放在校网上、校内论坛上再次传播，起到双重教育的效果。

另一方面，辅导员对大学生每一位同学的关爱关心也是至关重要，要充分尊重每一位大学生，要重视大学生的各种问题，在学生群体中树立出不仅是老师更是知心朋友的角色，无论是对于一般同学还是家庭贫困的特殊群体，都能及时地捕捉到他们的思想动态，这样更有利于加强对其自立自强精神的培养。

2.营造弘扬自立自强精神的校园文化

校园文化包括精神文化、环境文化、行为文化和制度文化。要把握校园文化中以育人为主的导向作用，充分制造一种奋发进取、互相关爱、团结友善、艰苦奋斗、奋发图强、不屈不、不畏艰难的自立自强精神，创造一种令人愉悦、气氛和谐、处处美好的积极向上的力量，大学生在这样的环境中潜移默化地受到影响，就能够内化成自身的精神动力。

首先，高校要充分利用校史、校训、校歌、校景中蕴含的丰富的历史文化和精神文化，用一种积极向上、艰苦奋斗、奋发图强、百折不挠并被充满知识和文化氛围包围着的大学生，这是促使大学生奋发向上的隐形力量。

其次，要充分利用校园媒体的力量，包括校刊、校报、校园网络平台和校园广播等媒体手段宣传自立自强精神的典范，注重大学生的价值观导向。

再次，要承办丰富且多种多样的校园文化活动，如：讲演、讨论、文化作品鉴赏、才艺展示和兴趣小组等，不仅提供了学生之间相互交流的平台，也有利于树立大学生的全面素质。

另外，成立"自强小组""帮帮团"等这类的组织，使内心渴望自强自立却找不到有效途径的学生相互帮助、相互学习，讨论和学习自强自立的典型范例，从而树立起大学生自立自强的精神。

最后，在制订校园制度方面也要与时俱进，突出大学生自立自强精神的培养。

3. 优化大学生自立自强精神培育的社会环境和家庭环境

大学生自立自强精神的培育需要家庭、学校和社会各部门组织共同配合，不仅需要家庭教育，也需要社会给大学生提供更多的实习和实践岗位，同时更要注重道德法制文化建设，大力弘扬社会主义核心价值，抵制不良风气和思想对大学生思想的负面影响。

在优化大学生自立自强精神的社会环境方面包括以下几点：

（1）需要学校和社会各部门组织共同配合

针对目前大学生的不同专业提供更多具有针对性地社会实习和实践岗位，帮助在校大学生利用课余时间和假期时间进行社会实习和实践活动，使他们能够巩固自己所学的知识，提高自身的能力，更早地适应社会环境并从中获得相应的物质报酬，更早地不依靠父母而独立生存生活，在社会环境中磨炼自己的意志力、抗挫折的能力、团队合作的能力以及人际交往的能力，更好地认识自己的优缺点，对大学生自立自强精神的形成有着非常重要的帮助。同时，也要完善社会道德法制建设，保护大学生实践和实习期间的人身安全及合法权利，实习单位与学校共同拟定实习合同，以保证双方的共同利益，在法律保护下培养大学生自立自强精神。

（2）大力弘扬社会主义核心价值体系

虽然在我国高速的经济发展之下人民的生活越来越富裕、越来越丰富，但是也随之产生了很多的社会问题，如，贪污腐败现象、好逸恶劳的现象、享乐主义、利己主义、个人主义、拜金主义等不正之风，正在影响新一代的年轻人，这就需要全社会大力弘扬社会主义核心价值观，加大对不正之风的整治力度，严肃打击贪污腐败分子对社会造成的极其恶劣的影响。要充分发挥大众传媒载体如电视、广播、报纸、杂志、影视剧、网络、书籍等的覆盖面广、传递迅速、传播的影响具有增值力的作用，不遗余力地弘扬社会主义核心价值体系的重要内容，使大学生能够潜移默化地正面吸收社会主义核心价值体系，自觉抵御不正之风对其思想的侵害，相信通过自己的奋斗能够实现自己的人生理想。

在优化大学生自立自强精神培育的家庭环境方面：

首先，家长要培养子女的独立意识。子女在大学学习阶段，家长除了要关心子女的学习生活情况外，更需要关心子女的思想动态、心理情况和道德品格。对于子女的节约、勤劳、简朴、肯吃苦等行为习惯要加以鼓励，对于子女的浪费、攀比、自私、依赖、不独立、不自立、不自律等行为习惯要加以教育纠正。在子女放假的期间，家长要有意识地让子女参加家庭劳动，培养子女的生活能力和自理能力，家长也要鼓励子女利用假期时间去参加社会实习活动，目的是培养子女的社会适应能力和独立意识。

其次，家长要培养孩子的自强意识。要让孩子明白，自强是人努力向上的重要精神动力，要让子女知道未来的生活是他们自己的，需要自强的精神来面对这个世界，需要自强的精神更好地去奋斗去生活。

最后，家长要发挥榜样示范、以身作则的作用。家长的言谈行为举止对子女的影响很大，在家庭环境中子女会潜移默化地模仿家长的言行思想，那么家长自身就要严格地要求自己的言谈行为举止，以自身的榜样示范作用正确引导子女树立自立自强精神。因此，父母要多与子女沟通，讲述自己奋斗吃苦的经历及对世界正确的认识，家长也要培养自身的道德修养，提高自己的道德认识，从而言传身教地帮助子女树立自立自强的精神。

4. 加强大学生的心理辅导

高校大学生所处的人生阶段，正是他们人生观、价值观、世界观趋于成熟的关键阶段，更是自我成才的关键阶段。而随着时代的发展，大学生面对的学业压力和精神压力也是前所未有的，加上社会环境也对他们产生了一定的负面影响，这些都造成了大学生的心理负担，严重的也会产生一定的心理问题。高校既要坚持全体大学生进行心理健康卫生基础教育，更要建立由校级、院级、班级到宿舍的大学生心理服务系统，针对目前大学生容易出现的心理误区，应从以下几个方面加强大学生的心理辅导：

（1）树立正确的消费观

随着当今社会经济的飞速发展，物质特别丰富，大学生面对诸多物质诱惑，面对如此丰富的物质产品，大学生渴望被认可的心理会使他们产生对物质的欲望，如果这种欲望超出了大学生自身的经济能力范围，不能控制自己的消费，过早地把生活费用完，再向家里要钱，或者出现一种攀比的心态，这些都会影响大学生正常的心理健康发展，同时也会使大学生无法真正地独立生活。正确的消费观、贫富观对大学生健康的身心发展尤为重要。

（2）增强大学生的自信心和人际交往能力

自信心和人际交往能力是影响大学生心理健康发展很重要的因素，大学生的自信心对他们完成学业，积极参加各种活动，主动地去适应各种环境起到积极的作用，不仅能够对自己有更好的认识。更能够克服自卑心理带来的负面影响。人际交往能力体现个体在群体当中与他人的相处是否融洽和谐的能力，有效人际沟通能够让自己与他人之间相处得更为融洽，能够使得自己处于一种和谐的氛围当中，能够产生积极向上的动力。人际交往出现障碍，就使得个体产生孤僻，封闭自己，疏远他人等，由此会产生更为严重的心理问题及不好的行为。

（3）增强大学生抗压和抗挫折的能力

大学生群体正处于由学生角色到社会角色转变的关键时期，面对学业和就业的双重压力，容易产生心理压力过大、逃避现实、接受不了失败挫折而一蹶不振、自暴自弃等心理问题，最终导致行为异常、荒废学业等现象。培养大学生抗压和抗挫折的能力是在当今社会环境下德育教育工作必须强调的内容，让大学生能够保持良好的心态积极地面对所处的困难，调整好状态，看到自己的优点和缺点，总结失败的经验教训，能够再接再厉、不屈不挠、重拾信心，最终获得成功。那么在今后走向社会工作当中，遇到挫折和打击就仍然能够有信心、有能力地面对，而不会产生悲观情绪从而逃避现实，能够把这种压力和挫折当成前进的动力，更加努力地去克服困难，为实现理想不懈奋斗。

5.加强对大学生特殊群体的情感呵护

情感是人对客观事物是否满足自己的需要而产生的态度体验，情感呵护就是对个体内心进行疏导、鼓励、支持和帮助，使得个体心理健康。对于刚从家庭生活向独立生活过渡的大学生群体来说，大学生个体在大学的学习生活当中有时会感到孤独无助，找不到可以倾诉的对象，产生对现实的不满，不知如何摆正心态，内心敏感自卑等心理表现，尤其在一些经济贫困家庭、单亲家庭或者家庭关爱较少的特殊群体的学生当中，更容易产生自卑、敏感、孤独、焦虑、自闭、抑郁等心理问题。针对这些现象，思想政治教育工作者要经常地把握学生的心理动态，及时与学生保持联系，对他们充分地尊重，真挚地关爱，以热情的态度，去引导大学生特殊群体向更好的人生道路前进。

（1）充分地尊重

大学生当中的特殊群体表现在心理比较敏感，对他们人格的尊重至关重要，充分地尊重能够使大学生特殊群体摆脱自卑的心理，从而更积极地学习和生活。

（2）真挚地关爱

这种关爱要求思想政治工作者要对大学生的各个方面都要关心关爱，能够设身处地地帮助他们解决和疏导生活上、学习上和思想上的各种问题，在特殊群体的个体遇到困难的时候及时地给予情感的关怀和具体的帮助，使得大学生特殊群体在大学生活中处处感到温暖。

（3）热情的态度

就是保持一颗热情友善的心，让大学生特殊群体感受到大学环境里的关爱，使他们觉得自己并不孤单，在学校中感受到有老师和同学的悉心关怀，能够主动地打开心扉，对自己出现的各种问题能够主动地提出，并在学校里得到充分重视和解决。

（4）引导大学生特殊群体向着更好的人生道路前进

引导大学生特殊群体认真学习、热爱生活、克服困难、艰苦奋斗、奋发图强，与人和谐相处，抗压力、抗挫折，内心积极向上，消除负面情绪。

从情感呵护的角度对大学生特殊群体产生的各种心理加以关心和帮助，有效地帮助他们解决实际的困难，从而使得大学生特殊群体能够有信心向着更加积极的方向努力奋斗，树立起自身的自立自强精神。

第二节 和谐精神与大学生思想政治教育

一、大学生和谐精神的内涵

（一）培育大学生和谐精神的内涵

1. 爱国主义精神

加强爱国主义教育是我们国家建设与发展的根基，离开爱国主义教育，一切事业都无从谈起。因此，爱国主义是民族之魂，是国家发展之基。

第一，树立爱国主义精神。这是大学生人生成长中永远相伴的教育内容。我们要在整个大学教育期间贯穿始终，并把"知行合一"作为教育终极目标，要使爱国主义思想永远扎根于大学生的脑海里，并使其变成自觉行动。

第二，要树立道德意识。社会主义核心价值体系中的第二条就是加强社会主义道德教育。而培养大学生和谐精神，就必须从培养大学生爱国主义精神入手，没有道德意识何谈爱国？古人说，"行德为先"。只有形成良好的道德意识，懂得道德价值和道德评价才能产生道德行为，进而形成良好的道德习惯。中央电视台每年都举办"感动中国道德模范"评选活动，各地区也都评选道德楷模，从中我们可以清晰地看到许许多多道德楷模的爱国情怀。由此可见爱国必须从讲道德开始。

第三，要树立法律意识。作为大学生个体来看，遵纪守法就是爱国的表现。反之，就不能说他具有爱国主义精神。因此，培养大学生法律意识要从民主法制教育开始，要培养他们民主决策、民主监督、民主管理、民主意识和体现保障民意、保障民权的观念。同时，还要不断提高大学生的法律素质，使之做到知法、懂法、守法。

第四，要树立创新意识。建设社会主义和谐社会的基本特征之一，就是要使全社会"充满活力"，它意味着"能够使一切有利于社会进步的创造愿望得到尊重，创造活动得到支持，创造才能得到发挥，创造成果得到肯定"。我们国家还曾提出要建设"创新型社会"的总要求。而培育爱国主义精神也就包含着创新意识的内涵，试想一个国家要发展要富强，没有创造何以实现创新发展，没有以"科学发展观"为引领何谈在各行各业创造新技术，没有形成创新型社会怎么实现中华民族屹立于世界民族之林？可以说，爱国就要有创新意识，并不断加以实践，才能显现出一个人的人生价值，才能表明一个人的爱国精神和爱国情怀。故此，培育大学生创新意识就是培养大学生爱国主义精神主题中应有之意。培养创新意识还要从传授创新理论和知识入手，逐步培养大学生的创新能力，最终实现大学生毕业后在工作岗位上能够做到创新发展。

2. 公平正义精神

社会主义和谐社会的标志之一就是社会各方面的利益关系得到妥善协调，人民内部和其他社会矛盾得到正确处理，社会公平和正义得到切实维护和实现。大学生群体在现实生活中必然会受到学校、家庭、社会的影响，必然会从所见所闻中形成自己的认识和理解，怎样培养大学生树立公平正义的精神，这是建设和谐社会教育中的重要内容。可从以下四个方面加以引导和培养。

第一，树立公平意识。可以逐步建立以"权利公平、机会公平、规则公平、分配公平"为主要内容的社会公平保障体系的宣传与教育，使大学生充分理解我们中华民族社会发展的终极目标就是要建立一个公平正义的国家，我们全体人民都有共享改革发展成果的权利，特别是作为国家未来发展栋梁之材的大学生，必须责无旁贷地高举公平正义的旗帜，为促进社会主义和谐社会的实现作出应有的贡献。教育大学生要从自我做起，具有公平正义的意识，掌握公平正义的理论知识，提高综合素质，为促进公平正义社会的发展发挥应有的作用。

第二，树立荣辱意识。树立公平正义精神必须要具有荣誉意识。作为大学生群体，他们人生观和世界观正处在成熟期的初始阶段，加强荣辱意识的教育尤为重要，要从道德教育入手，以道德模范人物和历史英雄人物事迹为内容对大学生进行教育，使他们提升到崇尚道德、崇尚真善美的人生境界，形成牢固的荣辱意识。

第三，树立团结意识。一个国家不团结就要分裂，一个社会不团结就会矛盾重重、停滞不前；一个学校不团结就无法教书育人；一个家庭不团结就会妻离子散；一个企业不团结就无法生存。因此，团结就是力量，团结就能战无不胜。和谐社会公平正义的体现，一项重要内容就是要讲团结。故此，团结意识的培养是大学生培养和谐精神的重要内容。可以从集体主义教育入手，形成讲团结的氛围，加强大学生自身修养，培养健康心理和健康人格，使其形成和谐的同学关系、师生关系，形成与人为善、谦虚礼让的道德品行。

3. 诚信友爱精神

诚信友爱就是要在全社会形成互帮互助、诚实守信，全体人民平等友爱、融洽相处的和谐氛围。大学生作为社会中的一员，在构建社会主义和谐社会中理应率先垂范地树立诚信友爱的精神，应着重培养三种思想意识。

第一，培养诚信意识。诚信就是诚实、守信用之意，属于道德范畴。构建和谐社会，必须要有诚信友爱的精神，更要从培养诚信意识入手。应对大学生开展社会公德、职业道德、家庭美德教育，倡导以文明礼貌、助人为乐、爱护公物为主要内容的社会公德。

第二，培养平等意识。中国是一个有 13 亿多人民的大家庭，家庭每个成员都是平等的公民，这是宪法赋予每个公民的权利，决不允许侵犯每个人的生存、读书、工作、保障等一系列权力，构建和谐社会就必须在人格方面做到人人平等、男女平等、官兵平等。大学生要培养平等意识，应从普法的角度，认知人人平等的内涵，从道德知识层面，让大学生学会尊重人、理解人、关心人的深刻道理。

第三，培养"亲民、爱民和为民"意识。"我为人人、人人为我""送人玫瑰，手有余香""欲取之、先予之"，这些名言大家都耳熟能详。说明一个道理，作为社会的一分子，一名大学生必须要牢记热爱人民、关爱他人，这是中华民族的传统美德。构建和谐社会就必须要有亲民、爱民、为民的思想意识，应从社会主义荣辱观教育内容入手，培养爱国爱民的思想品质。

4. 生态和谐精神

生态是指生物在一定的自然环境下生存与发展的状态。生态和谐包括人与自然和谐、生态和谐、环境保护等内容。大学生作为构建社会主义和谐社会的生力军，应在促进生态和谐方面作出表率，主要应具备三大意识。

第一，培养人与自然和谐意识。要以生产发展、生活富裕、生态良好为经济社会发展的目标，科学认识和正确运用自然规律，科学地利用大自然为人民生活和社会发展服务。尊重自然、保护自然、合理利用自然是人们与大自然和谐相处的必然选择；否则，大自然就会对人类生存与发展造成极大危害，这种意识必须要深入大学生的心田，并形成牢固的思维定式，可从学习自然科学知识入手，丰富大学生的知识体系，循序渐进地形成人与自然和谐的意识。

第二，培养生态意识。党和国家提出创建生态型社会的发展模式，意在通过生态良好的发展模式，促进经济社会健康有序发展。生态是一种资源，只有科学地培育生态环境，才能成为永续利用的发展潜力；反之，必将在不远的将来制约或停滞经济社会发展的进程。因此，培养全民，特别是大学生的生态意识至关重要。可以从普及生态知识入手，使大学生了解良好生态形成与发展的规律，熟知生态与社会发展的关系，从而真正在大学生心中树立生态意识。

第三，树立环保意识。环保，顾名思义就是环境保护。我们国家大力提倡环境保护，因为它决定着经济社会发展的命脉，决定着我们国家经济建设的永续发展，决定着每个公民的生存与发展。因此，每个公民，特别是大学生必须承担起环保的责任。全国各级环保大使的出现都是以大学生的身份来担当，他们为国家环保做出了巨大贡献，产生了深远的影响，令世人称道。可以说大学生宣传环保、践行环保，无形中就为全社会树立了榜样，这只是大学生群体中的一部分，我们应倡导整个大学生群体都应成为环保大使，首先要树立环保意识，掌握环保知识，进而培养环保意识，最终实现全中国大学生都来宣传环保、践行环保。

（二）培育大学生和谐精神的意义

所谓"和谐"，即是"配合适当和匀称"。和谐具有协调、融合、合作之意，不是普遍性的统一，而是多样性的有机统一。和谐是一个关系范畴，是事物之间协调、均衡、有序的状态。和谐社会是一种社会状态，是整个系统中各部分、各要素处于相互协调的状态。社会主义和谐社会的六条基本特征相互联系、相互作用，既包括社会关系的和谐，也包括人与自然关系的和谐，体现了民主与法治的统一、公平与效率的统一、活力与秩序的统一、科学与人文的统一、人与自然的统一。而精神是指人的意识、思维活动和一般心理状态。和谐精神就是要形成协调融洽的社会关系的思想意识，具体来说，就是要在思想上形成和谐意识，并使之转变成为人的自觉行动，包括自我修养的行为和推动全社会形成和谐社会的行为。

作为当代大学生，在社会主义和谐社会建设中，至关重要的是要大力培育和谐精神，必须充分认识和谐精神是我国社会主义建设与发展的重要支撑，必须深入领会和谐精神是每一个公民，特别是大学生共同的奋斗目标。作为中华民族的儿女，要责无旁贷地担负起传承先进文化的神圣职责，并承担起为祖国建设与发展贡献力量的重任。因此，大学生培育和谐精神对构建社会主义和谐社会具有重要意义。

二、和谐精神在大学生思想政治教育中的运用策略

（一）和谐思想在大学生思想政治教育内容中的运用

思想政治教育的内容，就是根据一定的社会或阶级的要求，针对受教育者的思想实际，经教育者选择设计后有目的、有步骤地输送给受教育者的一切信息。思想政治教育内容的存在形式是一种结构关系，主要表现为思想政治教育诸多内容之间的整体性、有序性和层次性关系。思想政治教育是以人们思想品德的形成发展和对人们进行思想政治教育的规律为研究对象的。思想政治教育目标，是指一定社会对教育所要造就的社会个体在思想政治品德方面的质量和规格的总的设计和规定，它反映了社会对受教育者在政治、思想道德、法纪、心理等方面素质的综合要求，是对教育活动预期结果的一种价值限定和观念化形成。因此，有什么样的思想政治教育目标就有什么样的思想政治教育内容。

思想政治教育过程的特殊矛盾是一定社会和阶级对于人们思想品德的要求与人们实际的思想品德水准之间的矛盾。这个特殊矛盾规定着思想政治教育的内容和发展。这个特殊矛盾能否解决得好，内容能否在现实生活中被大学生广泛地接受，取决于大学生的社会物质生活条件与大学生的具体思想意识状态。

大学生自己概括了他们的问题：我们最关心的是利益问题，最弄不懂的是价值问题，最苦恼的是关系问题，最感兴趣的是爱情问题，最担心的是就业问题，最想解决的是成才问题。

1. 大学生思想政治教育内容的特点

（1）思想政治教育内容具有层次性

思想政治教育内容是一个富有逻辑的和谐结构系统。它与教育对象素质塑造的完整性、接受能力的渐进性相适应，依据一定社会的客观要求和受教育者的个性心理、思想实际、知识水平、接受能力，确定实施教育内容的广度、深度、进度和强度，它立足于人的思想实际，有的放矢，又根据人的思想品德发生和发展规律，实施情感教育、心理教育、法纪教育、道德教育、思想教育和政治教育。在这个主体的综合体系中，反映了对教育对象的层次要求。在此基础上，按照人全面发展的要求整合教育内容，构建出日常性内容、系统性内容、时政性内容组成的和谐体系，基础性内容、主导性内容、拓展性内容组成的和谐体系，实现大学生思想政治教育内容与社会发展的和谐统一。

就思想政治教育内容系统来说，引导和帮助受教育者树立马克思主义世界观是思想政治教育的核心内容。在我国社会主义初级阶段，共产主义人生观是最高层次，而我国改革开放和社会主义现代化建设的现实，要求思想政治教育的内容是引导和帮助受教育者树立为人民服务的人生观和集体主义价值观。心理教育、法纪教育、道德教育是最基础和最基本的内容，它以马克思主义为指导，以世界观、人生观、价值观教育为中心内容。政治教育则是最高层次，它要求受教育者树立阶级观点、端正政治立场、提高政治觉悟，具有辨别政治方向，有效进行政治参与的能力，政治教育显得更为艰巨。这些内容呈现由低级到高级、由浅入深的层次性。

（2）内容具有时代性

大学生思想政治教育内容要与时代和谐统一，要体现时代精神。增强大学生思想政治教育内容的时代感，思想政治理论课程教育教学在大学生思想政治教育中起着主导作用。思想政治教育工作是教育人的工作，在人的问题上，最根本的问题是世界观的问题。一切科学研究都离不开马克思主义，特别是马克思主义哲学思想的指导。我国高校思想政治教育千头万绪、纷繁复杂，但它必须随着社会发展和大学生成长的需要增加新鲜内容。因为人发展的重要表征是需要的不断丰富，这种丰富性包括物质、精神、社会三个方面。增加宣传形势与政策的新内容，使学生及时了解我们党和国家面临的新形势和新任务；了解党和国家现行的路线、方针、政策；了解社会主义改革和建设所取得的新成就；了解当代国际经济、政治形势不断发展变化的实际；提倡科学精神、人文精神和创新精神，并把这三种精神统一纳入思想政治教育的内容体系中来，才能充分凸显思想政治教育内容的时代特色。

2. 大学生思想政治教育内容的和谐

大学生思想政治教育内容的和谐是指内容的层次性和时代性的和谐要与大学生的具体思想实际和物质利益相和谐。

大学生思想政治教育内容要依据人的思想意识运行规律。人的思想意识是一种立体结构状态，横向上具有哲学、道德等意识成分，纵向上可分为心理、观念、思想三个层次。这三个层次密切联系，具有整体性规律，又各自发挥着相对独立的作用。心理层次主要是"动力和谐"，培养情操以引导自我意识和平衡心理需求与良心，达到个体与社会心理和谐的境界。观念层次为"整合和谐"，靠社会主义和共产主义信念来整合统一人的思想观念，达到个体与社会观念的协调和谐。思想层次则是"导向和谐"，靠理想的培养来导向，实现个体与社会思想的融通和谐。当代大学生已经形成了现代的人格和现代的心理特征，这种现代意识是现实社会物质生活条件在意识观念中的反映。大学生具有一定的公民意识而不是臣民意识，具有一定的平等意识而不是权威意识，具有一定的理性法治意识和比较强烈的国家认同意识及为国效劳意识。同时，不可否认的是大学生自身也是变革的一代。这是一个具有变动性和可塑性的群体，也是一个尚未完成向相对成熟和完善的社会人转变的群体。其群体的差异性、个体特征的两面性及关注问题的变动性都是显而易见的。因此，他们在认知方式、情感归属、心理状态、行为习惯等方面，都呈现出某些被媒体定义为"新新人类"的一些典型群体特征。

思想政治教育内容还要符合大学生的具体物质利益，贴近实际、贴近生活，才能易于被学生所接受。例如，大学生中有富裕生群体、贫困生群体、特困生群体、社团群体、勤工助学群体、"恋爱族""考研族"等。"恋爱族"需要接受情侣教育；"考研族"需要考研方面的指导；勤工助学群体需要如何融入社会的教育；贫困生和特困生群体需要知道怎样用行动来改变经济状况等。

（二）和谐思想在大学生思想政治教育方法中的运用

思想政治教育的方法作为实施思想政治教育内容的重要手段，方法主要有：说理引导法、实践锻炼法、熏陶感染法、比较鉴别法、自我教育法、心理咨询法、案例分析法、渗透教育法（隐性教育方法）等，归纳起来就是显性教育方法与隐性教育方法两类。

1.思想政治教育显性方法的特点和作用

显性方法具有公开化、专门化、正规化、规范化、富有组织力度的特性，在过去的时代里，有力地满足了宣传组织动员群众积极参与各项工作的思想政治教育需要，因而一直是思想政治教育的主渠道和主要的工作方式。

（1）显性教育方法的特点

显性教育方法具有传达思想理论和价值观念的功效，具有鲜明的思想导向功能和价值理念，具有政治动员的造势功能，具有快速反应、稳定社会的功能。显性教育方法是一个覆盖面广泛的方法系列，它既包含着利用广播、网络、电影、电视、墙报专栏、横幅广告，也包括利用多种载体的政治动员和思想教育。显性方法大多具有通过大张旗鼓地组织不同规模的专门活动，如：纪念活动、宣传活动、周日活动、团日活动、党员活动、会议活动、社会实践活动、植树活动、讲座、报告等，采用公开的形式和手段（包括有目的地借用大众传播媒介和互联网站）直接与教育对象进行意见交流沟通，让大学生直接感受和接受思想政治教育。升国旗、唱国歌等由国家用法律的形式予以确定；国家教育主管部门不仅规定高校必须开设思想政治课程，大学生必须修完并考试合格才能获得毕业的规定；高校用组织规章的形式规定师生思想教育、政治学习的时间等带有规范性要求的显性方法等，从制度上保证了大学生思想政治教育的实施。

（2）显性教育方法的作用

在当代多元文化并存、各种思潮相互交错激荡的社会环境下，显性教育方法承担着引导社会意识和社会心理正确发展方向的任务。显性方法专门性的特性与隐性教育方法相比，显性教育法对完成这一思想导向的任务显然具有明显的优势，它所承担的正规化思想教育任务是其他方法难以完成的。它应有功能的发挥与当代价值的实现，必须以能动性地适应不断变化的社会现实和大学生的思想实际为基础和前提，因而必须随着时代的发展而不断改进和发展。

2.思想政治教育隐性方法的特点和作用

隐性教育方法是将教育目的和内容隐藏于人们日常生活之中，具有"无形"性、隐蔽性、间接性的工作方式。学风、校风、舆论、文化氛围、校园环境等间接无形的教育，我们称为隐性教育，它具有以下特点和作用。

（1）隐性教育方法的特点

隐性教育方法具有过程潜移默化、目标包容、效果长期、愉悦性、知识性、多样性等特点。隐性教育方法常运用多种喜闻乐见的手段，寓教于建设成就、寓教于乐、寓教于文、寓教于游，把思想政治教育贯穿其中，使人们在潜移默化中接受教育。例如，利用社会主义建设成就、经济繁荣、政治稳定，事实更具有说服力。教师要充分介绍展示这些成就，有利于大学生从耳闻目见的事实中，自己得出正确的结论。利用各类思想政治教育场所，例如，纪念馆、纪念地、展览馆、博物馆、国家公园、海上世界、游乐园等，以生动的实物和资料来教育人、熏陶人。利用各种传媒、文学、艺术等手段，用经过选择和提炼的事实、形象、情节来感染人、教育人。一个人每天都要读书看报，参加各种文学艺术活动。很多思想政治教育的内容大多是通过读报、看电视、看演出、看体育比赛等得到的，其潜移默化的作用不可低估。

（2）隐性教育方法的作用

①重视隐性教育有利于形成"齐抓共管"的思想政治教育局面

思想政治教育是全体职工的事，它贯穿业务教学、日常管理及各项服务工作之中。隐性教育的渗透性要求全体教职工都必须以育人为中心，在做好各自工作的同时要将思想政治教育工作贯穿其中。高校教师在传授科学知识和先进技术的同时还必须把伦理道德、思想观念和行为规范等传授给大学生，把"传道、授业、解惑"三者很好地结合起来。在教书育人中以培养"四有新人"为目标，用党的基本路线方针政策规范大学生的行为和人生态度，用集体主义思想处理人际关系，用正确的价值观、幸福观和审美观指导生活方式，以为人民服务的宗旨树立社会责任感。高校所有部门和服务人员要遵循"重实际、办实事、以真情感化人"的原则，通过优质服务向学生展示高尚的职业道德，使学生时时处于一种和谐、融洽、友爱、相助、催人奋进的氛围之中，激发学习的热情、陶冶学生的情操。隐性教育还有利于贯彻学生管理制度，发挥校规校纪的规范和约束作用。隐性教育过程的本身就是理论与实际相结合，教育与管理相结合的过程，其潜移默化的作用就在于此。高校决策者要用先进的办学理念和目标凝聚广大师生，实现学校内部管理和周边环境的和谐，学校内部硬件建设和软件管理的和谐，传统的教育方法与现代教育手段的革新和谐，教育内容和谐，为学生创造一个公平公正、互信互爱、谅解与宽容的和谐校园，激发学生追求正义、探索真理。

②重视隐性教育有利于各个层次的大学生成才及全面发展

思想政治教育应注意大学生思想状况的差别和人才规格的层次性，使人才规格层次多样化，符合学生的实际和成长规律。对大学生来说，首先应将他们培养成具有基本的社会公德和职业道德，懂得做人的基本要求，并能坚持四项基本原则，愿意成为为实现祖国现代化而奋斗的爱国主义者。在新形势下，思想政治教育既要满足社会发展的需要，又要满足人的全面发展的需要，实际上它是一种广义的德育，其内容和范围大大拓展了。只有强化隐性教育，才能弥补显性教育的不足，更好地完成新时期思想政治教育的总体目标。

③隐性教育有利于建立一个全时空的大教育观

在时间上，教育要为每一个社会成员提供在他们需要的时候的一切学习机会；在空间上，教育不仅包括学校教育，而且也包括社会教育、家庭教育，这就是未来学习型社会的雏形。未来社会是终身教育，人才竞争激烈，具有世界化、信息化的特征，面向未来的教育，必须建立发展个体教育的思想，注意培养创新型人才与国际型人才。现在人才国际化进程加快，我们必须认真研究国际人才的基本素质。国际人才素质在经历了资历取向、能力取向的阶段后，正在向品行取向阶段发展。我们可以从著名跨国公司在中国选拔人才的标准中得到启示。

3.显性教育方法与隐性教育方法的和谐

（1）坚持显性方法的主导地位

要把坚持显性方法在思想政治教育方法体系中的主导地位作为发展取向的基本原则，防止简单地用隐性方法代替显性方法的趋势。自改革开放以来，我国不断引进国外思想政治教育方法，显性方法公开性、专门性、规范性的基本方式和特性，就经常被一些人当作传统的、形式主义、"硬灌"

的别名，用间接性的、潜隐的、渗透的隐性方法代替的呼声经常被一些人当作新观念、新思路并简单地实施，这无论从理论还是实践来看都是错误的。从方法的功能上看，隐性方法是依托非政治领域的日常活动，无形无声潜移默化地影响人的教育方法，具有水滴石穿的作用力，但是如果长期依托和潜隐于非政治领域的存在形式，非常容易被所依托的活动所掩盖，甚至取代，以至丧失思想政治教育的存在形式和影响力。

从实践来看，20世纪80年代中后期的一段时间里，思想政治教育的显性方法不断遭遇"淡化"，政治理论教育的课堂阵地不断被占用，政治教育信息在媒体上不断减少播放，批评的方法被当作整人的工具也弃置不用，造成思想政治教育在社会意识观念中的声音被极大弱化，由此给人民带来了思想混乱和社会动荡，教训深刻。

（2）两种方法紧密结合

显性方法有两点局限：一是覆盖面有限，在政治生活和组织生活领域之外的其他生活空间作用不显著。二是强制诉求的色彩较突出。解决显性方法的局限和缺陷的有效途径就是在坚持显性方法主导地位的基础上与隐性方法紧密结合、互补长短、齐头并进，共担新时期大学生思想政治教育之重任，共创大学生思想政治教育之辉煌。

（3）两种方法都要转向双向互动的趋势

大学生的思想政治教育是高校师生的一种特殊的精神交往互动过程，通过双向建构和双向整合的基本机制来达到我国教育的目标。主客体互动适应了市场经济条件下人们心理活动的特点，满足了教育客体受尊重的心理需求，有利于激发客体的参与、接受教育的积极性。

（三）和谐思想在大学生思想政治教育载体中的运用

教育者正是借助这些载体对教育对象进行教育活动，并与其进行双边互动活动。如果我们能适当地运用和谐思想，充分利用各种载体互补性及融合性，那么对于促进和谐的大学生思想政治教育具有不可替代的作用。这样载体的效益包括隐性效益与显性效益；近期效益与远期效益；直接效益与间接效益。效益包括效应和利益，这里主要指效应。

1.文化载体的建设要取得隐性效益与显性效益的和谐

文化既是思想政治教育环境又是思想政治教育的一个重要载体。思想政治文化载体是指利用各种承载社会文化的事物，通过增长人们的知识，提高素质，培养健康人格和良好文化心态的教育方式。文化载体包括文化观念、价值观念、行业精神、道德规范、行为准则。它的特点是具有较强的群众性和社会性、具有鲜明的民族特征和继承性；每一种文化都具有自身内在的价值观、行为准则（这是文化精神的内在核心）；具有时代性和教育性。

在利用文化载体时，要弘扬传统"和"文化"讲义求和"的思想精神，对克服重经济效益、轻社会效益，重个人和本位利益、轻集体和国家利益的错误思想倾向，具有现实意义。在文化的产业化和商业化运作的情况下，要注意隐性效益与显性效益的和谐。

校园文化属于文化建设的一部分，但校园文化不是脱离大学生生活的，而是大学生学习、工作和生活和谐相融的组成部分。这个载体，由于文化本身的特性，蕴藏着潜移默化、点滴渗透的重要的育人功能。近年来，积极、健康、向上的校园文化已成为一道亮丽的校园风景线。例如，寝室文化、"女生节""成人仪式""男子汉节"、社团文化等。按照建设先进文化的要求，注重校园文化的育人功能，努力建设体现社会主义特点、时代特征和学校特色的校园文化，形成优良的校风、教风和学风。

按照构建和谐社会的要求，高度重视文化环境建设，弘扬中华民族精神，借鉴人类文明成果，高扬主旋律，提倡多样化，建设积极、健康、生动、和谐的校园文化环境。按照推进素质教育的要求，突出文化素质教育、完善文化活动设施，加强文化阵地建设，开展丰富多彩，积极向上的学术、科技、体育、娱乐活动和专题教育活动，把德育、智育、体育、美育、健康教育、情侣教育、安全教育、形势政策教育、军事教育等有机结合起来，使学生在广泛参与中陶冶情操、优化素质、完善人格、提升境界。

2.活动载体的建设要取得近期效益与远期效益的和谐

活动载体即以活动为思想政治教育载体之意。可分三种类型：政治性活动、建设性活动、娱乐性活动。活动载体的特点：目的性、渗透性、群众性、实践性、感染性、间接性、综合性等。

从大学生的心理需求来看，现在的大学本科教育已经不再是终点教育（大学毕业后即就业），而是由于社会变迁与高等教育的发达，大学本科教育在性质上变成了中间教育，许多条件较好的大学生希望接受更高的教育，出国深造或读研。在大学阶段，除了专业知识之外，社会经验也是促进大学生自我发展的重要因素。对大学毕业马上就业的学生要获得近期效益，对继续深造的大学生要获得远期效益，因此要做到以下几点。

（1）使大学生在活动中快乐求知并体验生活

与其他载体相比，活动载体突出了社会实践性，能调动学生的积极参与。因为活动本身就是一种社会实践形式。我们的大学在培养学生时唯恐通不过考试，而社会在用人时却关心的是能否适应工作岗位。从大学生思想政治教育和谐的个体取向看，教育从来都是培养人的社会实践活动，是帮助个体实现社会化的最有效的工具。活动是思想政治教育理论用于实践和检验的过程，学生在活动中体验了现实的生活，重组了生活经验。这样，在他们走出校门时就是一个和谐的人。

（2）突出活动载体的目的性和渗透性（隐性）的和谐

活动使受教育者在积极参与中，不知不觉地接受教育，具有隐性的特点。开展丰富多彩、形式多样、生动活泼的各种活动，是为了满足大学生的精神需求，借此可以更好地进行教育，"无意识"作为教育活动的开端，使之转为"有意识"。同时，教育者要直接而理智地传授社会的思想政治道德、准则，目的性的观点不能模棱两可。突出活动的目的性是区别作为载体的活动和一般的活动的重要标志，也是我们判断某一活动是否是思想政治教育载体的标准。例如，文娱体育活动本身是客观存在的，是思想政治教育以外的一种活动，只有纳入思想政治教育的视野，赋予某些教育因素，如，增强集体意识、团体精神、丰富学生精神生活，才能具有教育功能，才能成为载体。

（3）突出自我教育与提高思想政治教育的效益

在创建性活动和娱乐性活动中，学校放手让大学生自己管理自己、教育自己、服务自己，可以提高学生积极性，使学生乐于接受。在整个思想政治教育过程中，教育者的"教育"，只是学生思想道德素质提高的内因。只有当学生不仅能正确认识自己、评价自己，而且能自觉地按照社会要求的思想观点、价值观点、道德观点、道德规范进行调节、自我控制，主动向社会要求的方向发展，思想政治教育的目的才算达到。这就是思想政治教育的最高境界——"无教之教"。

3.大众传媒载体的建设要取得直接效益与间接效益的和谐

大众传媒既是思想政治教育环境又是思想政治教育载体。大众传媒是指多种形式的通信手段，包括报纸、杂志、书籍、广播、电视、电影、网络等工具。大众传媒载体是指通过各种传播工具，向人们传播思想政治内容，使人们在接受信息的同时接受思想政治教育。

良好舆论环境的营造，大众传媒担负着重大职责。要取得大众传媒直接效益与间接效益的和谐，要做到以下几点。

（1）逐步实行大众传媒的职能分工

开设大学生的专门栏目，发挥传媒的特点和优势，实施教育引导；建立专门的大学生教育传媒，在进行知识教育的同时进行思想政治教育，形成富有生动活泼、覆盖面大、影响力强特点的传媒教育，改善舆论环境和育人环境，推进大学生思想政治教育社会化，担当起培养大学生的社会责任。如果为了大众传媒自身的直接经济利益与影响力，而不惜过分宣扬物质至上，过多以不良内容相吸引，丢掉远期效益，无疑是对大学生的误导和毒害，是社会责任的偏执和丧失。

（2）拓展网络教育空间与形成网上网下思想政治教育的合力

全面加强校园网络建设，使网络成为弘扬主旋律和开展思想政治教育的重要手段。加强网站建设，融思想性、知识性、趣味性、服务性于一体，依据网络规律和特点，积极开展互动的、生动活泼的网络思想政治教育活动。例如，微信朋友圈、QQ群、BBS论坛、红色网站、网上党校、网上专题教育。以及净化网络环境，加强网络伦理教育，创设积极健康的网络氛围。

建设专业队伍，把握网络思想政治教育主动权。建设好校园网的同时，社会上的各类网站也是大学生的交流平台。各类网站不仅要对自己负责，更要对社会尤其是对青年学生负责。要把握正确导向，积极开发教育资源，主动承担教育青年学生的责任，开展形式多样的思想政治教育活动；要增强正向引导力度，促进网上健康向上信息资源的传播，增强吸引力和感染力；要自觉清除垃圾信息与不良信息，管好网站，优化网络环境。要充分体现与网络社会相适应的时代特点，充分利用现代信息技术延伸大学生思想政治教育时空，牢牢把握网络思想政治教育的主动权。

第三节 伦理道德精神与大学生思想政治教育

一、伦理道德精神的价值体现

（一）强化传统伦理道德对个人的价值分析

现代社会，人们对某些现象的评价总是受到多种评价标准的影响，造成道德评价标准处于失范状态，进而使得道德价值取向变得混乱。而传统伦理道德优秀的成果为处于迷茫中的人们指出了正确的道路。

1.有利于形成良好的政治品质

传统伦理思想源远流长、博大精深，其优秀的政治思想观念至今广为流传。这对于当代大学生良好政治品质的形成具有极大的指导意义。

（1）"以德治国"思想

传统政治观讲求仁义原则，倡导统治者"以德治国"。《论语·为政》中载，"为政以德，譬如北辰，居其所而众星共之"。为政者要想使自己的政治地位稳固，就必须以德治国。孟子也说："以力服人者非心服也，力不赡也，以德服人者中心悦而诚服也。"同时，孟子还主张"以不忍人之心，行不忍人之政"，这样"治天下可运之掌上"。

（2）"民贵君轻"思想

"以民为本"是我国优秀的政治思想之一，《尚书》中载，"民可近，不可下，民为邦本，本固邦宁"。孔子提倡"节用而爱人，使民以时""修己而安百姓""博施于民而能济众"的思想。孟子批判统治者无视百姓利益、横征暴敛，并提出"民为贵，社稷次之，君为轻"的观点。《管子》中载，"政之所欣在顺民心，政之所废在逆民心"。老子在《道德经》中提倡，"以百姓心为心"。他认为，民众虽然卑贱，却是高贵的王侯赖以生存的基础。北宋政治家也留下了"先天下之忧而忧，后天下之乐而乐"的警世名言。

（3）爱国主义思想

儒家的"忠孝观"和"舍生取义"思想铸就了大批的民族英雄；战国末期的屈原，在无力挽救楚之危亡而又无法实现政治理想的情况下投江自尽；汉代司马迁有"常思奋不顾身，而殉国家之急"的名言；北宋民族英雄岳飞其精忠报国的业绩永载史册，并留下了"以身许国，何事不敢为"的豪言壮句；清代顾炎武"天下兴亡，匹夫有责"的诗句至今都使人荡气回肠。

传统伦理道德的优秀政治观对我国高校的政治教育具有促进作用，它为高校的政治观教育提供了理论依据和丰富的素材，同时也对当代大学生的良好政治品质的形成具有极大的意义。传统的"以德治国"思想、"民为邦本"思想使大学生有了明确的政治理想，坚定的政治信念，正确的政治方向。传统的爱国主义思想对大学生的爱国主义教育起到促进作用。同时，也有利于大学生形成集体主义思想，抛弃个人为中心的观念。

2. 有利于形成良好的思想道德品质

在这个物欲横流的时代，人们似乎将过多的精力放在对物质的追求上，放在对私欲的狂热上，而与物质生活同样重要的精神生活被渐渐地冷落到了一角。原本重要的道德品质被人们渐渐忽视，而对传统伦理道德精神的重现有利于改变这一局面。

首先，传统伦理道德的重现有利于改善人际关系。当前社会，人与人的关系被一层层紧闭的防盗门所隔开，门里门外的人很可能出现"老死不相往来"的局面。处在同一空间而又互相熟知的人关系也好不到哪去，钩心斗角成为家常便饭。市场经济的普遍存在使诚信成为稀缺的东西，人与人之间原本纯纯的感情在无形中渐渐变成了谎言。当人际关系这种冷漠趋势越来越严重的时候，我们呼唤传统伦理道德精神的重现。它所提倡的"仁爱之心""和谐之品""诚信之德"有利于促进人与人之间相互理解、相互帮助、相互尊重；有利于促进平等、友爱、互助、团结的社会主义新型人际关系的形成。

其次，传统伦理道德的重现有利于使人们形成正确的价值观。传统伦理道德注重集体利益的精神及"义以为上""见利思义"的高贵品质有利于使大学生在利益面前能够明辨是非。孔子一再地提醒人们"君子喻于义，小人喻于利"，以此警示世人应该重义轻利。当代大学生肩负着建设祖国的历史重任，是社会主义事业的接班人，因此，他们必须拥有正确的价值取向。传统的伦理道德有利于大学生树立健康向上的价值观，在追求个人利益的同时想到集体利益；当个人利益和集体利益发生冲突时，要以集体利益为重。

最后，传统伦理道德的重现有利于引导大学生形成求真务实的态度。许多大学生怀揣着"一夜成名"的梦想，期盼着"天上掉馅饼"的好事，在各种选秀场地来回奔波而不惜牺牲自己的本职工作学习，最后造成两手空空而归的悲剧。而传统伦理道德中一些警世名言时刻提醒着大学生不要被物欲冲昏了头脑，在追求物质生活时要把握住度，不论做什么事情都要脚踏实地、求真务实，物质生活和精神生活两手抓两手都要硬。

此外，传统的伦理道德有利于大学生形成严于律己、宽以待人的"仁爱"思想；有利于大学生形成艰苦朴素、勤劳节俭的传统美德；有利于大学生形成尊老爱幼、诚实守信的高贵品质。总之，传统的伦理道德有利于大学生形成良好的思想道德品质。

（二）强化传统伦理道德对家庭的价值分析

家庭是社会的细胞，家庭的和睦有利于社会的稳定发展。从恋爱到缔结婚姻再到建立家庭，是人生需要经历的阶段。树立正确的婚恋观是和睦家庭形成的基础，而弘扬家庭美德在维系和谐美满的婚姻家庭中具有十分重要而独特的功能。

1. 有利于形成正确的婚恋观

首先，传统的婚恋观较注重人的品德行为。古语说，"女子无才便是德"，一位称职的妻子可以没有文化，但是她必须具有良好的品德。"娶个贤德妻，垫好孝子贤孙基"，唐朝的长孙皇后以其贤德著称，在盛世群芳中登上了人间巅峰并流芳百世，以至于在她去世后的许多年，李世民再也没立过新的皇后，她以贤德成为世人敬仰的绝顶人物，更使得贞观后妃早已远去的身影格外引人遐思。

其次，传统的婚恋观注重家教家风。《礼记·礼运》中载："何谓仁义？父慈、子孝、兄良、弟悌、夫义、妇听、长惠、幼顺、君仁、臣忠。"我国素有礼仪之邦之称，家教家风相当严格。人们到了谈婚论嫁的年龄，挑选配偶非常慎重，每个单身男女都喜欢挑家较好的伴侣缔结婚姻、组成家庭。

然而当代大学生的婚恋观似乎没有沿袭传统婚恋观的优秀成分。很多大学生都崇尚"宁可坐在宝马里哭，也不愿坐在自行车上笑"的婚姻。伴侣的品德行为被放在了其次，更多的是追求物质方面的享受。毛主席说得好，"不以结婚为目的的谈恋爱就是耍流氓"，谈恋爱的目的是结婚，而当代大学生的恋爱动机多样，婚姻在他们看来并不是恋爱的唯一目的。

传统的婚恋观有着注重人品德行为的美德，有着注重家教家风的光荣传统，这些精华之处在今天仍不过时，有着极强的现实意义，它将指引着当代大学生形成正确的婚恋观。

2.有利于弘扬家庭美德

传统伦理道德蕴含着丰富的家庭美德观，几千年来，传统家庭美德观制约和规范着我国的家庭生活，维护着家庭关系的稳定。在家庭关系中，由婚姻结成的夫妻关系和由血缘结成的亲子关系是两种最基本的关系。

中国人自古重视家庭美德的培养，它是维护家庭和睦的重要因素。同时，家庭作为社会的细胞，家庭的和睦有利于维护社会的稳定。在离婚率逐渐上升、"包二奶"已成为普遍现象的今天，夫妻和睦的传统美德应被大力宣扬。传统的家庭美德内容丰富，不仅提倡夫妻和睦，也大力宣扬父慈子孝、兄友弟恭的传统美德。如果我们将这些优秀的传统美德深入学校德育的课堂，深入每个大学生的心灵深处，那么我们的社会会减少千千万万个支离破碎的家庭，取而代之的是千千万万个幸福美满的家庭。我们的社会这个大家庭也会减少许多不稳定因素，取而代之的是一个安定平稳的社会，一个繁荣富强的国家。

二、培育大学生伦理道德精神的策略

通过对社会现象的分析与考察，加之对此种现象产生原因的分析，我们可以看出，中国现代社会的道德体系是具有其独立个性的。中国经济发展方式的独特性在于它是在脱离旧有生产方式，同时赶超西方生产力的过程中逐渐形成并独立出来的，它的特色在于具有"中国特色"；也就是说，这种生产力发展状况，既区别于西方又最大限度地符合了中国国情。因而与之相适应的道德观念，也必然是在传承中国传统道德观衣钵下的新型道德观体系。综合来说，这种道德观体系是多维立体的，而不是一维的。

依据此种考虑，在建立、完善大学生道德观的过程中，我们同样应当把握这个新特点。结合大学生所处时代的良好外在条件，将传统的美德精神运用到现今的道德准则中去。由此可以从以下几个方面来考虑。

（一）重视在校大学生中国传统文化课程的开设

在校园中，我们可以很容易地感受人们对这一类课程的重视程度还远远不够，甚至有些专业并不开设此类方向的课程。事实上注意科学与传统的结合，科学与人文的沟通，在科学实践和改造活动中形成一套有效的价值观念准则，从科学实践中改造传统的伦理道德观，让老与新相结合，传统与现代相结合、用科学的道德观引导大学生建立正确学术态度，严谨学术风气，从思想根源上避免在校大学生片面追求学术成绩的内在保证。

（二）引导大学生良好道德观念的内在觉醒

教育的目的是希望让"善"与人的内心产生共鸣，从而自觉地进行自我提升。唤醒人们内心存在的善的一面，应当不仅依靠于传统道德观的教育。借助西方激励理论与惩恶扬善的中国传统方式我们可以知道，外在行动上对美好道德行为的鼓励，是促进内在道德觉醒的有力手段。例如，在有些学校开展的"感动校园"活动，通过鼓励校园中具有高尚道德品质的个人，从观念和行为上渲染人追求"善"的氛围，以此使得大学生自觉自愿的"实践善"的行为，这正顺应了"授之以鱼，不如授之以渔"的古训。建立一个和谐美好的校园环境是帮助大学生建立独立人格，完善个人道德品质的外在基础。

（三）制度上的保证也是必不可少的

鼓励大学生对不道德行为的揭发，促进针对违反学术道德，学术伦理的惩治行为的制度化、规范化，让大学生更加理性的对待学习生活中出现的不道德行为，鼓励同学间互相监督、互相指正的行为，加强制度规范的约束力度，采取"内外兼修"的方式，辅助辅导员及老师等监督工作的执行，是帮助大学生树立正确伦理道德观的一个有效途径。

第四节 人本主义精神与大学生思想政治教育

一、大学生人本主义精神的内涵

（一）"以人为本"思想提出的意义

1.对当代社会现实的反映与矫正

（1）"以人为本"是市场经济的内在要求

我国发展和完善社会主义市场经济需要坚持"以人为本"的理念，主要体现在以下两方面：

首先，在市场经济条件下，传统的依附型人格没有存在和发展的空间，它要求人要具备独立性人格。竞争、价值规律、规则等市场经济内在的元素决定了市场经济的完善与发展需要独立性人格的支撑，而以人为本理念恰恰主张人的独立与自由，人的意志自由与行动自由是在客观规律的前提下改变物质世界，它契合市场经济发展的要求。

其次，市场经济以"经济人假设"为前提，讲究追求利益最大化的原则。因此，尽管给社会经济的发展带来巨大的动力，但同时也造成人物化与异化的负面效应，使人的工具理性迅速增长而价值理性逐渐降低。以人为本理念要求人要实现全面整体的发展，人不能被全然物化，忽视其内在精神的需求与发展。市场经济的负面效应需要以人为本理念的调和，人应该是全面、自由、充分发展的人，是"种生命"和"类生命"的完整统一。以人为本理念引导人们关注内在生命的完整与健康，关注一切生命的内在固有价值。

（2）"以人为本"是时代发展的基本要求

现代社会科学技术突飞猛进，伴随经济全球化的到来，国际竞争日趋激烈。在这个各种多元信息瞬息万变的社会，知识和科技的作用更加突出。

在新时期新形势下，对人才素质的标准要求也越来越高，它要求人的创新性的充分发挥。同时，随着我国社会主义市场经济的发展，在这个竞争激烈的社会中，人与人之间的竞争无处不在，不管是职业还是岗位或者职务方面都是如此，它也要求人的创新性、主体性的充分彰显。

发展是第一要义，对于国家、社会来说发展是摆在首位的头等大事，对于社会个体来说同样如此。现代社会的发展需要人的主体性、创造性、个体性的充分发展，"以人为本"理念主张以人的发展为目的，正符合了知识经济、信息化社会的发展要求。

（3）"以人为本"是构建新时代社会主义和谐社会的必然要求

社会主义和谐社会是"以人为本"的社会，一切社会活动的根本目的都是为了人的生存和发展。同时，社会主义和谐社会的构建本身也是需要人来完成的，人是和谐社会的建设者和推动者。"以人为本"的科学发展观与构建社会主义和谐社会的本质目标相契合，它科学地回答了为谁发展、靠谁发展、发展成怎样分配等问题，构建社会主义和谐社会必须坚持"以人为本"的原则。再者，社会主义和谐社会是人与自然之间、人与人之间、人与社会之间和谐发展的社会，是人、自然、社会、环境、资源协调发展的社会，"以人为本"的科学发展观对这些都做出了具体规定，反映了当代人类社会发展进步的必然趋势。在坚持"以人为本"的科学发展观，建设社会主义和谐社会的过程中必须牢牢把握唯物史观的基本原理，充分调动人民群众的积极性和创造性。

2. 对传统"人本"思想超越

"以人为本"是科学发展观这一马克思主义中国化最新理论成果的核心。它既是对马克思主义的继承与发展，也是对我国传统文化中"民本"思想的扬弃，更是对传统"人本"思想的超越。

"以人为本"思想丰富和发展了唯物史观，赋予了它新的时代特征，是历史唯物主义的一项基本原则。马克思主义科学阐明了人类社会发展的规律，同时，首次把"以人为本"的思想建立在历史唯物主义的基础之上，无疑具有重大的科学意义，它成为无产阶级改造客观世界和主观世界的重要思想原则之一。"以人为本"思想更加重视人在唯物史观当中的作用，更加突出人在社会历史发展中的作用，它把人的发展摆在了首位，把人的生存和发展作为最高价值目标。此外，"以人为本"思想还修正了人们对唯物史观的错误理解，消除了许多关于"人"的疑惑，进一步解放了人类的思想，激发了人们的理论创新能力。坚持"以人为本"的理念，发掘其内涵和深远意义，是贯彻落实科学发展观的必然要求。如此，社会主义建设事业的各项工作才能更好地落到实处，进而全面推进建设有中国特色的社会主义，实现建设小康社会的奋斗目标。

（二）"以人为本"思想的解读

1. "以人为本"思想中"人"的含义

在哲学意义上，"人"常常和"神""物"相对而言。因此，以人为本思想的提出，要么是相对于以神为本，要么是相对于以物为本。大致说来，西方早期的人本思想主要是相对于神本思想，主张用人性反对神性，用人权反对神权，强调把人的价值放到首位。中国历史上的人本思想主要是强调人贵于物，"天地万物，唯人为贵"。当今时代，"以人为本"思想的提出则主要针对的是物本思想，针对的是在这样不断强调发展的社会，人的主体性的泯灭。与传统人本主义思想相比，"以人为本"思想在继承和发展马克思主义基本立场、观点和方法的基础上，将目光聚焦于现实中的具体的人。

马克思主义哲学强调现实的人是社会的人、阶级的人，即人的社会性，但并不否认人的自然属性。同时，马克思主义哲学认为，绝不能把人的自然属性当作人的唯一属性，也不能把人的自然属性当作人的本质。人的本质是一切社会关系的总和。

2."以人为本"思想的具体含义

马克思主义从人类生存和社会发展的角度，揭示了人的本质，提出了在未来社会实现人的全面、自由、协调发展的思想。未来理想社会是一个高度和谐的社会，在那里，人与自然、人与社会、人与人、个人自身和谐统一。"人终于成为自己的社会结合的主人，从而也就成为自然界的主人，成为自己本身的主人——自由的人"。人作为社会发展的主体，可以而且也应该自觉、自愿、自主地发展。人的全面、自由、协调发展与经济、文化、政治等社会生活各方面的全面发展紧密相连。

科学发展观明确指出并强调"以人为本"，坚持全面的、协调的、可持续的发展，保证人与自然、人与社会、人与人的和谐发展。在实现基本人权的基础上，尊重和保障人们的经济、文化、政治等社会诸方面的具体利益，实现人的全面发展。具体而言，"以人为本"思想的含义包括以下三方面的内容。

（1）"以人为本"重视人在社会发展中的主体地位和作用

"人作为世界上唯一能够进行自我创造、自我生成、自我完善、自我发展的能动的存在物，创造了自己的全部生活和整个历史，并且通过自由自觉、千姿百态的创造活动，获得人在人的世界和社会中的主体地位，成为人的世界和社会的根本、主体"。强调人在社会发展中的主体地位和主体作用，也就是要尊重人、解放人、依靠人和塑造人。尊重人，即尊重人的类价值、社会价值和个性价值，尊重人的独立人格、个体发展的需求，肯定个体能力的差异、倡导人人平等。解放人，即不断冲破束缚人能力发挥的障碍。依靠人和塑造人，即把人塑造成权利与责任意识并存的主体。全心全意为人民服务是党的根本宗旨，党的一切奋斗和工作都是为了造福人民。始终把实现好、维护好、发展好最广大人民的根本利益作为党和国家一切工作的出发点和落脚点，尊重人民的主体地位，发挥人民的首创精神，做到发展为了人民、发展依靠人民、发展成果由人民共享。

（2）"以人为本"关注人的价值和意义

人有自己的人格和尊严，是一种有价值、有意义的存在。人的价值和意义不是与生俱来的，而是通过人有计划、有目的的劳动创造的。劳动是创造一切价值的源泉，人在劳动中创造价值、实现自身的价值、生成意义。坚持以人为本的原则就是要在肯定和重视人的价值和意义的基础上，想方设法为人创造条件，使之能够创造更大价值，进而不仅满足个人的需要，也满足他人和社会发展的需要。因此，在分析、思考和解决一切问题时，都要关注人的生活世界，包括物质世界与精神世界；关怀人的生存和发展；关注人的共性与个性；培养人的自主意识与责任意识。

（3）"以人为本"强调人的全面、自由、协调的发展

人的全面发展就是每个人都能得到平等发展、完整发展、和谐发展和自由发展。人的全面、自由、协调的发展是"以人为本"的价值归宿，也是人的发展的理想目标。人的全面、自由、协调发展主要是指个人的需要、个性、能力、社会关系和全面发展，人各方面的素质和潜能的普遍提高和充分发展，其中包括德、智、体、美、劳等几方面的均衡、协调发展，也包括个性、性格、心理、气质、意志、兴趣等主观因素的健全发展。人的和谐发展是指人的社会关系上的和谐发展，包括个人和他人的和谐发展，个人自身内部的各个方面的和谐发展，这是人在社会关系上的全面发展。人的全面发展的最高形式、目标和结果是人的自由发展，它包括个人从某种束缚中解放出来和个人可以按照自己的意愿自主的做事两个方面。以人为本把人的全面而自由的发展作为社会发展的最终目标，也是马克思主义者所追求的理想社会要实现的目标，把满足人民群众不断增长的物质文化需要视为衡量经济社会发展的重要尺度。

二、科学发展观确立"以人为本"对思想政治教育指导思想的改进

马克思主义把人的全面发展看作人类的最高价值理想。以马克思主义关于人的全面发展理论审视思想政治教育模式，要求我们在分析建构思想政治教育模式时，科学把握思想政治教育的主体，把社会主体与个人主体统一起来，认真区分主体的人与客体的物。通过思想政治教育，一方面提高人的思想政治素质，培养人的主动性、创造性，调动人的积极性，从而促进社会的进步和发展；另一方面使个人的素质得以提升，使个人的需要得以满足，从而促进个人的发展与进步，以彰显思想政治教育的个人价值。另外，以马克思主义关于人的全面发展理论及其教育观为指导，系统地对主体性思想政

治教育进行研究，既是当前我国思想政治教育实践的迫切需要，也是思想政治教育理论创新的迫切需要。

以人为本是科学发展观的本质和核心，更是思想政治教育必须奉行的教育理念和宗旨。所谓以人为本，就是社会的一切发展既依赖于人的发展，又为了人的发展，人既是发展的手段，又是发展的目的。

思想政治工作说到底是做人的工作，必须坚持以人为本。既要坚持教育人、引导人、鼓舞人、鞭策人，又要做到尊重人、理解人、关心人、帮助人。思想政治工作成功与否，思想政治工作者成熟与否，关键在于能不能做到以人为本，充分发挥人的主观能动性，最大限度地挖掘人的潜能。首先，是尊重人，以人为本的核心是尊重人，思想政治工作者要懂得教育人首先要理解人、尊重人。其次，以关心人，努力调动人的积极性。最后，要做到鼓舞人，注重开发人的价值和潜能，不断激发人的创造性。这就进一步强调了在党的一切工作（包括思想政治教育）中要坚持以人为本的核心思想。

虽然人的觉悟和政治觉悟受社会历史条件的限制，但在一定的历史条件下，人的政治觉悟通过教育是可以提高的，而思想政治教育则是提高人的政治觉悟的一个主要方式，主要是通过以下三方面，即用先进的思想理论武装人、用科学的用人机制鼓舞人、用严肃的考核机制引导人。强化党性修养，使受教育者始终保持人的政治本色，发扬党的光荣传统和优良作风，形成科学的世界观、人生观、价值观，树立正确的事业观、工作观、政绩观，提高为人民服务的能力和自觉性。在党员干部用人选拔上，要德才兼备，以德为先，将那些忠诚党的事业、维护人民利益的党员干部提拔任用到重要的管理领导岗位，纯洁党员干部队伍，密切党群关系、干群关系，增强广大党员干部心系人民、奉献党的事业的主动性。对政治生活实践中贪污腐化、作风恶劣的党员干部即要进行诫勉教育。

三、高校思想政治教育强调"以人为本"的必然性

高校思想政治教育的本质是通过先进的理论去塑造人，培养社会主义事业合格的建设者和接班人。先进的理论必须同具体的人相结合，否则就只能成为空中楼阁，这里面就有一个理论掌握群众和群众理解掌握理论的双向过程。在这一过程中，能否坚持和贯彻"以人为本"原则就成了决定高校思想政治教育有效性的关键。

教育强则国家强。高等教育的发展水平是一个国家发展水平和发展潜力的重要标志。实现中华民族伟大复兴，教育的地位和作用不可忽视。我们对高等教育的需要比以往任何时候都更加迫切，对科学知识和卓越人才的渴求比以往任何时候都更加强烈。党中央作出加快建设世界一流大学和一流学科的战略决策，就是要提高我国高等教育发展水平，增强国家核心竞争力。

我国独特的历史、独特的文化、独特的国情，决定了我国必须走自己的高等教育发展道路，扎实办好中国特色社会主义高校。我国高等教育发展方向要同我国发展的现实目标和未来方向紧密联系在一起，为人民服务，为中国共产党治国理政服务，为巩固和发展中国特色社会主义制度服务，为改革开放和社会主义现代化建设服务。

我国高等教育肩负着培养德智体美全面发展的社会主义事业建设者和接班人的重大任务，必须坚持正确的政治方向。高校立身之本在于立德树人。只有培养出一流人才的高校，才能够成为世界一流大学。办好我国高校，办出世界一流大学，必须牢牢抓住全面提高人才培养能力这个核心点，并以此来带动高校其他工作。

我们的高校是党领导下的高校，是中国特色社会主义的高校。办好我们的高校，必须坚持以马克思主义为指导，全面贯彻党的教育方针。要坚持不懈传播马克思主义科学理论，抓好马克思主义理论教育，为学生一生成长奠定科学的思想基础。要坚持不懈培育和弘扬社会主义核心价值观，引导广大师生做社会主义核心价值观的坚定信仰者、积极传播者、模范践行者。要坚持不懈促进高校和谐稳定，培育理性平和的健康心态，加强人文关怀和心理疏导，把高校建设成为安定团结的模范之地。要坚持不懈地培育优良校风和学风，使高校发展做到治理有方、管理到位、风清气正。

思想政治工作从根本上说是做人的工作，必须围绕学生、关照学生、服务学生，不断提高学生思想水平、政治觉悟、道德品质、文化素养，让学生成为德才兼备、全面发展的人才。

要教育引导学生正确认识世界和中国发展大势，从我们党探索中国特色社会主义历史发展和伟大实践中，认识和把握人类社会发展的历史必然性，认识和把握中国特色社会主义的历史必然性，不断树立为共产主义远大理想和中国特色社会主义共同理想而奋斗的信念和信心；全面客观认识当代中国、看待外部世界；正确认识时代责任和历史使命，用中国梦激扬青春梦，为学生点亮理想的灯、照亮前行的路，激励学生自觉把个人的理想追求融入国家和民族的事业中，勇做走在时代前列的奋进者、开拓者；正确认识远大抱负和脚踏实地，做到珍惜韶华、脚踏实地，把远大抱负落实到实际行动中，让勤奋学习成为青春飞扬的动力，让增长本领成为青春搏击的能量。

做好高校思想政治工作，要因事而化、因时而进、因势而新。要遵循思想政治工作规律、遵循教书育人规律、遵循学生成长规律，不断提高工作能力和水平。要用好课堂教学这个主渠道，思想政治理论课要坚持在改进中加强，提升思想政治教育的亲和力和针对性，满足学生成长发展需求和期待，其他各门课都要守好一段渠、种好责任田，使各类课程与思想政治理论课同向同行，形成协同效应。要加快构建中国特色哲学社会科学学科体系和教材体系，推出更多高水平教材，创新学术话语体系，建立科学权威、公开透明的哲学社会科学成果评价体系，努力构建全方位、全领域、全要素的哲学社会科学体系，要更加注重以文化人、以文育人，广泛开展文明校园创建，开展形式多样、健康向上、格调高雅的校园文化活动，广泛开展各类社会实践。要运用新媒体新技术使工作活起来，推动思想政治工作传统优势同信息技术高度融合，增强时代感和吸引力。

教师是人类灵魂的工程师，承担着神圣使命。传道者自己首先要明道、信道。高校教师要坚持教育者先受教育，努力成为先进思想文化的传播者、党执政的坚定支持者，更好地担起学生健康成长的指导者和引路人的责任。要加强师德师风建设，坚持教书和育人相统一，坚持言传和身教相统一，坚持潜心问道和关注社会相统一，坚持学术自由和学术规范相统一，引导广大教师以德立身、以德立学、以德施教。

高校思想政治教育工作的对象是大学生，是有血有肉、有理有情的具体的社会存在，在自身的成长过程中，他们已经形成了自己对世界粗浅的看法，对于身边的事物也有了一定的判断力，只不过这种能力和看法往往还显得很稚嫩，更多是停留在事物的表面上。因此，需要加以很好的引导。但是，上述事实并不能构成否认现代的大学生具有主体选择性能力的理由，恰恰相反，只有正视他们的主体选择能力，并在具体的教育过程中慎重地处理好个人利益和集体利益、眼前利益和长远利益、理论和现实的关系等诸多问题，才能真正提高高校思想政治教育的有效性。换句话说，在对当代大学生进行思想政治教育的过程中，让他们接受先进理论的影响和指导是目标，如何让这些理论为人们所理解并欣然接受则是一个十分重要的路径选择问题，是决定前述目标能否实现的关键所在。现阶段，无论是从理论上还是从实践中看，坚持"以人为本"无疑是路径选择中必须始终坚持的原则。

在高校思想政治教育工作中，坚持"以人为本"的原则，无论是对于高校思想政治教育工作本身的发展，增强其有效性，还是对于培养社会主义事业合格的建设者和接班人而言，都有着十分重要的意义。

（一）有利于增强高校思想政治教育的实效性

高校思想政治教育担负着培育大学生思想、政治、道德等素质的重大任务，然而长期以来，我国高校思想政治教育一直存在实效性不高的问题，这和教育工作中没有很好地贯彻"以人为本"理念有很大的关系。在高校思想政治工作中，应坚持"以人为本"理念，尊重大学生的主体性要求，满足其个人社会性发展中的合理需求，提高其学习的主动性和积极性。如此，高校思想政治工作便能得到广泛的认同，从而使大学生把在学校课堂内外学习到的理论知识内化为自身的知识体系、个人修养，进而外化为实际行动，并且在实际行动中进一步深化已有的认知，形成理论与实践的良性互动与循环。这不仅使高校思想政治教育工作的实效性得以大大的提高，也使大学生更加乐意地去主动学习，自觉向上、追求个人修养的提升和完善，从而保持高校思想政治教育的鲜活生命力。

（二）坚持"以人为本"的理念，是促进大学生全面发展的基本要求

"以人为本"为高校德育提供了强大的发展动力和指导作用，为高校主体性德育的建构提供了强大的理论指导。现代大学最根本的任务就是培养适应社会各方面、各层次需要的全面发展的人才，最重要的教育理念就是"以人为本"。现代教育观念认为任何教育活动中必须充分发挥人的主体作用，发挥受教育者在学习中的主观能动性。高校德育工作是对大学生进行世界观、人生观、价值观教育的工作，同样应当确立以人为本的教育理念，促使大学生自觉主动地追求自身完善，获得整体全面的发展。这一理念要求每一个德育工作者必须牢固树立以人为本的思想，在实际工作中充分尊重学生、理解学生、关心学生。做好新形势下的德育工作，必须按照全面发展的要求，

树立"以人为本"的德育新理念，实施主体性德育，以人为中心，把人作为道德主体来培养，突出人的发展，使德育工作体现时代性、把握规律性、富于创造性。必须更新德育理念，科学确定德育目标，创新德育内容和方法，优化德育环境，积极创设德育载体，建构高校主体性德育有效机制，把大学生培养成为全面发展的社会主义建设者和接班人。

（三）贯彻"以人为本"理念是高校思想政治教育工作与时俱进的必然要求

随着市场经济的发展和全球一体化的到来，当代大学生身处更为开放、自由、自主的大环境，他们拥有更为多样的选择。高校思想政治教育应与时俱进，坚持以人为本的理念，正确引导大学生树立正确的价值观、人生观、世界观。在教育过程中应该具体问题具体分析，以宽容的态度对待大学生的负面想法，找出产生问题的原因，对大学生加以合理的引导。不能以强硬的态度一味要求大学生无条件的服从，而忽略大学生的主观能动性和合理的价值追求。大学生思想活跃，易于接受新事物，但是他们身心发展都尚未完全成熟。因此，在看待一些新问题方面难免有失客观、全面，高校思想政治教育应充分考虑到大学生的这一特性，采取积极的措施和有效的方法对之展开疏导，从大学生的需要和立场出发，营造民主和谐的教育氛围。如此，高校思想政治教育工作便能与时俱进，解决新情况和新问题。

第六章 优秀传统文化与高校大学生思想政治教育的质量提升

第一节 优秀传统文化对人文关怀和心理疏导质量提升

雅典是一个具有较强政治民主氛围的国家。古罗马时期，人文主义教育思想得以实现进一步的发展和成长。"人文"一词也是产生于这一时期，并普遍出现在雅典和罗马时期的各种著作中，体现着对人自身价值和尊严的尊重，是最早的人权主义。

中国传统文化中也有强调人的各种文学作品，这些文学作品中主要对人的精神以及思想方面进行了关注。例如，《诗》《书》《礼》《易》《乐》《春秋》等都体现了人与文化的融合。文化是一个民族或国家整体精神及价值观的具体表现。人文关怀是人与文化之间的相互融合，一般指社会发展中具有先进性的、科学性、规律性的客观或主观的存在，其核心是先进的价值观，内容则是先进的规范。

一、人文关怀和心理疏导提出的意义

（一）人文关怀和心理疏导模式提出的必要性

人文指的是人类文化中具有引导性、价值性、文化性的精神、物体以及规范等。人文关怀指的是对人的整体精神、心理、身体、成长的关注。人文关怀始于西方国家，其重点是对人的价值、个性以及思想进行关注，强调的是人与人之间的民主化状态。我国思想政治教育所强调的人文关怀是指尊重人思维地位，满足个人的需求，实现个人的价值等。大学生思想政治教育所强调的人文关怀指的是对本身个性、心理、权利、尊严、个人价值、社会

价值的关怀，对学生需求以及成长教育的关切，是一种养成大学生正确人生观、世界观以及价值观的情感关注。我国大学生思想政治教育人文关怀的本质就是将学生作为教育的主体与核心，为学生提供帮助。

心理疏导是一种进行心理安慰的方法，能够对人的心理问题进行缓解，并帮助人们克服心理障碍。心理疏导的方式多种多样，一般来讲，与他人进行简单的沟通交流是心理疏导最简单的方法，这种方式主要是通过话语的表达来实现对他人的开导，达到排解心理问题，解除不良心理状态的目的。除此之外，找专业的心理学专家，通过心理治疗的方式，来实现对心理问题或人格障碍的缓解或消除，从而促进自身人格健康、协调的发展。目前的大学生普遍存在茫然、疑惑，心理常处于压抑、紧张的状态，这是由于对未来社会和自身认识不充分导致的，这是各国学生都存在的现象。

作为大学生思想政治教育课程必须对学生的思想状态进行及时有效的心理疏导，避免产生偏激行为，影响大学生的健康成长与顺利成才。大学生群体处于塑造正确人生观、世界观以及价值观的关键时期，因此，必须要注重对大学生进行心理疏导。在教育理论指导下，根据大学生思想政治教育的现状，从各个方面增加人文关怀和心理疏导的教学任务。把人文关怀和心理疏导的理念、内容、方法和手段相结合，始终贯穿于大学生思想政治教育工作中。

纵观分析我国教育界，涉及有关人文关怀和心理疏导的内容少之又少，以目前的状况来看，无法满足人民的物质文化需求。大学生思想政治教育人文关怀和心理疏导模式的提出，符合时代的发展，是对大学生各种负面影响的一种应对机制，是党和国家的教育工作的整体认知表现，更是大学生思想政治教育未来的研究方向。因此，如何能在具体的教育中增加对人文关怀和心理疏导的关注，是提升大学生思想政治教育质量亟待解决的问题。

（二）大学生思想政治教育人文关怀和心理疏导模式的提出

思想政治教育工作是党留下来的优良传统。它能够实现教育人民、净化心灵的作用，为党和国家、人民指引道路。思想政治教育工作与当代的教育工作是一脉相承，但又进行了创新，必须始终保持与时俱进才能适应不断变化发展的世界环境。思想政治教育工作必须能够适应新经济形势的要求，具备创新思维意识，按照科学发展观和事物的一般发展规律，运用新的方法和机制，不断对大学教育工作进行改进。

主导性的思想政治教育方式是各种思想性的统一，主导性与多样性具有辩证统一的关系。主导性是对多样性进行主导，是在多样性的基础上发挥作用的。在进行思想政治教育时，要充分尊重教师和学生的主动性和创新性的发挥。

大学生思想政治教育要不断借鉴国际上的先进经验，以谦虚的姿态对国外先进的方法进行学习和借鉴，以开放的视野对大学生思想政治教育创新发展提出的客观要求。

二、人文关怀和心理疏导模式的诉求

（一）思想政治教育的内在要求决定了必须对大学生进行人文关怀和心理疏导

人文关怀和心理疏导强调发挥学生的主观能动性，坚持以学生为本理念，尊重每一位受教育者的地位和个体需求，遵循思想活动规律和思想教育规律，解决学生的心理与思想方面的问题。注重对学生进行人文关怀和心理疏导是教育界的根本要求，也是大学生实现自身价值的基本诉求。

大学生思想政治教育的主体是教师和学生，教师和学生在教育过程中是一个统一的整体，教育也是实现各自人生价值的过程。教育应坚持以人为本的核心，将大学生作为教育的主角，体现其能动性。大学生思想政治教育不能盲目变化，要在教育学生过程中有依据的进行创新活动，具体问题具体分析，有针对性的解决个体心理问题，促进大学生思想政治的全面发展。导致大学生出现各种思想问题的根本原因就是心理不健全，所以要重视对大学生心理健康的保护，对大学生进行专业的心理疏导，使用各种有益身心的方法去激励大学生提升自我价值，让其意识到自我价值的重要性。

提升大学生思想政治教育质量的现实需要也要求我们必须重视人文关怀和心理疏导。大学生承受来自就业、学习、生活、思想等方面的巨大压力，这些方面的压力都源自经济全球化的飞速发展和社会竞争的日益加剧。因此关心和帮助学生解决这些切身问题，是实现大学生思想政治教育的基本需求。

（二）思想政治教育的方向性决定了必须对大学生进行人文关怀和心理疏导

大学生思想政治教育中的人文关怀和心理疏导是具有较强必要性的新

课题。思想政治教育质量的提高，必须在未来工作的基础上进行创新。因此，大学教育在教授专业课知识的同时，还要注重培养大学生的综合素质，确保大学生能够形成正确的人生观、价值观以及世界观。随着科学技术的发展和社会竞争的加剧，大学生遇到的问题与困惑也随之增加。因此，在教育中增加创新型人文关怀的理念，这既是实现创新型国家的需要，也是培养创新性人才的需要。国际国内环境的变化以及大学生的思想现状，都要求对大学生思想政治教育进行创新。

高等教育中的优秀合格的人才是我国实行中国特色社会主义现代化建设的关键。创新是一个人能够适应不断变化的社会环境的关键。大学生思想教育应遵循社会的发展和变化，运用创新思维方法为社会主义现代化建设做出贡献。

三、加强大学生的人文关怀和心理疏导模式

大学生思想政治教育的人文关怀和心理疏导必定涉及各个方面，其中，政策的导向、坚持以人为本的理念、对民主化思想的学习等都能够促进大学生进行思想政治教育的学习。以人为本的理念要始终贯穿于大学生教育的全过程，始终将大学生置于思想政治教育的首位。

（一）坚持以人为本的教学理念

大学生思想政治教育必须以实现学生的自我价值为落脚点，其中包括对社会价值以及个人价值的实现。坚持以人为本的科学发展观，并将其落实于大学生思想政治教育的全过程。大学生思想政治教育是为了实现学生与社会的有机统一，对学生的综合素质和能力进行培养能使其能够更好地适应社会，把大学生作为开展思想政治教育的依靠与动力。大学生思想政治教育的长期发展需要整合国内外的、校园内外的、传统与现代的思想政治资源，对大学生的心理问题进行综合分析，建立一种可以长期存在和发展的制度，提升大学生的自我教育能力。

（二）尊重个人自身价值

人的价值可以分为个人价值和社会价值。个人价值指的是一个人具有良好自身状态的表现，能够实现自我满足的一种状态。人的社会价值是指个人对社会的贡献。社会价值是人作为社会的一种自然存在，其实现自身价值的同时，也会为社会带来好的方面。要尊重个人的自身价值，这就要求这社

会关注并承认一个人正常利益和权力。

大学生思想政治教育必须充分体现以人为本的理念。尊重大学生的个人价值，首先要尊重大学生的个性发展，大学生的社会价值与个体价值有机整合是建立科学合理的教育目标的出发点。课程的设置和实行上，要突出学生的主体地位，将大学生视为是一个具有社会形态的个人，使其各方面的素质与知识都能够满足社会发展的要求，成为合格的社会主义事业的建设者和接班人。另一方面，在进行教育目标和内容体系的设计时，必须将大学生作为独立个体完善其人格，使其成为既符合社会要求又具有鲜明个性的公民。

（三）实现平等化的思想政治教育模式

民主化的思想政治教育模式，重点要保护大学生受教育者的地位和受教育的权利。大学生是进行思想政治教育工作的对象，他们是鲜活的、有思想的个体。大学生思想政治教育过程中选择权利与主体地位是进行对应的，包括教育目标、内容以及教育方式，等等。

在构建人文关怀和心理疏导模式时，必须尊重大学生的主体地位和权利。必须要保证教育双方处于平等的地位，促进教育双方双向互动的实现。除此之外，还要保证教育过程的和谐性，这样才能取得良好的教育成果。思学生所思，使大学生的权利得到实现，这是对大学生主体性和选择性的尊重。教育者与受教育者双方的心灵、情感交融，在问题的看法上能产生共鸣，把大学生的自觉意识内融入思想政治教育，在实际行动中得以实现。关于教育方面，应该是开放性、鲜活性、先进性和创新性的。大学生要始终把握话语权、主动权和主导权，以开放性视野、先进性的理念参与到思想政治的教育活动中。大学生的选择权和教师的主导权在思想政治教育过程中相互促进。

（四）坚持务实型的思想政治工作作风

思想政治教育工作应求真务实，注重人文关怀和心理疏导，帮助大学生解决思想上遇到的问题。人的需求可分为生理上的、安全上的、情感上的、归属感上的，也包括对自我价值实现的需求。随着经济全球化的冲击、就业压力的增加和各种网络化思想和信息时代的冲击，使大学生面临多方面的压力，因此帮助大学生解决这些问题，就是对大学生进行人文关怀和心理疏导的具体体现，是思想政治教育工作者必须担负的责任，思想政治教育工作应当在具体工作中融入人文关怀和心理疏导的理念，帮助大学生解决实际问题，这是对大学生的价值诉求、现实需求等的深入思考。大学生思想政治教育的根本任务就是培育德才兼备的人才。大学生必须要遵守其思想活动规律、思想政治规律。由于实际问题会导致大学生的思想问题发生改变，因此解决实际问题是解决大学生心理问题的关键。

（五）专业化和常规化建设是思想政治教育开展的基础

有效的心理疏导方式必须以专业化和常态化的建设为基础。大学生的思想与心理相辅相成，因此，思想政治教育与心理健康教育密不可分。根据国际与国内的研究表明，很多大学生因为家庭、社会、主观、客观等因素的影响，产生了各种不良情绪，甚至会产生极端的思想或行为。大学生思想政治教育工作就是要帮助有问题的大学生走出困境，培养良好的心理，这是提高教育质量的有效措施。大学生心理疏导的重点是对教师队伍的优化和重建。其中，包括建立一支专业与非专业相结合的教师队伍，即以专业教师为主、以辅导员为辅，实现保障咨询工作与专业性的有机结合。在常规化工作方面，建立一种测试大学生心理健康的档案制度，在学生入学前进行心理测试，开设专门的心理咨询中心、设置心理教育课，并对学生进行定期的心理疏导等，健全心理疏导机制。同时，对于个别经济困难学生和行为异常的学生进行实时的跟踪观察，及时化解心理危机，消除心理障碍。

（六）提高大学生自我成长的能力

教育就是将学习的方法传授给学生，而不只简单地向学生传授知识。帮助解决大学生的思想问题，包括增强自觉性、自律能力以及自主解决问题的能力。教育意识和能力的提高具体表现在以下方面：面对问题时的思考能力、解决问题的能力以及综合分析问题能力都有所提高。在教学过程中，在传授知识的同时还要注重培养大学生的学习方法以及能力。对大学生发现和解决问题的能力进行考察，将大学生积极性和创造性的行为习惯作为大学生考核的内容。大学生思想政治教育的整体出发点是教给大学生应对问题、分析问题、解决问题的态度和方法，帮助他们形成创造性地解决问题的能力与习惯。

第二节 优秀传统文化对文化型思想政治教育质量提升

中国特色社会主义文化内涵广泛，文化型思想政治教育的提升主要是针对整个国家、民族乃至世界文化的发展，这是一种现代化、全球化的发展。大学生思想政治教育作为中国优秀传统文化的特殊形态，具有文化属性。适时根据我国社会和国家发展的新要求和提升大学生思想政治质量的要求，增强思想政治教育界的文化软实力，努力探索适合我国国情的教育模式。

一、对文化型的思想政治教育质量提升模式的解释

（一）文化型的大学生思想政治教育的内涵

思想政治教育具有一定的文化性。广义的中国传统优秀文化是指人类在具体的活动过程中所获得的物质类的、精神类的财富。文化性是一个国家、民族、个人在长期生产活动中形成的习惯，是文化素质的基本表现。

思想政治教育包括社会生活各个方面，它主要是涉及对意识观念进行教育，它是政府为了实现统治而开展的教育。思想政治教育的内涵决定了其具备一定的文化性。意识观念属文化范畴，是文化的组成部分，表达了阶级意志，这就决定了意识从属于文化，是文化的特殊形式。

文化性思想政治教育模式的特点是常态化、常规化。文化性思想政治教育模式存在一定的缺点，但也是思想政治教育的一般模式。大学生思想政治教育的文化特性充分表现在：一是能够促进人思想文化素质、思想水平的提高，能够促进人文集合；二是对中国优秀传统文化的内涵进行丰富，以及凝聚文化的力量；三是促进国民文化素质的提高，增强教育的共鸣性。思想政治教育本身属于文化范畴，因此其主要的表现形态通过各种行为得以体现，思想政治教育的内容包括意识观念、价值观、思想道德等，能够促进人们文化品位的提升。要不断赋予思想政治教育的渠道、主体以及形式文化内涵，以满足大学生高层次的文化需求。

（二）文化型思想政治教育质量提升模式的提出的必要性

建设中国特色社会主义文化就必须建立文化性思想政治教育模式。改革开放以来，随着市场经济的繁荣发展，坚持以市场为导向的经济体制改革

使我国经济建设取得了巨大成就。与此同时，文化体制方面也提出新的要求，突破制度性障碍，促进文化生产力的发展，创造文化繁荣发展的新局面。在文化体制不断发展变化的过程中，我国国家领导在对社会主义文化建设方面进行了不断地探索，涉及文化的内容、本质、形式、基本发展规律等。

二、思想政治教育质量需要文化性的提升

（一）思想政治教育质量不可缺少文化性

思想政治教育必须具备文化性。中国优秀传统文化所具备的独特魅力，要体现在思想政治教育的过程中，增加思想政治教育的吸引力。

文化本身就具备一定的教育功能，思想政治教育的各方面都会受到传统文化的限制，比如，在方式、过程和目标上。任何事物都是矛盾的集合体，任何事物都是一个运动发展的过程。思想政治教育也是主流思想与个体思想之间的矛盾集合体，思想的、教育的运动实际上就是中国优秀传统文化对个体思想进行改造的过程，其赋予教育的内容、方式以及教育对象一定程度的文化的意义，传承着时代文化的精髓，顺应时代的变迁和发展。思想政治教育无法脱离文化而单独存在。思想政治教育的重要任务就是对人们的价值观进行进一步的优化。因此，文化教育必须以价值观为导向，通过文化的影响，能将主流意识和核心价值观转化为社会成员的认知和行动。

大学生作为拥有高层次文化水平的群体，存在各种的思想问题，这些问题主要由文化冲突引起的。人类社会也是一个矛盾体，其会呈现和谐与冲突两种表现形式。开放性是社会的基本特征，文化多元性是社会发展的趋势。在社会的大环境中，大学生会受到不同文化的冲击，在这种多元的文化环境中，大学生要学会对自己的思想进行调整，逐步养成完美人格。文化的冲突有利有弊，它能够开阔大学生的视野、促进大学生综合素质和能力的提高，但同时也会为大学生带来各种困惑。对于大学生来说，中国传统文化既有其一定的魅力，又需要大学生具备高层次的解决问题的方法，所以，大学生的思想道德教育必须具备文化性，才能保证将大学生思想政治教育工作落实，文化教育才会具备吸引力和凝聚力，体现思想政治教育的价值和文化育人功能。

（二）思想政治教育质量内在要求文化性的回归

我国的大学生作为文化层次较高的社会群体，其本身的数量仍相对较少，虽然我国高等教育已经进入高等教育大众化的阶段，但与外国相比，入

学率仍相对较低，这就导致我国后期发展缺乏人力资源。思想政治教育内容的文化内涵、教师队伍的文化素养、教学方式的各个方面都应该时刻体现传统文化的文化魅力和特征，这是提升大学生思想政治教育质量的内在要求。

思想政治教育的文化性贯穿于大学生成长的各个方面。从当代中国基本经济发展方式和基本国情来看，中国优秀传统文化已经成为民族创新力和发展力的源泉，也成为不同国家之间的竞争因素、成为经济发展的重要支柱，也体现了人民精神文化要求的提高。我们必须要对中国传统文化进行创新，学校在文化创新中担当重要的责任。高等学校在引领社会思潮、凝聚社会力量方面发挥着重要带动作用。大学生思想政治教育的根本任务就是在课堂学习中融入中国特色社会主义理论体系，顺应时代发展潮流，不断丰富新内容，探索新模式。

改革开放以来，党和政府制定了一整套的方针和政策来督促大学生思想政治教育工作的实施。总体来看，大学生思想政治教育的运行情况良好，为我国社会主义现代化建设提供了优秀的建设者和接班人，在对他们思想和精神的培养方面起到了促进作用。但是若想适应时代发展和人才需求的变化，还需要促进大学生思想政治教育质量的提升。这样讲的原因在于，首先是大学生的思想政治教育受国内外思想文化影响较为严重，对我国思想教育来讲是一项挑战。其次，大学生思想状况逐渐呈现出复杂性、选择性、多变性等特点，大学生的思想文化还存在一定的突出问题，这些问题都要求教育工作者认真对教育工作进行思考，并提出新的教育方法与模式，进一步为大学生思想政治教育质量提供新的空间。

（三）文化型思想政治教育质量提升的根本道路

在全面建成小康社会和构建文化强国的要求下，我们必须构建文化型思想政治教育模式，这样才能保证教学质量的提升。创新既是实践的问题，又是理论的问题。创新型的思想政治教育模式，即是文化型的教育模式。文化型的教育模式从理念到要素都体现了文化性。

1. 理念指导教育

理念是行动的先导。对于企业来说，公司的领导人需要具备较强的竞争意识和冒险精神。冒险精神和竞争意识能够促进公司理念转化为企业行为。先进的理念指导是构建文化型思想政治教育模式的需求，它在展现文化魅力的同时还能促进教育质量的提高。

对中国优秀传统文化的改革进行的部署，是指导我国进行文化发展的纲领性文件，它充分体现了党的准确判断和高度的文化自觉性。坚持以人为本的先进理念并结合思想政治教育的基本现状，是构建文化型的思想政治教育模式的内在要求。从构建文化型的大学生思想政治教育模式的视角来看以文"化"人的内涵，主要体现在：坚持科学发展观、遵循教育规律、体现文化的特性、运用文化的方式、实现以文"化"人的教育。

大学生思想政治教育应坚持以人为本的教育理念：在实践上面，应坚持促进思想政治素质的全面发展，将政治性与文化性进行有机统一；内容上，彰显内涵、品位，增强吸引力与凝聚力；在方式上，倡导渗透性教学；在队伍建设上，促进教育者文化素质的提高，构建以文化人的教育模式。

2.提高教师综合的能力

师资队伍的质量的提高是思想政治教育质量的基础。教师素养是综合性的，具有高品质、全方位、立体化的特点。文化实力和魅力缺乏是导致大学生思想政治教育质量难以提升的重要因素。

思想政治教育工作者必须要有一定的知识基础和较强的求知欲，还要具备丰富的文化素养和良好的个人魅力，这样才能吸引学生，成为学生的良师益友。因此，高校领导和任课教师要是知识丰富、修养深厚，有坚定的立场和较高觉悟的人，只有这样才能充分展现政治理论成熟的魅力和文化艺术修养的魅力。

3.寓教育于无形

隐性教育即是潜移默化的教育，使受教育者受到潜移默化地影响。隐性教育与显性教育适用的对象都是学生，两者教育方式有所差异，可以互为补充。大学生思想政治教育的隐性教育是通过在大学生的生活环境和具体的找寻富有教育意义的内容和哲理，以学生可以接受形式和方法，来达到无意识的教育熏陶，最终影响他们三观的形成及素质的提高。隐性教育思想政治教育中的重要地位和作用，因其自身的特点而越来越受到人们的重视和利用。隐性教育具备渗透性、间接性、开放性以及持续性等特点。由于思想政治教育中有关传统文化的内容具备隐性教育的特点，因此，更容易被大学生认同并接受。

高校思想政治理论课在进行课程设计时要彰显其文化品位，将政治理论课视为是进行思想政治教育的主途径，课程的内容要兼具政治功能和文化功能，同时借鉴我国优秀传统文化；课程的讲解过程中应该是以魅力为引导，而不是一味地说教。与此同时，应该在大学的各个学科中都融入思想政治教育，使大学生在任何学习阶段都能受到文化的教育，从而达到思想政治教育效果。大学的思想政治教育还能以各种校园文化活动作为载体，将娱乐性与文化性进行结合，使思想政治教育在活动中得以开展。

4. 以文化为载体思想政治教育方式

文化载体是指各种文化产品。以文化为载体的思想教育方式能够增加文化的吸引力和渗透力，从而促进思想政治教育质量的提高。精神是一种价值取向，它可以为人的日常活动提供指导、信念和准则，精神是无形的，大学精神文化的表现形式有办学理念、思想定位以及学风、教风等。大学生应重视精神文化的总结与提炼、传承和创新。以物质文化为载体，形成大学生思想政治教育的文化氛围。大学物质文化能够进一步丰富大学生的精神世界，大学物质文化能够提高大学生的内在修养和审美水平。在大学物质文化建设中，要注重硬件设施与软件的有机结合，做好长远规划，重视建筑风格的内涵和价值，让大学校园的建筑都具备一定的文化。

大学生思想政治教育需以制度文化为正确导向。大学制度文化是一种激励环境与氛围，包括制度、准则、纪律以及组织。制度文化具有价值导向作用，大学的制度文化建设是思想政治教育的方式和途径，它与思想政治教育的目标接近相同。文化制度的建设要在保证其时代性和实行性的基础上，将社会主义核心价值观与制度内容建设相结合。在实践中应充分发挥制度文化的隐性教育功能，促进大学生思想政治教育质量的提升。

虚拟文化是近年来深受大学生的欢迎的网络文化，它具有可塑性、生动性、丰富性、灵活性的特点。大学生思想政治教育工作者应该在心理上重视和接纳虚拟文化，紧跟时代潮流，了解科技发展新态势，把虚拟文化作为大学生思想政治教育的新课题。

5. 构建网络化的思想政治教育平台

人们可以对信息化时代加以支配，信息可以经过人的选择、运用和创造，在量变和质变中不断发展变化中引起新思想、新知识、新科技的层出不穷。

信息是一把"双刃剑"，其中包含大量有利和有害信息，丰富多彩的信息也包含各种隐患。人类信息的异化是人类社会面临的崭新问题，这便使人们创造的信息成了奴役和支配人类的手段，违背了事物发展的一般规律。互联网中的负面影响就是信息异化的具体表现。

网络技术使信息体现不同的意识、信仰和价值观，它被人们所浏览和利用的时候加速了信息的交流、知识的创新、推动了经济的发展，但是信息异化也造成了很多负面影响，其中最严重当属对大学生三观的影响。网络信息技术的发展能帮助大学生形成正确的世界观、人生观以及价值观，也会导致大学生在发展过程中面临很各种困难。信息恐慌、信息依赖、信息崇拜、信息毒害、信息犯罪都是大学生信息异化的具体表现。信息的多样性和丰富性使得很多大学生在进行资料查询时忽略了信息的重要性，养成了网络查询的习惯。大学时期是学生形成正确的世界观、人生观和价值观形成的重要时期，如果长期的依赖信息，缺乏信息辨别能力，就容易被有害信息诱惑，进而缺乏主见，在思想和价值观的养成方面没有了主见。

对大学生进行思想政治教育就是为了防止信息异化，我们要加强网络教育，使学生能够科学的获取和利用信息，从众多信息中发现对自己有利的信息，促进自身的全面、可持续发展，避免信息异化带来的危害。主体意识的加强可以使学生认识其在信息化社会中的地位。人们创造的信息是为人所用，人们应当主动地对信息进行选择和运用，让信息为人类的发展提供服务。大学生网络思想政治教育应把培养大学生的主体意识作为教学的主体目标，使其明白主体与客体的关系，掌握在信息社会中学习、发展和成才的主动权。

增强大学生明辨是非的能力，使大学生在享受网络信息快捷的同时能够保证具备正确的认知态度。坚持党的方针的正确领导，增加大学生的法治知识的学习，才能促进大学生思想道德素质的提高，培养优良品格和高尚情操的大学生，自觉遵守相关法律制度，做遵纪守法的优秀"网民"。加强高校大的网络化建设，通过先进的文化引导校园潮流，抵制文化垃圾。高校要加强校园网络建设，净化校园上网环境，防止信息异化、构建网络思想政治教育阵地。促进大学生信息技术水平的提高，对大学生信息使用能力进行培养，用法律的强制力来约束信息活动。

第三节 优秀传统文化对开放式思想政治教育质量提升

当今的社会具有较强的开放性和融合性，大学生的思想政治教育工作也面临着巨大的挑战。大学生的思想政治教育不仅关系到个人的成才成功，还关系到祖国的现代化建设。因此，大学生的思想政治教育必须与经济、文化的发展相适应，与社会进步保持步调一致，坚持开放式教育理念和教育模式，为社会主义现代化建设培养优秀的接班人。

一、开放式思想政治教育质量提升模式的解释

（一）开放式的大学生思想政治教育质量提升模式的含义

美国是最早开始实行开放式思想政治教育的国家，随后在世界范围内流行。开放式的教育是以学生为中心，利用教育资源和社会环境，借助社会力量通过自由民主、和谐互动的教育方法来实现学生的全面发展。

思想政治教育的最终目的就是帮助人们正确认识自身和教育，它是涉及对学生的世界观、人生观以及价值观进行教育。开放式的思想政治教育模式就是指在开放多元的社会环境中，通过建立开放、包容的教育理念，利用各种教育资源，促进个人和社会的全面发展。

大学生思想政治教育的包容性是大学生思想政治教育开放性的一个重要特征。思想政治教育的开放性具体表现是应该做到传统与现代、隐性与显性、纵向与横向、课内与课外的教育相结合来的教育。除此之外，思想政治教育环境的复杂性与选择教育目标的先进性和层次性、内容的主导性与丰富性，都要求教育必须有开放性的特征。

富强、民主、文明、自由的社会主义现代化建设决定了大学生思想政治教育必须走民主性和自主性的路线。民主性和自由性决定了大学生在思想政治教育中主体作用的发挥，建立良好的师生关系，促进师生之间共同学习、共同进步。在这种环境中，学生的能动性、积极性、和创造性才可以充分发挥出来，自主性的学习是大学生提高自己对课程价值的整体认知，在老师的指导下和在教学目标的引导下，自由地通过目标、内容、方法的选择来完成自己学习的过程。建设民主性和自主性的思想政治教育是大学生思想政治教

育改革的重点内容。

开放式的思想政治教育是与传统大学生思想政治教育相比而言的，创新性的大学生思想政治教育应该是开放的、多元性的、变化性的。当今社会全球化现象日益加剧，经济飞速发展、文化交融复杂，大学生时刻受到这一复杂环境的影响，只有立足时代，放眼未来，通过创新思维方法，才能保证思想政治教育的持续发展。

（二）开放式的大学生思想政治教育质量提升模式的提出必要性

政治多极化、经济全球化、文化多样化的特点决定了当今的世界具备开放性的特点。开放性是一个国家的发展的推动力。我国改革开放的实践表明，改革和科学发展观等思想是中国特色社会主义发展的必由之路，开放性的建设决定中国命运。思想政治教育是开放性的教育。开放是强国、富民之路，开放的姿态、思想境界、观念、方法等都是大学生思想政治教育质量提升的关键。开放性的教育应该在教学过程中培养学生开放性的视野、开放性的理念、开放性的学习方法等，这也是提升大学生思想政治教育质量的必然要求。

二、开放式的大学生思想政治教育质量构建模式的呼求

（一）对传统教育的深刻反思

我国大学生思想政治教育为社会主义现代化建设培养了许多优秀的人才，但是对思想政治教育观点、方法和内容进行仔细研究，就会发现仍存在一定的片面性，导致这一问题的原因就是教育封闭性。首先，不同国家之间缺乏沟通与交流，导致教育的沟通也欠缺，造成这一问题的原因是思想不够解放，视野不够开放，过分地强调国情和意识，最重要的是教师缺乏学习的机会，不注重对国外的前沿信息、经验的学习和借鉴，以至于与世界脱轨。其次，在教育的内容方面，过度强调社会需要和社会价值，忽略了大学生的个性发展。内容效能要求的排他性，通过唯一的标准对大学生进行教育、要求与衡量；过度地批判和否定外来的思潮；内容表现形式较为单一，往往是进行理论分析与口号式的教育宣传，不能就社会热点问题进行深入的剖析。最后，教育方法的封闭性。过分注重向学生们灌输结论性的理论，而忽略了指导学生进行实践式的推论。

闭塞的大学生思想政治教育，导致大学生在毕业后难以适应社会的需

求，无法经受住考验与打击，遇到问题就会感到手足无措，无所适从。我国的高等教育应该深刻分析教育体制，把开放式的大学生思想政治教育作为学校培养学生的立足点，用开放式的教育方法和内容来培养学生，让学生在校园中就能接受到先进的思想的熏陶，以至于后期走向社会可以更快地接受各种观念。

（二）时代对人才的需求

当今世界是一个开放共荣的世界，文化与思想也一定是开放与共荣的。当今世界呈现多样化的发展趋势，体现在政治、经济、文化、科技的各个方面。随着国际化的发展，中国与世界各国的各种利益之间存在一定的联系，呈现出一荣共荣，一损俱损的状况。

当今世界的发展呈现出开放和包容的特点，这也是世界各国发展的大趋势。世界各国都必须顺应时代发展的方向，找寻适合自己发展的道路。大学的思想政治教育也应该坚持开放与包容的特点，自觉地摸索适合本院校和学生的开放性教育方法，使大学生形成开放、包容、和谐共存的理念，为毕业后走向社会和国际化的大舞台做铺垫。

三、提升开放式的大学生思想政治教育质量的根本道路

（一）培养开放式的观念

观念是一个人对事与物的看法，也是行动的先导。开放式的教育观念主要针对人来讲，确切地说是针对当代大学生的思想政治教育的培养方面来讲的。建立开放式的大学生的思想政治教育必须首先建立一套开放式的育人观念。

开放式的育人观念，首先要树立顺应时代潮流的创新型教育理念。新的教育理念应该涉及民主、平等、公正、法制等理念。大学生思想政治教育应该坚持创新型的思想理念，突破以往循规蹈矩的教育理念，以开放和创新的思想观念，在顺应新的时代背景下，在知识点、创新思维、创新能力、综合素质等各个方面培养学生开放性的观念。

改革开放使我国的政治、经济、科技、文化各方面的发展有了跨越式的发展，大学生思想政治教育也必须坚持这条改革路线，用开放性的眼光和思维认真对待国内和国外的教育理念，寻找一条符合中国国情的思想政治教育的新模式。我国作为一个民主、平等的国家，教师与学生之间应当建立友

好、平等的关系，在这种平等关系下进行交流探讨，才能促进大学生思想政治教育质量的提升。大学生的思想政治教育必须发挥学生的主观能动性，将发挥大学生的个人价值作为教育目标，培养学生的主人翁意识，将教育与学生做到真正的统一。法制也是开放型的教育模式构建应该遵循的，开放即是自由，但自由不是绝对的，开放式的教育模式也应该尊重法律，在法律的范围内开展。

（二）明确开放式教育的方向

任何事物的发展都有一定的方向性，方向指引着人的一切行为，具有一定的指导性。党的一切工作的出发点都是有其明确的方向，党的思想政治教育工作是保持党的工作的先进性的前提。明确的教育方向也是大学生思想政治教育的基本前提，方向就是目标。确定大学生思想政治教育方向的主要依据是国家的发展战略和大学生的思想实际。大学生思想政治教育模式的开放性决定了教育的方向也应该具备开放性。

方向具有一定的多样性和层次性。大学生思想政治教育方向具有层次性。大学生的思想方向必须符合党和国家的基本要求，必须符合党的政治教育的目标，既是实现共产主义的思想，同时还应该满足大学生思想政治教育的整体目标；又是培养德智体美全面发展的人才，必须将这两个方向进行有机结合。

大学生思想政治教育的方向性还决定了其必须始终保持与时俱进，发展目标必须具备时代特色。大学生思想政治教育是为了培养符合社会经济发展的合格的社会主义建设者和接班人。开放式的大学生思想政治教育方向要保证与社会发展相适应。

（三）充实的内容

实现教育目标的重要依据是意识、价值观、品德等具有思想性的东西。思想政治教育的各个方面的要求，这些要求主要表现在思想政治教育本身、目标的实现、对受教育者的要求等，他们共同的体现了思想政治教育内容具有逻辑性、多样性、时代感以及层次感等特点。我国大学生思想政治教育是坚持以思想性教育为核心，培养大学生具备正确的世界观、人生观和价值观。

大学生思想政治教育的一个重要特征就是具备开放性，改革开放的要求决定了思想政治教育内容必须是开放的、兼容并包的。

世界是开放的、兼容并包的，大学生的思想政治教育也必须是开放兼容的，在继承和发展中国优秀传统文化的时候，对世界各国的先进文化进行吸收与借鉴。当今世界，呈现出文化交融、碰撞的特点，各种文化之间互相融合和吸收，这也就决定了大学生的思想政治教育内容也呈现出多种文化的交相呼应。大学生思想政治教育的内容除了应该遵循的事物发展的一般规律，同时也还要与时俱进。教育的内容应该是改变的、创新的、发展的、各种思想和理论的融合。

（四）开放式的教育方法

大学生思想政治教育的方法是指包含思想学习与授课的教育方法。教育的本质就是对思想进行教育。授之以鱼不如授之以渔的原理就是教育的原理。在对大学生进行思想政治教育时必须建立一套综合解决问题的方法，这样才能保证大学生在遇到问题的时候，能够针对具体问题进行具体分析。

大学生的大学教育应该是理论和方法相统一的教育。大学生开放式的思想政治教育也应该坚持理论和方法的统一。大学生在进行思想政治教育学习的过程中会形成自己的一套方法，与此同时，也会形成一套认识、创造世界的方法论。大学生的思想政治教育工作，一是应该加强思想上面的理论学习；二是教给大学生具体解决问题的方法。理论与实践的有机统一，必须在大学生思想政治教育的授课过程中，积极与实践活动相结合，从根本上解决大学生思想政治教育与社会相脱节等问题。

（五）实现现代化的大学生思想政治教育

现代化是时代发展的目标。现代化目前已经体现在社会的各个方面。大学生的思想政治教育也应该坚持转变成现代化的教育。现代化不仅包括思想的先进化，也包括制度、技术、物质、精神等方面的现代化。大学生思想政治教育现代化是与社会的现代化相适应的。教育的先进化涉及教学方法的先进化、教学内容的先进化、教学思想的先进化、教学设备的先进化、教学目标的先进化等。

（六）构建和谐的师生关系

良好的师生关系是有序开展思想政治教育工作的关键所在。这里面包括地位的平等、态度的和谐。教育过程的有序开展需要教师和学生共同参与，师生在这一过程中以友好的姿态参与其中，可以为大学生思想政治教育起到事半功倍的效果，这也是开放式的大学生思想政治教育模式的内在要求，同时也是当今建立和谐社会的要求。和谐在师生关系中的具体体现是：一方面，师生之间友好相处，互相信任和尊重，彼此学习、彼此成就，在教育这一过程中获得双方价值的体现，一步步走向自己个性和人格的完善；另一方面，和谐的师生关系强调的是学生作为一个主体的地位应受到尊重。和谐的师生关系能够为教育提供良好的空间和氛围，这样的教育空间必定会对教育产生不一样的效果。

和谐的大学生思想政治教育关系也应该是互动性的，互动性教学课堂才能把思想政治教育做到最好。教师在课堂上应该做到与学生积极的互动。互动性教育应该体现在教育的方方面面，尤其课堂教学方面。教育也是人与人沟通交流的过程，其中也应该坚持用情感化人的方法来实现教育的目标。高等教育要求思想政治教育坚持以学生为本，教育者与被教育者双方是主导与主体的关系，也是民主的、平等的关系。当今的世界是一个资源大爆炸的时代，各种各样的信息以不同的形式来影响着众人，所以信息复杂，方式也是复杂的，因此信息的传导方式也应该是多样式的，我们应该改变以往的直线式教育，变成循环式的、互动式的教育。

第四节 优秀传统文化对和谐型思想政治教育质量提升

和谐社会的构建是当今中国党、国家、人民一致追求的目标。我党在和谐社会的构建方面，从思想和制度等各种层面做出了实质性的努力，各族人民在党中央的号召下，通过实际行动实现和谐社会的伟大目标。和谐社会在符合世界大环境的同时也符合我国国情，它在促进社会主义经济、政治、文化、科技等各方面发展的同时也保障了社会的稳定和谐，为建立和平稳定的世界关系奠定了一定的基础。因此，以和谐的理念引领大学生思想政治教育是大学生思想政治教育所要面临的首要选题。

一、和谐型的大学生思想政治教育质量提升模式

（一）大学生和谐型思想政治教育模式的意义

在不断变化和发展过程中保持必要性和合理性，能够促进和谐思想和和谐文化的进一步发展和完善。人与人之间、国与国之间、事与事之间、和

谐方能长久共生。

和谐的文化与思想是中国从古至今的追求目标，它强调的是人与人之间、人与自然之间的和谐共存。其中，人与人之间的和谐表现在能够良好的处理人际关系和促进身心健康发展。和谐文化和思想涉及许多方面，包括思考的方法、心理健康、价值的选择、伦理道德以及行为特征等。和谐要求不同事物之间能够相辅相成、相互促进、共同发展。

大学生思想政治教育的和谐型教育模式能够促进教育质量的提升，使教育过程的各个环节和谐共存的，共同发展，具体就是通过方式的和谐化、内容的和谐化、目标的和谐化、结构的和谐化来提高大学生的思想政治教育的质量。

大学生思想政治教育的和谐性体现了师生地位的平等以及教学内容的柔和性。平等的师生地位指的是师生双方之间能够公平和民主的进行沟通与交流，双方地位平等，就是要互相平等的沟通交流，运用民主性的方式来完成教育目标。大学生思想政治教育的柔和性主要表现为审美观和互动性方面。教育学也是一个对事物的认识的过程，这其中就涉及个人审美的问题，不同的人对同一事物的理解也存在一定的差异。审美水平高，对事物的想法和思考就比较完善和合理。互动性指的是在教育的过程中师生之间时刻保持一种柔和的姿态，相互尊重、共同学习。除此之外，大学生的思想政治教育和谐性还表现在其他的方面，例如，大学生思想政治教育的层次性和协调性。

（二）大学生和谐型思想政治教育提出的必要性

社会主义和谐社会涉及多方面，它要求的是具有全局性和立体化。和谐社会的构建，必须在和谐教育的辅助下才能实现。和谐型大学生思想政治教育要具备鲜明的时代色彩。和谐型的大学生思想政治教育是在对中国传统文化进行深刻总结后提出的，在现代中国文化的基础上发展出来的符合中国大学生政治教学的教育。

社会主义和谐社会的建立是符合时代发展的旋律的，大学生的思想政治教育也应该不断创新、不断发展，和谐型大学生思想政治教育模式，不仅反映了时代变革的主题，还是自身创新发展的内在要求。构建社会主义和谐社会，需要社会各界做出努力。因此，对大学生进行和谐思想的教育至关重要。社会主义的经济制度决定了和谐社会不允许出现不公平和欺诈现象；社会主义的政治制度，也要求大学生的思想政治教育必须体现出和谐。

构建社会主义和谐社会是对中国传统文化中和谐观念的继承与发展。和谐是适应社会发展和大学思想政治教育的内在要求，和谐型的大学生思想政治教育是教育的本质性决定的。一成不变不是教育、墨守成规不是教育，尔虞我诈更不是教育。根据我国的政治、经济、文化的现状，我国的大学生思想政治教育仍然有着很多不合理的地方。思想政治教育缺少目标性，没有内容，重点不突出，涉及的方面比较窄，缺少实践性，过多的强调知识的传授，而忽视了大学生主观能力的锻炼，这是教育普遍存在的现象，同样在思想政治教育中也存在，因此必须构建和谐的思想政治教育来解决这些问题。

二、大学生和谐型思想政治教育质量提出的呼求

（一）和谐社会的内在要求

建立社会主义和谐社会就必须要建设和谐型大学生思想政治教育。社会是由人组成的，大学生作为社会中的重要主体，和谐社会建设中的地位不容忽视。和谐社会的建立需要做到人与人之间、人与社会和自然之间的和谐共处，这三者之间建立和谐共存的关系。大学生思想政治教育的工作就是通过具体的方法和工作保证三者之间的和谐统一，人作为和谐教育的一个主体，面对人进行教育工作是十分重要的。对人的教育包括：信念教育、道德教育和知识教育，通过这些教育培养符合社会要求的高素质人才，为构建和谐社会提供需要的人才。社会主义和谐社会是民主法治、公平正义、诚信友爱、充满活力、安定有序、人与自然和谐相处的社会。大学生思想政治教育应紧跟时代需求，自觉构建大学生的公平、民主、法治等观念。

我国的经济正处于一个飞速发展的阶段，经济的高速发展会使社会各层面出现财产不均衡的现象，这样就容易导致各种矛盾，生活方式、经济利益等各种各样的关系都呈现出一个全新的势头，为了确保社会的稳定，必须加强思想政治的教育，确保社会稳定和谐发展。大学生作为一个主要群体，会因为各方面的压力产生心理问题，因此，必须加强对大学生进行思想政治教育。

（二）和谐社会的新角度的要求

和谐社会的理念之一，是把人置于发展的中心位置。以人为本的发展理念决定了在进行思想政治教育时始终将大学生置于主体地位，时刻满足大学生的需求和要求，保证其自身利益在发展中得到保护。大学生的思想政治教育必须时刻关注大学生的各种需求，尊重其主体地位和独立人格，通过和谐化的教育方式促进师生和谐发展，引导他们实现自身价值与社会价值的和谐统一。

科学发展观是为了实现可持续发展。大学生思想政治教育坚持科学的、全面的、和谐的发展观，在保证文化课学习的同时也应该促进大学生思想政治素质的提高。

三、和谐型的大学生思想政治教育质量提升的道路

（一）在思想政治教育目标上坚持层次性的和谐

教育是一个循序渐进的过程，思想政治教育同样也不例外。教育的目标是具有复杂性和条理性。任何事物的目标都是有其自身的发展规律的，同时其自身的发展规律也必须适应社会的发展规律。按照教育的一般规律来说，思想政治教育的目标顺序应该分为大小、长远与眼前、个人与社会、主要与次要等，这也体现了教育的复杂性和条理性。

思想政治的教育目标应该是一个和谐统一的过程。实现小目标之后才能实现大目标，个人目标得以实现后才能实现社会价值；次要目标是可实现也可不实现的，主要目标必须得实现，这里又涉及主次的问题，等等，因此，目标的实现存在一定的规律和调理性。和谐型的大学生思想政治教育必须遵循教育的一般规律。

大学生思想政治教育的最终目标为大学生具体目标的实现提供依据。这里的目标都具有和谐性的特点。目标的条理性是和谐性的关键。思想政治教育的最终目标是符合党的基本路线的同时实现个人的价值，包括个人价值与社会价值，通过实现共产主义这一理想来指导大学生进行思想政治教育。我国大学生思想政治教育在本阶段的主要任务：首先就是培养大学生正确的人生观、世界观和价值观，这是他们进行一切生活和工作的核心；其次是进行爱国主义的教育，这是凝聚人心的关键；最后是进行道德教育，这是作为一个自然人必须遵守的规则。我国大学生的整体目标是完成素质教育，在教育的过程中培养大学生的各种意识、思想、能力等，它是一个全面的条理性的教育。大学生思想政治教育，涉及教育内容的各个方面，它包括理论和技术的教育、思想和实际问题。除此之外，在教学方法上应该是"软硬兼施"，坚持教育与管理的和谐。

大学生的思想政治教育不是一门独立的学科，它融入各科的学习当中，这是因为各学科之间存在互通性。同时，思想政治教育也不是简单地课堂教学，它涉及生活的任何时候。教学的管理中也可融入思想政治教育，在管理中开展教育，在教育中加强管理。思想政治教育是一个发展中的教育，它应在学习优秀的传统文化的同时，加以改进创新，从而形成新的教育理念和方法。大学生思想政治教育必须始终保证与时俱进，这样才能保证大学生思想政治教育始终充满活力与生命力。

（二）坚持创新性的和谐

大学生思想政治教育的内容具有一定的规律性和稳定性。大学生思想政治教育的目标也应该在坚持教育内容规律的情况下，对教育内容进行一定的创新，这是时代赋予的要求与责任。大学生思想政治教育的创新内容应该是在遵循一般规律的基础上所进行的创新。人的世界观、人生观、价值观是一个可变的过程。大学生思想政治教育必须要始终保持与时俱进，保证教育内容与时代同步。大学生思想政治教育的内容的规律性和理论性，决定了其创新的过程不能缺少核心思想的指引，无所顾忌的创新只是没有根据的创新，实用性就会大大削弱。

科学的、合理的安排大学生思想政治教育必须保证内容的规律性与创新性的和谐。坚持个人理想和国家理想的相统一，坚持以爱国为重点，以基本道德规范教育为基础、以大学生全面发展为目标的和谐统一，实现人与国家的和谐发展。市场经济的基本国情决定了大学生思想政治教育的内容必须符合市场经济发展规律，同时也应该分析社会实际，正确认识自己的行为。

（三）坚持教育方式的和谐

教育的真正原理是教会学生学习的方法，并不只是简单地进行知识的教授。大学生思想政治教育可以通过科学、合理的理论指导，从外面传输进去，也可以让大学生发挥主观的能动性去选择和确认，最终形成自己的行为理念。大学生思想政治教育是双向的活动，需要教师与大学生的主体地位得到和谐发挥。教师作为思想政治教育的主导人，学生作为被动者，教师要促进学生主动性的发挥，实现与教师的主导性的和谐统一，两者相辅相成。教育的内容上，主导的思想和多样化的思想是和谐统一的。教育过程中坚持规律与特点的相融合，使大学生思想政治教育不偏薄。教育方法上，运用通识的方法，联合前言的动态和意识，方便学生接受大学生思想政治教育。

（四）坚持传统与现代技术的和谐

传统教育创新发展的过程应坚持和谐的发展。传统的教育方法与现代的教育方法不能用统一的制度进行衡量。大学生的思想政治教育应在传统教育方法的基础上结合现代技术进行创新和发展。

我们要不断对传统技术进行创新与改进，保证其与时俱进，适应新时代的要求。传统与现代技术的和谐统一需要顺应时代的潮流以及大学生关注的方向，利用新的技术和方法对大学生进行思想政治教育。比如，定期开展感恩大会、举行法制宣传、参加具体的活动等方法。传统的教育方法有其好的地方也有其不好的地方，我们可以在此基础上去伪存真，创造新的教育方法。

大学生开展思想政治教育工作的一个有效手段是通过网络的途径，进行的网络化的宣传和教育。关于创新的教育管理制度，我们可以建立创新型的学分管理制度、建立符合学生自身情况的课程模式。随着大学生思想政治教育的不断革新，其育人功能日益凸显；学生社团也是其中创新思想教育的一部分。当前大学生思想政治教育的主要内容就是促进大学生思想政治教育实现网络化和社团化，用先进的思想文化引导、影响、塑造大学生。

（五）坚持各类教育的和谐

课堂教学、课后实践、文化影响、网络渠道是大学生思想政治教育的新途径。大学生思想政治教育要坚持教学的主导，开发多渠道结合的培养模式。课堂教学作为大学生思想政治教育的主要方式，必须始终坚持大学生的课堂主体地位，切实改革教学内容、方法，增强思想政治理论课的吸引力和说服力。大学生思想政治教育的途径具有多样性，这些方式会涉及社会、校园、网络等方式。大学生思想政治教育应坚持学校、家庭和社会三方相结合，大学生思想政治教育活动是一个复杂多变的活动，由于地位和职能的差异，导致它们发挥的作用也有所不同，但是只有将学校、家庭和社会和谐统一才能有效开展思想教育活动。

第七章 弘扬优秀传统文化，增强高校思想政治教育实效的践行路径

第一节 弘扬优秀传统文化，增强高校思想政治教育实效必须发挥的高校功能

一、在思想政治教育课堂中融入中华优秀传统文化的精神内容

通过对高校课程体系进行全面调研和分析我们能够发现，思想政治理论课程是广大高校普遍设置的一门课程，而这样的现状和局面实际上是国家制度性质决定的。而且思想政治教育理论课程是中国共产党在高校范围内宣传指导思想以及执政理念的重要阵地，是完善学生价值观体系的核心渠道。所以加强对高校思想政治理论课程作用意义的认知是极其重要的一项内容。

（一）大学思想政治课的定位

高校思想政治理论课程包含中国共产党执政理念的诸多内容，同时广泛涉及意识观念领域，具有政治课程的性质。作为教授政治理论课程的教师，承担的教育职责已经较以往发生了巨大的转变，不能局限于一般层次的传道、授业和解惑，应该加强对中国共产党指导思想的宣传教育，扛起马克思主义的大旗，并在这一伟大旗帜的指导之下，将平等观念落实到教育行动当中。教师不能将自己当作权威，更不能始终持有一种把握绝对真理的态度，而是应该与学生建立平等和谐的师生关系，坚持与学生的平等和谐对话，切实实现以理服人，用教师的知识经验以及丰富阅历感染和带动学生，用扎实的理论基础和良好的思辨能力与学生进行深层次的沟通，从而收获更多的共同语言。

（二）大学思想政治课的作用

思想政治理论课和高校学生的价值观培养存在着密切的关系，还直接关系到人才培养的质量以及学生综合素质的发展。在高校学生队伍当中产生的一大批优秀学生代表是思想政治理论课程积极成果的直观体现。要想促进高校学生政治素质的全面提高和完善化发展必须对其进行系统性的教育和指导，思想政治理论课程是这一系统性教育工程当中的一部分，而且占据着举足轻重的地位。思想政治理论课程在促进人才培养和完善学生素质方面发挥的作用是非常值得探讨的，本书将从以下四个方面进行分析。

1. 感悟的启迪

在个人的成长和发展进程中，经历了逐步感悟的启迪过程。在这个过程当中，家长、学校、社会，哪怕是其中一小段的生活阅历都会对学生的人生发展和未来成长起到非常明显的作用。大学时代的学生距离学习时期结束已经不再遥远，之后他们将要迈入社会，但是在学习过程中渗透的积极感悟是始终存在的，同时会一直发挥积极作用。思想政治理论课程教师要真正承担起自身的教育职责，完善自身的专业素质和职业道德素养，发挥个人的人格魅力，同时将自己的丰富阅历和经验作为启迪学生人生发展和进步的养料。

2. 知识的传授

通过感悟启迪实际上获得的是经验，而经验要想真正发挥作用需要理论的支撑，没有理论知识的经验就如同无本之木。就当前而言，高校学生学习的四门必修课程在理论特征方面各有不同，特别是原理是站在整体角度对马克思主义原理进行的概括凝练，为学生提供了科学方法论与世界观。尽管这些原理内容具备抽象晦涩的特点，但是具有内在逻辑性以及突出的教育指导价值，必须得到教师的关注和重视。对此，教师必须要加强对理论知识的学习与积累，打好坚实的理论基础，提高教学科研等能力，同时需要对自身的教育教学能力进行锻炼，进而提高思想政治理论课程的教育质量，为学生思想政治素质的提高创造良好条件。

3. 信念的确立

大学生作为青年群体，朝气蓬勃，极富激情和理想。大学生还是重要的知识群体，拥有丰富的知识和多元化的能力，在看待事物以及解决问题方面有着自身独特的认识。但是我们也必须认识到，大学生尚未踏入复杂多变的社会，还没有在这一过程当中积累丰富的经验和阅历，在对待事情时往往会过于理想化。与此同时，他们对于社会上的诸多现象存在着很多困惑。特别是在多元价值理念和社会思潮涌入我国之后，给高校学生的学习生活带来了很大的影响，也让学生的思想认识发生了很大的改变。当然，让学生提前认识到社会的一些情况是有益的，能够让他们在走出校园后有效应对多个方面的冲击和挑战。而在大学时代这一宝贵的时期，教师要注重优化教学实践活动，让学生能够对多元价值观进行对照，从而拥有正确的选择，在困惑当中找到正确的方向，坚定理想与信念。我们不能够要求所有的学生拥有统一化的理想信念，但是能够通过发挥思想政治理论教育的作用让学生树立差异化层次的理想信念。

4.行动的引导

毋庸置疑，不管理想信念的层次如何，最后都必须在实际行动当中进行展现。而通过对高校学生日常学习生活当中的行为进行人物分析也可以从侧面体现出他们的整体素质，特别是思想政治素质。思想政治理论课程教师要充分发挥自身在学生行动指导方面的积极作用，认真剖析学生们出现有关行动的原因，并让他们能够将正确的思想理念内化为实际行动。教师可以积极组织高层次的校园文化实践活动，如，专家讲座、校园文化艺术节等，运用正确的实践活动对学生进行思想和行动引领，提高学生的身心健康水平。

总之，高校学生是国家的战略性人才资源，更是国家和民族的希望与未来。要真正将每一个学生打造成合格的接班人与建设者，除了要对他们的文化素质进行不断培养之外，还必须提高他们的思想政治素质，从而完善学生的综合素养。

二、在高校校园文化建设中传播优秀传统文化的精神

校园文化是社会主义先进文化的组成要素，而且如今国家正在积极推动精神文明建设，校园文化就是精神文明建设中非常重要的一环。校园文化建设是高校改革发展进程当中的重要内容，能够强化高校改革发展的活力，提高思想政治教育质量，助力学生综合素养的培养。在积极推动校园文化建设时尤其要关注中国传统文化的渗透，并使其能够与校园文化内容紧密融合，在丰富校园文化建设内容的同时促进传统文化的传承与发扬。传统文化经历了漫长的发展与演变过程，已经转变成稳定的价值与伦理体系，在稳定民族心理结构方面有着积极作用。就校园文化和传统文化之间的关系而言，校园文化是传统文化的一项内容，需要将校园文化建设根植在传统文化当中。所以，高校在重视校园文化建设活动的同时，要积极融入传统文化教育的有关内容，发挥传统文化的功能，不断完善校园文化建设的内容体系。

（一）中国传统文化对推进高校校园文化建设的现实意义

校园文化建设在高校教育改革和发展当中的作用是不可替代的，所以必须把关注点放在构建综合化校园文化方面，同时要切实发挥传统文化的积极价值。

当前，高校教育改革工作正在如火如荼地进行，而改革的重点是要落实素质教育，培养出更多与社会发展需求和企业发展需要相符合的具备极高综合素质的优秀人才。传统文化可以说是物质与精神遗产的综合体，必须在当代得到传承和发扬。传统文化和校园文化具备共通之处，也存在着大量的契合点。通过将二者进行有效整合，能够实现现实与历史的高度统一，让校园文化在发展过程当中拥有来自传统文化的丰富营养，从而促进校园文化内容体系的完善和结构的优化。与此同时，校园文化能够在继承和传承优秀文化传统的过程中让认识文化得到更大化的拓展。二者齐头并进和和谐一致的发展，能够让带有中国特色的校园文化建设目标得以实现。学校的文化氛围和良好的文化环境具备突出的育人价值，而且环境本身就有着显著的育人功能，对师生的精神文化起着引领和感染熏陶作用。要推动高校教育的改革发展，就要继承传统文化，积极推动先进文化的传播和发展，让艺术教育的作用得到进一步增强。高校要提高校园文化建设的自觉性，打造优质的教学环境，让校园文化的育人价值得到最大化的发挥，在潜移默化当中促进师生共同进步。

充分挖掘传统文化中的积极要素，并使其能够融会到高校育人观念中。立德树人是高校的根本任务和伟大的教育使命，中国传统育人观念中包含大量的积极要素，这些都是非常值得挖掘继承和创新发展的，通过将这些要素融入大学精神，能够为高校教育提供强大的动力。大量高校将优秀的传统文化当作大学精神之根，并用现代文明土壤对其进行培育，实际上就是想让传统文化中的有效元素和育人理念融合成一个整体，进而长出属于高校自身的精神大树。

通过对大量世界一流高校进行分析，可以发现它们存在着共同点，那就是这些一流高校都拥有活跃的校园文化，同时具备深厚的人文底蕴。目前，我国也在积极推动世界一流大学的创建工作，并注重对人才培养模式和培养体系进行改革，那么要想提高工作成效，就必须注重这一要素。办学特色的实质是文化现象，所以学校在办学时的精神、物质、制度等文化都需要不断丰富人文底蕴。高校校园既要拥有现代气息，又要拥有厚重的历史与人文文化，只有实现二者的统一，才能够真正向一流高校迈进。中华传统文化是数千年历史的积淀，将其和现代历史与文明整合起来，会迸发出巨大的生机与活力。我国高校在改革和建设的进程当中，要加强对优秀传统文化的吸收和借鉴，以此来构建高校资深的传统精神。同时，要将人文和科学、传统和现代文明等进行统一和融合，打造校园文化精品工程，让校园文化的育人价值得到最大化的展现。

就高校学生的思想发展现状而言，对他们进行传统文化教育已经成为当务之急，而传统文化教育需要将民族精神教育作为核心。促进民族精神的培育和弘扬，在文化建设中占据举足轻重的地位，可以说是文化建设的核心任务，需要将其纳入国民教育以及国家精神文明建设的进程。从高校学生思想主流的角度进行分析，他们的思想主流方向是可以进行有效把握的，但是在这一过程中出现的多元化问题，也是非常值得关注的。特别是要看到很多高校学生受到不正之风的影响较为严重，崇尚自我，没有大局观念，缺少集体主义精神；不具备较强的正义感与责任感，无法恰当处理人际关系问题；将个人利益最大化作为追求。面对这样的现状，高校要切实提高对传统文化教育的重视程度，在教育中渗透优秀传统文化的精神内涵，提倡仁爱，倡导集体主义精神，倡导和而不同，尤其要关注爱国精神、民本思想、传统美德等，让民族精神之花开放在每一个学生的心中。

（二）传统文化融入高校校园文化建设的策略

1.重视校园设施建设，弘扬历史传统文化

校园文化建设工作是一项复杂的、综合性的教育工程，要想让校园文化拥有良好的发展氛围，拥有持续不断的发展动力，就必须打造优质的校园环境，特别是要积极推动建筑设施条件的改善，让校园环境在不断美化的过程中成为推动校园文化建设的强大助力。建筑设施属于高校最为基本的办学设施，其布局、排列、风格、颜色、空间感、色调等都是影响校园文化建设质量的关键性要素。在意识到这一问题后，高校在建设建筑设施的过程中必须突出科学规划这一要点，并在设施建设当中融入优秀传统文化的内容，这样不仅能够为传统文化教育质量的提高提供保障，还能够从整体上提高校园环境的文化气息与文化品位，如，高校可以设置文化长廊、名人塑像等。

2. 尊重文化经典，提升校园文化品位

《老子》《论语》《大学》《中庸》《孟子》等都是国学经典，承载着浓厚的民族精神，蕴藏着深厚的历史文化，至今仍然以其强大的思想力量和艺术魅力熠熠生辉，推动着国家建设和民族发展。高校要想从根本上提高校园文化建设质量，不能只关注学生的专业学习，也要为学生提供一定的时间和空间，引导他们诵读经典，加强对这些经典文化的解读和理解水平。在指导学生学习文化经典的过程当中，要注重运用多元化的途径帮助学生领略经典文化魅力，起到润物细无声的教育效果，特别是要发挥环境、气氛的作用。比如，班级可以定期组织读书会活动，并配备专业的指导教师，要求参与活动的学生能够在教师引导下加强对文化经典文章的阅读，并将阅读之后的感受进行交流与分享，让彼此在交换、认识和感悟的过程中获得更加深入而又全面的理解。另外，还可以将这种读书会活动向校园拓展，创建读书协会这样的组织，让拥有共同爱好的学生集结在这个平台上，为文化经典的交流和推广创造良好的条件。与此同时，还可以积极组织相关的征文竞赛活动，让学生将自己对中华优秀传统文化的解读与认识在文章当中体现出来，提高他们的文化品位。

3. 依托本土文化，构建特色校园文化发展模式

中华传统文化经历了历史的考验，也拥有深厚的历史底蕴，极具地域特色。高校在建设校园文化时不能够忽视本土文化，因为本土文化是在特定地域环境之下产生的，是中华传统文化的组成部分，拥有大量的地方特色资源和丰厚的文化资源。高校要注重挖掘地方文化资源，找到其与校园文化建设的契合点和融合点，降低传统文化教育的难度，让教育的感染力和带动力得到增强，也能够让学生真切感受身边的文化魅力，获得更加真实的文化认知，领略传统文化的精髓，从中获得激励人心的力量。比如，将福建地区的本土文化作为有效依托能够展现出以下几个显著的地域优势：第一，将闽台

关系作为重要纽带，培养学生的责任意识，使学生能够主动积极地投入维护祖国统一当中，培养学生爱国意识。第二，把名人故居作为重要的教育载体和平台，开展多姿多彩的宣传教育活动，增强民族自尊心与自豪感。第三，把红色文化作为重要的蓝本，对学生进行理想信念教育，鼓励学生主动投身于国家建设，充分实现个人价值和社会价值的统一。总而言之，对本土文化进行有效的吸纳，并以本土文化为依托推动校园文化建设有助于校园文化的品牌化和特色化进步。

4.推陈出新，整合传统文化和现代文化

中华传统文化博大精深，同时具备极强的包容力。在高校校园文化建设实践当中，只有将传统文化和现代文化融为一体，实现现代与传统文化的高度整合，才可以真正培育和创造出更加高雅健康的校园文化。这就要求高校在建设校园文化时积极拓宽传统文化的影响范围，同时将传统和现代文化的整合作为重要的工作突破口，引进现代化的教育观念和教育方法，用现代化理念、模式推动传统文化教育活动的有序展开，让传统文化的现代化价值和文化魅力得到进一步增强。具体而言，高校可以组织实施具备导向性特征的文化实践活动。比如，高校可以邀请在国学领域拥有极高造诣的国学大师来校开展国学讲座活动，还可以组织丰富多彩的文艺表演活动等。但在这一过程当中，需要特别注意宣传民族节日，以民族重要节日为依托组织庆祝活动，提高学生对民族节日的关注度和重视程度，进一步丰富他们的民族认知，培养他们的民族情怀。上面所提到的都是课外实践活动，除此之外，还必须重视课堂教学这个主渠道。高校要确立思想政治教育的重要地位，在丰富思想政治课程理论、融入大量现代经典科学理论的同时，要加强对国学精华的融入与渗透。利用传播传统文化精华的方法，让高校学生的思想道德素质得到良好的教育与培养。与此同时，高校要明确历史教育的价值，在历史教育当中渗透传统文化。高校在推动校园文化建设实践过程中，除了要优化历史通识课程安排，还要注意设置历史选修课程，让学生可以学习大量的历史知识，能够受到良好的人文教育，培养学生人文意识，让他们可以真正理解校园文化建设内涵，有效提高校园文化建设质量。

第二节 弘扬优秀传统文化，增强高校思想政治教育实效必须发挥的家庭功能

一、以家庭为载体增加传统文化教育的途径

（一）家教家风中的中国精神教育

1.传承优秀传统家教、家风思想

在中国传统"家国一体"的社会组织形式中，"家"无疑是最重要的构成单位。传统的家庭以宗族血缘为纽带，不仅承担着孕育后代的责任，也体现着社会的、经济的、政治的和娱乐的功能，是维系整个社会凝结的基本力量。其中，家庭的育化功能主要是通过家教家风体现出来的。家教、家风既体现着一个家族的价值观，也体现着中华文化精神。作为家族价值观的家教、家风，是为了实现家族的生息繁衍和稳定团结，将最为奉行的伦理观和价值观以家训、家规的形式保存和传承，并将之作为子嗣品性培育和气质涵养的基本准则。而作为体现中华文化精神的家教、家风，是社会美德的一种表现形式，通过潜移默化的、长效持续的家庭教养，使勤俭自强、爱国诚信、敦宗睦族、清廉为美、励志勉学、仁爱和睦、立志高远等中华文化精神渗透到个人成长的日常生活中，成为个人精神世界的重要组成部分，并规约着个人的行为规范。家教、家风的代代传承使得中国精神在家文化中得以传承和发扬，成为中国人的基本精神理念和行为操守。可以说，家教、家风是中华文化精神的具体体现形式，是中国精神有效转化为每个社会成员的精神观念的重要渠道和媒介。在几千年中华文明的历史发展和文化沉淀中，形成了中国特有的洋洋大观的家教、家风文化。对这些家教、家风成果的深入挖掘，能够为当前培育和弘扬中国精神提供丰富的经验参考。

由于时代的发展，传统的家教、家风思想有其不合时宜的一面，但其所承载的中华优秀文化精神以及家庭教育的方法策略，依然为当前中国的精神教育提供着重要的经验参考。这从传统家教家风的价值取向方面来看，传统家教家风所倡导的"德育为先，以德为本""立志高远，心怀天下""自立自强""崇尚气节，砥砺情操"等伦理教育观念在当前中国精神教育中仍

然有着重要的启示意义。从传统家教、家风的教育原则来看，传统家教家风的"知行合一，教化一致""循序渐进"的伦理教育原则也是当前中国精神教育中所应当遵循的基本原则。此外，从传统家教家风的教育方法来看，传统家教家风中的"既注重环境熏陶，又倡导道德自觉"的教育方法对当前单纯的"主客"教育模式具有一定的纠偏作用；传统家教家风中建立在"严爱殷责"基础上的亲情感化方法，对于改善当前的纯理性道德教育具有重要意义，尤其在中国精神教育中更加注重"情感关怀"和"人文关怀"，传统家庭教育中的亲情感化方法也是当前中国精神教育的基本方法。可以说，任何现实文化和精神都离不开传统，当前中国精神教育的文化根基就是中华文化几千年的历史传统。家庭教育是中国精神教育的关键途径，对传统家教家风的创造性转化和创新性发展，是当前家庭教育乃至中国精神教育的关键举措。

2. 促进家教家风时代文化涵养

一切划时代的体系的真正内容都是由于产生这些体系的那个时期的需要而形成起来的。中国在现代化转型尤其是改革开放过程中，经历着经济市场化、政治民主化、文化多样化、利益多元化、管理法制化和社会复杂化等一系列广泛而深刻的发展变革。在经济社会急剧转型变迁的强大时代潮流的裹挟下，中国传统文化得以存在的现实根基发生了剧变，由此，中国文化精神及其传承模式也发生了前所未有的变化。从家庭教育的视角来看，中国现代化转型不仅使家庭的规模、结构和文化传承方式发生了深刻变化，而且由于社会转型和时代文化精神的形成和发展，使得新时期的家教家风需要承担起新的时代文化涵养的责任和使命。就现代化转型的家庭变迁而言，有学者指出，现代化社会的变迁使家庭发生着有史以来从未有过的急剧变革，这场家庭变革导致家庭关系、家庭结构、家庭功能、家庭调控机制等一系列的深刻变化。具体而言，当前的家庭在规模上呈现着缩小化、核心化的趋向；在结构上由传统的血亲主位、父子轴心、男性权威转变为当前的婚姻主位、夫妻轴心、男女平等的现代家庭结构；在功能上由传统的注重礼俗、秩序稳态转变为当前出现礼俗淡化、家庭震荡、家庭依赖性减弱等问题。而在社会转型和家庭的时代文化涵养方面，当前随着经济全球化、信息网络化和社会主义改革发展的全面深化，不断地促进着新的文化和精神理念的形成和发展，而家庭作为文化传承和中国精神教育的重要载体，就必须承载改革发展的新的时代文化精神，以家教家风涵养新的时代文化。由此可以看出，在新的历史条件下，不仅要建构与新的家庭模式相适应的家教家风，而且要充分吸纳新的时代精神，使家庭教育更好地承载中国精神。

3. 发挥家教家风中的榜样示范作用

家教、家风中的中国精神教育更多的是一种潜移默化的形式，而这一过程中家长的言传身教发挥着关键作用。家庭是子女成长交往、认识社会的第一所学校。不同于学校的正规教育，家庭教育更多的是在日常生活中由父母的教育引导和榜样示范来完成的，其往往具有随时性、潜在性、重复性、广泛性和灵活性等特点。在家庭氛围中，父母和子女之间有着特殊的信任关系，父母的身体力行和道德教化对子女的社会信任感和道德认知的形成具有极其重要的作用。家长在照料孩子的过程中，通过在品质方面把对孩子个人需要的关怀与特定文化条件下由生活方式所构筑起来的信任框架内的牢固的个人可信任性两者相结合，滋生出一种对孩子的信任感。父母要在孩子身上构筑认同感的基础；做父母的不能只用一些禁止或允许的方式来引导孩子，他们必须能对孩子展现出一种更深层的、一种几乎是身体力行的说服力，从而展现出他们所做的事情是有意义的。由此能够看出，基于亲子关系的特殊信任关系，父母的榜样示范对子女的道德认知具有特殊的作用。同样，对于中国精神教育而言，父母的言传身教对子女的精神体验和道德认知也具有极其重要的作用。有学者就家庭环境对大学生社会主义核心价值观体系认同的影响进行了实证调研，结果发现家庭指导性因子、家庭利他性因子、家庭道德性因子与大学生核心价值体系的认同度和实践度呈现显著的正相关，即家庭的指导性、利他性和道德性越强，个人对主流价值观的认同力和实践力也就越强。可以说，在家庭日常生活中，父母所塑造的人格形象和道德榜样，是子女健康成长的精神参照。当前，在中国精神教育中，父母对于中国精神的言传身教和知行合一是子女形成持续性的价值认同和良好的社会认知的基础。

在家庭教育中，父母如何做到言传身教和知行合一，这需要从中华文化传统中发掘优秀的经验和价值。家教、家风中的中国精神教育，不仅需要从文化传统中发掘优秀的经验和价值，而且需要父母在实际的家庭生活中践行以身作则、榜样示范的作用。从学理角度来看，父母的榜样示范并不是偶然或随意的，而是深刻地体现着国家和社会的道德风尚，并由一系列"活性"的精神材料系统建构而成。其中，坚定而正确的人生信念和充满活力的精神追求是树立家庭榜样的价值根基；遵纪守法、敬业乐群，廉洁奉公、勤劳勇敢的为人处世准则是树立家庭榜样的主体构架；不畏艰难、求真务实、积极进取、开拓创新的持恒行动是树立家庭榜样的精神动力。由此能够看出，家庭生活中父母的榜样示范并非是其衣着容貌，而是其具体的思想言行中所体现出来的道德风尚和精神品质，这既是子女学习和效仿的主要方面，也是在家庭生活中承载和发散中国精神的主要着力点。在父母的榜样示范过程中，"人格自塑"是一个重要的方面，即基于人的社会性本质，不断孕育、培植出与社会发展的道德要求相符合的人格品质。其中，促进个人成长与社会进步的有机统一是其本质内容；信守公平正义和诚信友善是人格塑造的通则；以严格的自律精神力求精神品质的丰富和完善是主要途径。此外，在父母的榜样示范中，"习惯"对子女道德品质的培养有着十分重要的影响。习惯是一种内驱外动和较难遏制的行为方式。无论是好的习惯还是坏的习惯，往往都具有相对稳态和定向成型的特点，并深刻地体现在人的思想品质和价值认知当中，并外化为言谈举止和行事风格。在家庭生活中，子女对父母的学习和效仿更多的是围绕家庭交往中的细节——生活习惯来展开。家庭生活中父母的习惯虽小，但却总是能够在细小之处体现出大的人生哲理和文化理念，而这种潜移默化的影响对子女的道德认知是至关重要的。因此，父母乐观自信、理性随和、勤奋精进、节俭朴素等良好的习惯，能够树立良好的家教家风，并成为子女成长成才的有力杠杆；而父母好吃懒做、尖酸刻薄、损人利己、贪图享受等坏习惯，也会诱使子女误入歧途。由此可见，父母的习惯对子女的道德认知和精神成长有着至关重要的影响，父母应当不断提升自己的道德修为和社会认知水平，并努力培养日常生活中的各种能力，使优秀成为一种习惯，以良好的思想和行为表现为子女做出榜样示范。

（二）加强家庭对于传统文化的教育

第一，转变家长对家庭教育文化传承的认识，拓展家长的家庭教育文化传承时空内容观。首先，转变直线式时间观。许多家长认为，家庭教育仅限于学前阶段，子女步入学校和社会之后，便应减少对其教育的职责。这是一种直线式的家庭教育时限观，因为中国传统文化中的家庭教育是全程的。其次，转变封闭式空间观。许多家长认为，家庭教育仅是"在家面对面"的教育，家长与子女如果不在一起似乎就不能进行"家庭"教育。其实，这是一种封闭式的家庭教育文化传承观。中国文化中虽有"父母在，不远游"的说法，但事实上，在子女的成长过程中，与家长同在一个屋檐下生活的时间还是有限的，并且家庭教育文化传承除了面对面的家长与子女的言谈及行为影响之外，还有许多，如，书信、电话、电报、网络等其他影响方式，有的方式甚至比在家庭场所面对面的说教更为有效。例如，书信被誉为心灵沟通的最佳方式，过去就一直为家庭教育所重视，这种例子在中国家庭教育史中不胜枚举。最后，转变通才式内容观。许多家长认为，家庭教育的内容应包括德智体美等各个角度的全面教育，似乎讲家庭教育有所侧重便是对家庭教育的歪曲。其实，这是一种通才式的家庭教育内容观，尽管家庭教育具有上述这种全才功能，但其侧重点应当在行为规范和方式上。

第二，细化家庭教育文化传承内容，锁定传统礼仪礼节及自立能力的养成。首先，传统礼仪、礼节的细化。一是基本礼仪礼节教育。要对子女的个人、家庭、学校、社会、国家生活礼节五方面提出具体要求。二是孝道教育。家长应重视对儿童进行"孝道"的熏陶，使其从小就认为孝敬老人、赡养父母是一种神圣的义务，而对那些不孝之举及不孝者，应在全社会形成一种被痛斥和唾弃的"重孝"舆论氛围。其次，传统自立精神及行为的细化。一是生活自理意识与能力。要教育子女自己完成力所能及的事情。二是自食其力的意识与能力。不管为学还是习艺，都要使子女形成不恃门第、自食其力的思想，培养其独立生活、学习、交往的能力。三是坚韧品质和受挫能力。要使子女明白"人生自古多磨难"这一人生常态和基本道理，鼓励子女博学广识，增强其自信心，教会其正确的归因方式，使其理智、从容地对待挫折，放手让子女在社会生活实践中去感受挫折，通过真实的挫折及其感受来提高其耐挫折、抗挫折能力。

第三，采用多种家庭教育文化传承方式，突出家长的言传身教和传统节庆日的熏陶。首先，言传身教。一要系统、全面地"传"。家长们应系统地向子女讲授中国传统礼仪礼节及自食其力、自立自强的基本知识、要求及其在当今社会及个人为人处世中的重要意义和作用，使子女系统地了解中国传统礼仪、礼节的全貌，自幼便形成一种知礼、守礼的观念。二要周期性、反复地"传"。从根本上讲，礼仪礼节及自食其力行为和劳作习惯的养成是一种人格教育和信念教育，只有家长们不停地说教，反复地唠叨，才会使子女形成动力定型，变成习惯。三在处事待人、日常生活中，家长要率先垂范。家长在对子女进行传统礼仪礼节和自立教育时，最重要的便是以身作则，率先垂范，如此方能"其身正不令而行"。四要将这种知礼、守礼、重礼上升到一种家庭文化的高度来予以对待。只有形成一种知礼重礼的家庭文化模式，家庭才能真正成为教育文化传承的一个重要场所，从而自觉地发挥着文化传承的各项功用。

其次，活动熏陶。一要鼓励子女在日常生活中学习处理与朋友、同学、亲人之间的关系。在走亲访友过程中对子女进行以礼相待、关心他人、团结互助的行为训练，使其在真实的"刺激—反应"场景中，逐步将各项传统礼仪内化为自身行为处事的一套自动准则或习惯。二要给子女安排、布置相应的劳作任务。除要求子女养成勤劳节俭等良好生活习惯之外，还应让其从事一些家庭劳作活动，如，洗碗、扫地、做饭、洗衣、布置整理房间等，并有意识地让他们独立生活一段时期，让他们在这些具体的点滴劳作中体验到自立能力的重要性。三要重视传统节庆活动的重要作用，利用民族节日进行孝道的传播，将敬宗睦族的理念在实践活动中进行有效渗透。要真正让学生亲身经历清明节、年节、中元节等重要的民族节日实践活动，使他们能够在这一过程当中感受父母对先辈的崇敬，也让学生可以在潜移默化中树立敬宗睦族的礼节观念。四要积极推动家庭教育文化传承计划的全面展开，同时要求国家以及社会能够在该计划的推进实施当中给予多个方面的扶助和支持。要完善家庭教育文化传承的组织机构，设置专门部门负责此项活动的全面实施和落实，与此同时，应设置配套机构，构建一个完善综合的教育网络体系。在此基础之上，由国家教育部门牵头，邀请相关专家、学者以及一些家长接手有关家庭教育的调研，并将获得的调研结果进行整合筛选和综合性的分析，以便在制定具体实施细则的过程中有所依据。

接下来再用文件或法规的方法进行公布，让家庭教育文化传承活动在落实的过程当中要对家庭教育文化传承的内容进行不断的丰富和完善，并专门创编相关的教材。我们要积极地进行文化典籍的综合分析和整理研究，总结和挖掘出大量至今仍然有着广泛推广应用价值的伦理规范，精心编写传承民族文化的家用教材，并将这些教材编印成册，让家长在家庭教育中有所借鉴。在对家用教材进行创编的过程中，需要特别注意在内容方面要做好分类。与此同时，还必须考虑到子女所处的学习和成长阶段，确保家庭伦理教育的内容更具针对性；在形式方面需要运用文白对译的方法呈现，从而降低家长学习和理解的难度，保证教育效果的提高。

二、发挥中华传统节日和文化资源的教育功能

（一）深入挖掘，彰显文化内涵

我国拥有悠久的文化和文明史，中华传统文化在物质与精神文明建设当中发挥着不可替代的作用，还对整个世界的文明史发展带来了深远影响。思想政治教育当中的传统文化主要涵盖：有助于推动社会进步和国家繁荣发展，可以为人类文明繁荣进步创造有利条件的文化；有助于国泰民安、民族团结，可以全面提升人们创造力和智慧才干的文化；能够提升人们幸福感、凝聚力，且能够升华成人类终极价值的文化。由此可见，这是一个非常庞大的文化系统，要真正把握这些文化当中优秀部分，就必须对不同历史阶段产生的多元文化展开整理、分类、研究等。只有这样才可以真正把握传统文化精华，才能够认识到思想政治教育的价值，才可以真正认识到哪些才是值得我们传承发扬和高度认同的优秀传统文化。

具体而言，挖掘思想政治教育传统文化资源，实际上就是对其展开科学全面而又深入的研究，特别是要将思想政治教育作为根本视角，从有助于思想政治教育学科进步和教育质量提升的层面提高科研工作的实效性。思想政治教育者要充分运用逻辑思维，将和思想政治教育存在紧密关联的传统文化进行整合分析、挖掘、提炼、归纳总结分散在传统文化资源当中的理论观点，使得传统文化资源加入更多的现代文化特色和魅力，加入现代感，让传统文化的时代价值得到彰显。在具体操作过程当中，思想政治教育工作人员可以将挖掘获得的传统文化要素转变为思想政治教育的文本，如，用科研成果的形式展现，直观形象地体现传统文化的内涵，并将这些研究获得的丰硕成果，借助现代传媒等多元化的途径实现更大范围的宣传推广，或者是在思想政治教育当中进行直接应用。由此可见，深入挖掘是思想政治教育传统文化资源开发最为关键的策略。

（二）合理规划，优化资源配置

我国传统文化是中华民族的伟大财富，在分布方面带有非常显著的区域性特点。每个地区的文化资源禀赋都有着很大的差异，因民族不同而民族文化也有着非常明显的差别。面对这样的情况，当我们在开发传统文化时必须考虑文化在地区上的差异，与此同时要兼顾不平衡性，做好科学规划工作，让资源配置得到优化和完善。

首先，对传统文化资源进行科学合理配置的前提条件是要让传统文化得到有效的保存、推广以及延续，而这正是政治教育在职能承担方面最为明显的表现。要想有效保存文化，最为关键的方法就是要对这一文化进行教育教学。只有利用教育的方法进行文化的传播和发展，才能够增加教育的活力，才能够将传统文化当中的精华资源真正传递给学生，使其能够长久地延续下去，并变得更加稳定。

其次，科学规划，对文化资源进行优化配置的关键是要考虑到传统文化的实际情况。除了要重视对文化资源的内涵进行挖掘，展示民族优秀文化传统以外，还要坚持从实际出发的原则，积极探究与地区特征相符合的资源开发创新模式，打造带有地域特色的文化产业链。不管是哪一种文化，都是在特定自然与社会环境的影响之下产生的，所以文化的存在和发展也会受到特定的自然和社会因素的影响。中国传统文化是一个大量文化元素构成的统一体，各个组成要素存在着彼此依存的关系，正是在彼此的共同作用之下，才让这个文化系统更加完善。所以，在开发传统文化资源时必须考虑文化关联这一重要的元素，关注其和有关事物间存在的关联，如果必要的话还要连同相应的环境共同进行有效保护。保护自然与文化生态需要同步开展，二者是相辅相成的关系，只有将它们当作一个不可分割的整体，才能够在开发利用以及保护的进程当中更具系统性和综合性。我们所提到的要把握全局，并非是要原封不动，因为合理的规划和开发一定会有取舍，要全方位地做好文化资源的剖析，考虑到思想政治教育的具体需要和特征，整理分析、传承和弘扬优秀的传统文化元素，舍弃阻碍思想政治教育建设的文化元素。

传统民族节日文化显现出约定俗成的突出特点，因而能够有效激发人民致敬传统文化的心理。例如，中秋、元宵、春节等民族节日在长时间的发展过程中已经成为传递和寄托团圆心愿的载体。将这种崇尚团圆精神进行放大，就是对祖国统一的殷切期盼。毋庸置疑，对传统民族节日进行纪念以及庆祝已经成为凝聚中华儿女的动力。

（三）分类整合，实现规模效应

就中国传统文化体系而言，其系统庞大而又复杂，这一系统当中的各个构成要素存在着不可分割的关系。在开发传统文化的过程中需要树立文化整合的正确理念，注意对不同时期、层次、类型的文化进行多元整合。我国拥有数千年的文化积淀，所以在传统文化资源方面优势是非常明显的，如果要将这些文化资源转化为助推社会发展以及开展思想政治教育的力量，就要做好分类和整合工作，通过分类组合的方法构建一个强大的合力，从而最大化地展现传统文化资源的价值。就目前而言，实现文化资源的分类整合已经成为发挥传统文化思想政治教育价值的核心措施。

一方面，中国传统文化资源是一个复杂而庞大的系统。我国的文化资源非常丰富，同时有着突出的民族精神开发价值，但是我们必须要认识到民族精神的培育传播非常复杂，会涉及多个方面的因素，也会受到多元因素的影响。就内在要素而言，这一过程会受文化主体精神规律以及发展特点影响；从外部环境角度进行分析，这一过程既受国内文化多元发展趋势的影响，又受全球化浪潮的影响。所以，对传统文化资源进行合理的分类与整合，构建一个强大的资源合力，是激发传统文化优势潜能的重中之重。民族精神是民族在长时间的历史与社会实践当中形成的，经过历史和时间的考验，已经成为整个民族共同认可的、占据主导地位的价值认识和思想观念。从时间角度看，民族精神的持久性和稳定性特征鲜明；站在主体角度进行分析，民族精神具备整体性和全民性的特点；站在功能角度进行分析，民族精神是进步和主导性的。所以，培育民族精神成为系统性和复杂性的教育工程，需要借助多方面的力量，选用多种多样的方法，并利用各种媒介，才能够整合成一个强大的力量，保证民族精神培育的效果。

另一方面，如今的全球化发展水平正在逐步提高，这样的全球化背景让文化多元化的趋势变得更加明显，在多元化的大背景下实现文化资源整合至关重要。就文化社会学学科当中的理论而言，理解文化主要把关注点放在文化和外在环境关系的研究方面，认为文化是应对环境挑战的重要模式，在差异化环境之下生活的人有着具备各自独特性的文化带，而这些文化带展现出来的就是文化环境的差别。如今，我们已经迎来了全球化的时代，而全球化助推了时空压缩，最终带来的一个结果就是构建了一个地球村，不管是国家、民族还是人和人之间的交流互动，都变得更加密切与频繁。在这样一个全新的背景和时代条件下，世界各地文化逐步脱离原有环境，变成了自由流通的文化符号，实现了文化之间的互动和沟通，同时打造了一个全球文化网络，让每一种文化都成为其中的组成部分。由此可见，全球化力量正在逐步增强，促使多元化的本土文化被消解与同化，使传统文化在现实时代背景之下受到挤压和挑战。

信息化技术的高速发展造成了对传统文化认同感的逐步消解。伴随着现代信息科技的迅猛发展，我们已经进入了一个信息化时代，由此带来的是浩如烟海的网络文化，这些丰富多元的网络文化在一定程度上拓宽了人们的眼界，满足了人们多元化的文化精神需要，但与此同时也产生了诸多负面和消极的影响。正是借助网络平台，很多西方国家能够方便快捷地将资本主义意识输送到中国，进入人民群众以及高校学生群体当中。这样的做法极容易侵蚀群众和学生的辨别能力以及判断能力，使他们逐步受资产阶级意识的腐蚀，丧失社会主义理想信念，甚至淡化爱国和国家统一主权的意识。从技术角度分析，伴随着信息化时代的到来，开放性和多元化的网络信息让各个民族的文化语言和传统遭到了极大的挑战，甚至已经丧失其权威和感染性。这是因为网络时代具备开放性和自由性的特点，而且这样的开放自由已经突破了国界的限制，无论是谁，只要会使用网络，都能够在互联网平台上进行文化对话与选择，接受其他文化信息。网络对人们的影响是不可忽视的，还产生了对不同民族文化同一性离散的作用，这已经成了不可逆转的趋势。

参考文献

[1] 张枫.中国优秀传统文化与高校思想政治教育工作融合研究 [M]. 太原：山西经济出版社，2022.

[2] 袁久红，陆永胜.中华优秀传统文化与高校思想政治教育 [M]. 北京：社会科学文献出版社，2022.

[3] 董康成，顾丹华.新时期大学生思想政治教育实践路径研究 [M]. 长春：吉林大学出版社有限责任公司，2022.

[4] 徐初娜.红色文化与高校思想政治教育耦合发展研究 [M]. 北京：新华出版社，2022.

[5] 高瑛，丁虎生.新时代高校思想政治教育工作体系研究 [M]. 北京：光明日报出版社，2022.

[6] 崔锁江.中华优秀传统文化融入高校思想政治理论课研究 [M]. 芜湖：安徽师范大学出版社，2021.

[7] 刘艳芳.中华优秀传统文化融入高校思想政治教育研究 [M]. 郑州：郑州大学出版社，2021.

[8] 赵文静，卢凤菊，丁大尉.传统文化融入高校思想教育的课程设计 [M]. 北京：科学出版社，2021.

[9] 李明珠，陈红.新时代高校思想政治教育的守正与创新 [M]. 北京：知识产权出版社，2020.

[10] 沈树永.大学生思想政治教育对策研究 [M]. 上海：上海财经大学出版社，2020.

[11] 郭强.新时代背景下高校思想政治教育的优化与创新路径探究 [M]. 北京：九州出版社，2020.

[12] 江洪明，秦海燕.新时代思想政治教育理论研究与实践探索 [M]. 沈

阳：沈阳出版社，2020.

[13] 吴玉程.新时代高校思想政治工作"三全育人"探索[M].北京：知识产权出版社，2020.

[14] 齐艳.中国传统文化与高校思想政治教育的融合性研究[M].北京：中国广播影视出版社，2019.

[15] 史良.传统文化与高校思想政治教育融合发展的价值研究[M].石家庄：河北人民出版社，2019.

[16] 黄惠.优秀传统文化在高校思想政治教育中的实践应用[M].沈阳：东北大学出版社，2019.

[17] 张吉，杨朝晖.新时代背景下传统文化融入高校思想政治教育探索与发展[M].天津：天津人民出版社有限公司，2019.

[18] 霍洪波.高校思想政治教育中传统文化融入问题研究[M].北京：中国社会科学出版社，2019.

[19] 郭太铭.传统文化融入高校思想政治教育研究[M].北京：中国纺织出版社，2019.

[20] 魏晓笛.高校思想政治教育与教学工作创新研究[M].北京：中央编译出版社，2019.

[21] 张微，付欣.我国传统文化与思想政治教育的融合创新研究[M].西安：西北工业大学出版社，2019.

[22] 吕开东.新时代高校思想政治教育工作探索[M].北京：光明日报出版社，2019.

[23] 杨朝晖，段玥婷.全球化背景下中华优秀传统文化与大学生思想政治教育的融合研究[M].天津：天津人民出版社，2019.

[24] 谢丹.传统文化视域下的高校思想政治教育[M].北京：九州出版社，2018.

[25] 黄飞.传统文化与高校思想政治教育研究[M].延吉：延边大学出版社，2018.

[26] 马成胜，李贺，程永清.传统文化与高校思想政治教育[M].西安：陕西人民教育出版社，2018.

[27] 谭蕾，刘海梅，童思思.中国传统文化与高校思想政治教育[M].延

吉：延边大学出版社，2018.

[28] 石蕊，胡薇，吴小平 . 传统文化视角下高校思想政治教育研究 [M].
北京：中国纺织出版社，2018.

[29] 左铮云，傅琛 . 中华优秀传统文化与新时代高校思想政治理论课教
学 [M]. 南昌：江西人民出版社，2018.

[30] 彭锡钊，王振江，于颖 . 我国传统文化与学校思想政治教育 [M]. 北
京：九州出版社，2018.

[31] 高姗姗 . 高校思想政治教育与文化融合研究 [M]. 石家庄：河北人民
出版社，2018.

[32] 姚运肖，韦地，王飞 . 传统文化精神与大学生思想政治教育 [M]. 北
京：国家行政学院出版社，2018.